파괴된 한국사

파 괴 된 한 국 사

- 지 은 이 ｜ 이 선 교
- 펴 낸 이 ｜ 이 선 교
- 펴 낸 곳 ｜ 도서출판 현대사포럼
- 초판인쇄 ｜ 2017년 2월 15일
- 등   록 ｜ 제7-340호 (2007년 5월 14일)
- 주   소 ｜ 01037 서울시 강북구 삼양로 486 (수유동)
- 전   화 ｜ 010-5320-2019
- E-mail ｜ adsunlight@hanmail.net

- 총   판 ｜ 영상복음 (사무장 최득원)
- 주   소 ｜ 04549 서울시 중구 을지로 18길 12
- 전   화 ｜ 02-730-7673 / 010-3949-0209
- 팩   스 ｜ 02-730-7675
- E-mail ｜ oyh0419@naver.com
- http://www.media153.kr
- 입 금 처 ｜ 국민은행 009-01-0678-428
　　　　　　　 우리은행 1002-433-077709

※ 절찬리에 전국서점 판매중. 잘못 만들어진 책은 교환해 드립니다.

ISBN 978-89-94096-05-6　　　　정가 15,000원

파괴된
한 국 사

이 선 교 저

친일파 역사 학자는 고조선을,
좌파 역사 학자는 현대사를,
우익은 5.18 역사를 파괴하여
대한민국은 역사가 없는 나라이다.

도서출판 **현대사포럼**

머 리 말

1960년부터 일본은 한국을 점령하기 위하여 고조선을 파괴함으로 한국의 우월한 역사를 파괴하여 역사적으로 일본의 속국이 되게 하였다. 이를 지지한 자가 서울대 교수 친일파 이병도이다. 이병도가 길러낸 60여명의 역사학자가 한국의 주류학자가 되었다. 친일파 이병도 제자들에 의해 파괴된 고조선과 한국사가 해방된 지 지금까지 수정되지 못하고 있는 한심한 나라가 되었다.

해방 후 현대사는 고려대 최장집, 연세대 박명림, 동국대 강정구, 서강대 서중석, 서울시장 박원순 등의 좌파에 의해 파괴되었다. 특히 제주 4.3폭동, 14연대 반란, 6.25 한국전쟁 등이다.
광주 5.18은 지만원, 김대령, 서석구 등 우파에 의해 파괴되었다. 그래서 한국은 역사가 파괴된 비참한 나라이다. 초`중`고`대학의 왜곡된 한국사 교과서로 인하여 한국사를 필수로 해도, 수능고사에 포함시켜도 문제이다.

자기나라 역사를 사실대로 기록하지 못하는 국민이다. 그래서 우리는 역사를 통해 반성한 일도, 책임을 물은 일도 없는 정체성이 없는 참으로 한심한 나라가 된 것이다. 우리가 사는 사회는 친일사대주의사상, 어용주의사상, 출세주의사상, 황금만능주의사상, 어용주의사상, 사회주의사상이 국민 지배적인 사상으로 이를 해결하지 못하면 우리 사회는 사람 사는 사회를 만들어가기는 어려울 것이다.
역사는 과거와 현재를 연결해주고 있다. 그래서 역사를 연구하는 것은 역사를 통해 인간이 인간답게 살 수 있는 사상과 정신과 삶을 배우게 되는 학문이기 때문이다.

국민의 애국심은 역사를 배울 때 생긴다. 애국심을 배울 때 잘못된 사상에서 벗어나 법을 지키고 정직하고 헌신적이고 용기 있게 살아 사회를 변화시킨다. 해방 후 지금까지 한국사가 파괴되어 거울이 없는 국가가 되어 애국심이나 정체성이 없어 우리 사회에 부패하지 않은 곳이 없어 젊은이들에게 희망을 주지 못하고 있다.

오늘의 대한민국의 실상은 고조선을 파괴한 친일파 역사학자와 현대사를 파괴한 좌파학자와 광주 5.18을 일으키고 파괴한 우파들의 결과이다. 그래서 국사는 인간이 인간답게 살아가기 위한 거울이기 때문에 국사를 무시하는 국가나 국민은 희망이 없다. 과거를 알 때 현재의 문제점을 알고, 문제점을 알아야 해결 방법이 나오기 때문이다. 우리는 해방 후 지금까지 국`영`수만 외치고 국사를 선택 과목으로 하여 외면한 결과가 현재 한국 실상을 낳은 것이다. 우리는 그동안 경제, 경제만 외쳤지 인간의 참된 삶에 대해서는 외면하여 우리가 사는 사회는 인간이 인간답게 사는 사회가 아니라 갈등에 의한 참담한 사회가 된 것이다. 그래서 역사는 객관적이고 이치에 맞는 증거가 되어야 하고, 편벽된 역사관을 버려야 한다. 파괴된 한국사를 복원하고, 역사에 의한 책임도 물어야 하고, 반성도 해서 새로운 사상이 국민들의 사상을 지배할 때 한국은 희망이 있을 것이다.

「올바른 해방 전후사의 인식」에서 5.18을 증보하여 「파괴된 한국사」로 책 제목을 바꾸어 출판하게 되었습니다. 「올바른 해방 전후사의 인식」에서 광주 5.18을 간단하게 언급하였으나, 2013. 7. 9 여의도 순복음

교회 내 역사바로세우기에서 제주4.3 폭동에 대해 강의한 후 초등학교
여선생으로부터 광주 5.18에 대해 북한 개입 여부의 질문을 받았습니
다. 북한 특수군은 광주 5.18사건에 절대 개입할 수 없다고 아무리 설명
을 해도 그 여선생은 북한 특수군이 개입했다고 더 강조하는 것을 보고
'북한 개입설이 심각하다'고 판단하고 광주 5.18에 대해 자세히 기록해
야 하겠다고 결심을 하였습니다. 그리고 2013. 7. 18 프레스센터 20층에
서 지만원의 광주 5.18 알리기 발대식에 많은 사람들이 참석하였고, 거
기에서 나누어준 소책자를 보고 너무도 황당하여 광주 5.18 역사가 비
참하다 해도 자세히 써야 되겠다고 결심을 하게 되었습니다.

2017년 2월 15일

이 선 교 저

목   차

1장. 일본의 한국 침략

3장. 현재 북한의 실상

제1장
일본의 한국 침략

제1장 일본의 한국 침략

1. 노론과 안동김씨의 부패

1) 조선의 22대 정조는 1800년 6월 수원성에서 당파싸움을 없애고 개혁을 하려고 전력을 다하다 49세의 나이로 노론에 의해 죽음을 당하여 개혁은 실패하였다. 이후 안동 김 씨 김조순은 1800년 7월 11세의 순조를 등에 업고 34년 동안 세도정치를 하였고, 1834년 11월 45세의 나이로 순조가 죽자 헌종을 등에 업고 세도정치를 하였다. 다시 안동 김 씨 김문근은 철종을 등에 업고 세도정치를 하여 60년 동안의 세도정치로 매관매직, 과거시험 부정, 지방수령들의 수탈, 노론의 부정부패가 극에 달하여 1811년 홍경래 난과 1862년 진주 난, 1869년 제주 이필제 난, 1894년 동학란이 일어나게 하여, 동학란 진압을 못하여 일본군에 부탁, 일본군이 동학란을 진압하면서 한국에 주둔, 조선왕조가 일본에 망하고 말았다.

2) 고종이 1863년 12월 8일 12세에 조선 26대 왕이 되자 흥선대원군이 섭정을 하면서 안동 김 씨와 그 추종세력을 권력에서 추방하였다.

3) 1866년 3월 고종은 15세 되던 해 한 살 위인 민비와 결혼하였다. 고종의 어머니도 여흥 민 씨이며, 고종 할머니도 민 씨이고, 고종 부인도 민 씨이며 며느리도 민 씨였다. 대원군은 민비가 부모가 없고 외동딸이기 때문에 세도를 부리지 않을 것으로 판단하고 며느리로 결정하였다.

4) 1868년 대원군은 면세·면역으로 국가 재정을 축 내고 일반인과 천민을 학대 착취하는 양반이 소속된 전국 650여 곳의 서원을 철폐하고 47개 만 남겨 국가 재정을 튼튼히 하였다. 그러나 양반들의 불평을 사게 되었다.

5) 1868년 임진왜란 때 소실된 경복궁을 재건하였는데 여기에 무리하게 재정 투자와 인력이 동원되어 백성들이 불평하기 시작하였다.

6) 일본은 1853년 미·일 조약을 체결한 후 영국·프랑스·러시아·네델란드·독일 등과 차례로 조약을 체결하여 개화하면서 명치유신 40년 만에 근대문명을 받아들여 아시아에서 최초 세계열강이 되었다. 일본을 근대화 하는데 이등방문의 공이 컸다.

7) 병인양요(1866년)
1839년 조선은 프랑스 신부 3명을 살해하고,
1866년 9월 프랑스 신부 9명과 천주교인 8,000여명을 처형하자 국민들의 원성이 극에 달하였고,
1867년 10월 11일 프랑스 함대가 강화도를 공격하여 병인양요를 체결하였다.

8) 신미양요(1871년)
1871년 5월 5일 미국과 조선은 신미양요를 체결하였다. 그러나 대원군의 쇄국정책으로 프랑스군과 미군을 몰아내고 전국에 척화비를 세우고 개방을 하지 않아 서방의 근대문명을 받아들이지 않아 근대화를 하지 못하였다. 이들을 수구파라 한다.
9) 1873년 민비가 대원군의 섭정을 밀어내고 고종이 권력을 잡았다. 대원군은 경복궁 중건과 서원철폐와 천주교인들 학살로 국민들로부터

지지를 얻지 못하고 위기에 처하자 최익현 등이 "고종이 직접 정치를 해야 한다"고 상소를 올렸다. 그러자 병조판서 민승호, 이조판서 민규호, 수원유수 윤치상 등이 대원군 계열의 홍순목 · 한계원 등을 처벌하고 새로 이유원, 박규수가 대치 정국을 장악하자 대원군은 더 이상 견디지 못하고 운현궁을 떠나 양주 직곡 산장으로 갔다. 결국 시아버지 대원군을 며느리 민비가 몰아냈다. 이때부터 민 씨 일파가 안동 김 씨를 대신해서 민 씨 세도정치가 시작되었다. 민 씨 세도정치로 매관매직 부정부패가 다시 시작되어 극에 달하여 대한제국 멸망을 재촉하였다.

10) 운양호 사건(1875년)

1875년 4월 일본은 부산의 초량에 있는 왜관을 공격하고, 8월 강화도를 공격하였다. 일본이 통상을 요구하여 고종은 1876년 병자수호조약 즉 강화도조약을 체결하였다.

2. 고종의 개화정책

1) 박지원의 손자 박규수는 고종의 스승이었다. 박규수는 고종에게 조선이 강국이 되는 길은 개화뿐이라고 계속 설득하여 고종이 개화정책을 펴게 하였다.

신헌 장군은 운양호 사건에서 조선의 무기가 일본의 무기와 비교가 안 되는 것을 보고 깜짝 놀랐다. 조선은 임진왜란 때의 조총을 개발하지 않고 그대로 사용하는데, 일본은 기관총을 가지고 상륙하여 조선군을 초토화 시켰다. 그래서 일본에 의해 조선이 점령되는 것은 시간 문제이니 우리도 개화를 해서 무기를 개발하지 않으면 일본에 또 점령될 것이라고 고종에게 개화정책을 강력히 주장 설득하였다. 이들을 개화파라 한다.

아버지는 수구파, 아들은 개화파였다. 수구파와 개화파는 끝없는 싸움을 하여 결국 대한제국의 멸망을 가져왔다.

2) 김옥균, 홍영식, 안경수, 김홍집, 서광범, 윤치호 등은 모든 제도를 서양식으로 개혁하자고 급진적 개혁을 주장하였다. 고종은 점진적 개혁을 주장하는 이유원, 박규수 등의 의견을 많이 수렴하였다.

3) 1880년 고종은 민겸호, 민영익, 조영하, 민치상, 이재면, 김보현 등을 앞세워 개화를 하였다. 1876년 - 김기수, 1880년- 김홍집, 1881년- 박정양 · 조준영 등 51명을 일본에 보내 근대 문명을 배워오게 하였다. 어윤중의 수행원인 유길준과 윤치호를 일본에 유학시켰다. 1881년 김윤식 외 38명을 청나라에 보내 청국의 근대화를 배워오게 하였다. 이때 무기제조의 기술자를 데려왔다.

1883년 민영익, 홍영식, 서광범을 미국에 보내 미국의 근대화를 배워오게 하였다. 그리고 별기군을 조직, 신식군대도 양성하였고, 무기 공장도 신설하였다. 미국과 일본, 청나라를 다녀온 이들은 철도 · 전차 산업이 발달한 것과, 무기와 군함 등의 발전을 보고 놀랐다.

4) 고종은 민규호, 민영익, 민응식, 김윤식, 홍영식, 김홍집 같은 개화파를 등용하였고, 특히 김옥균의 조언을 많이 받아들이고 사랑하였다. 고종은 한성순보 신문을 발행하여 개화를 적극 추진하였고, 1899년 경인철도와 서울에 전차도 놓아 근대화에 전력을 다하였다. 전차는 일본보다 3년이 앞섰고, 천일은행도 설립하여 근대화에 전력을 다하였다.

5) 위정척사파 즉 개화를 반대하는 이항로, 기정진, 유인석, 최익현 등이 개화 즉 통상을 절대 반대하자 고종은 이들을 모조리 귀양을 보냈다. 귀양지에서도 이만손, 홍재학 등이 계속 상소를 하면서 근대화를 반

대하자 홍재학을 아예 능지처참하였다. 이렇게 되자 척사 파들이 위기를 느꼈다.

6) 1882. 4. 6 조 · 미 수호 통상조약 체결
   1882. 4. 21 조 · 영   〃
   1882. 5. 15 조 · 독   〃
   1884. 5. 15 조 · 러   〃

3. 임오군란(1882년)

1) 1881년 김홍집이 일본에서 가지고 온 개화정책에 관계된 「조선책략」에 대한 책에 대해서 이만손 등 경상도 유생들이 상소를 올려 반대하면서 전국 유생들을 선동하였다.

2) 1881년 8월 승지로 있던 안기영이 한직으로 밀리면서 대원군은 개혁 반대세력을 선동, 대원군의 서자 이재선을 왕으로 추대하기 위하여 반란을 추진하다 적발되어 개화를 반대하는 강달선, 이두영, 이재선 등 30여명이 체포되어 모두 사형 당하였다.

3) 1882년 6월 5일 도봉소(곡물로 봉급을 지불하는 곳)에서 지급하는 급료를 일반군인들이 거절하며 난투극이 벌어진 가운데 김춘영 · 유복만 등 4명을 포도청에 구금하였다. 이들은 심한 고문을 당하고 곧 사형이 집행될 것이라고 소문이 퍼졌다.

4) ① 민비는 절을 두루 다니며 과다한 종교행사를 벌여 많은 돈을 낭비하였고,

② 절에 시주를 많이 하였으며,

③ 무당들에게 돈도 많이 주고, 참판 혹은 승지의 벼슬을 마음대로 임명하는 등 권력을 남용하여 백성들의 원성을 사고 있었다.

④ 5군영을 2군영으로 체제를 개편하면서 구식 군인 1,000여명 감축 하자 이들이 들고 일어났다.

⑤ 선교사 언더우드가 결혼하는데 축하 금을 100냥(100원)을 지출하였다. 그 때 쌀 한 가마 값이 3원이었다. 민비와 민 씨 일파의 낭비와 부정부패는 10년 만에 극에 달하여 백성들은 도저히 참을 수가 없었다.

5) 개항을 하자 쌀이 일본으로 대량 흘러가 쌀값이 폭등하여 경제적으로 어려워졌다. 1882년 6월 9일 구식 군인들의 13개월 밀린 봉급 중 한 달 치 봉급이 쌀로 나왔다. 그런데 쌀 양이 적은 것은 말할 것도 없고, 썩은 쌀에 모래가 너무 많이 섞여 있었다. 이 일은 선혜청 관리들과 병조판서 민겸호가 착복한 결과이다. 구식 군인들이 이에 항의하니 항의한 군인들을 민겸호가 처형하자 군인들이 분노를 참지 못하고 일반 군인들이 계획하여 기습적으로 민겸호 집을 습격하여 처단하고, 포도청 의금부도 습격하고, 민 씨 친척도 차례로 습격 살해하고, 일본 공사관을 공격하여 장교 1명을 죽이고 일본인도 죽였다. 그리고 창덕궁 돈의문으로 들어가 닥치는 대로 죽였다. 대궐은 난장판이 되었다. 이 때 민비도 공격하려고 궁을 뒤졌으나 민비는 무예별감 홍계훈과 민응식, 민긍식, 이용익 등의 도움으로 여주 민영위 집으로 도망쳐 숨었다. 민 씨가 권력을 잡은 지 9년 만의 일이다.

조정에서 일하는 공무원도 5년 치 월급을 받지 못하였다. 민비는 무속인과 세자책봉을 위해 청나라 사신에게 너무 많은 돈을 주는 등 경제적으로 파탄지경이 되게 하였다. 고종은 이경하, 민겸호, 심순택 등을 파직하고 민심을 수습하려 하였으나 폭동은 진압되지 못하였다.

시위꾼들이 대원군이 있는 운현궁에 가자 대원군은 부하들을 폭동에 가담하게 하였다. 결국 시아버지가 이제는 며느리를 몰아냈다. 고종은 대원군에게 전권을 위임하였다.

대원군은 권력을 다시 잡자 별기군을 폐지하고 구식군대 5군영을 부활시켰다. 유배 간 척사파(수구파)도 석방시켰다. 이로 인해 모든 개혁은 중단되었다. 그리고 민비가 죽었다고 장례를 치렀다. 민비와 대원군은 적과 적이 되었다.

여주에 있던 민비는 7월 17일 민치헌을 극비로 고종에게 보내 민비가 살아 있음을 알리면서 청국을 통해 대원군을 제거해 달라고 요청하게 하였다. 고종은 7월 23일 천진에 있는 김윤식과 어윤중에게 청국에 출병을 요청하여 청국은 즉시 군함 3척과 3천 명의 병력을 조선에 급파하였다. 이때 일본군도 거류민을 보호한다는 명분으로 군함 4척, 수송선 3척, 보병 1개 대대 합 1,500명을 제물포에 상륙시켰다. 청군은 대원군을 납치하여 천진으로 보냈다. 대원군 재집권 33일 만의 일이다. 이제는 며느리가 사대주의에 의해 시아버지를 두 번 째 아예 멀리 청국으로 귀양을 보냈다. 그 후 민비가 다시 정권을 잡고 20년간 정치를 하였다. 민비는 대원군 파인 고종의 형인 이재면과 이경하, 신정희 등을 체포 구속하였다. 고종은 점진적 개화정책으로 교육, 언론, 산업기술 분야까지 개혁을 추진하다 임오군란으로 어려움을 당하였다.

일본은 임오군란 때 일본인이 피살된 일로 일본인을 보호를 해야 한다는 명분으로 한국에 상륙, 한국 공사관에 군을 주둔시키는 제물포조약을 체결하였다. 민비가 잘못하여 임오군란이 발생하게 하였고, 민비가 권력을 잡기 위해 청을 끌어들이고, 일본군이 한국에 남게 되어 일본이 한국을 침략할 수 있는 기회를 제공하였으며, 용산은 이때부터 청나라 군인과 일본군이 있게 되었고, 일본이 떠난 후 미군이 주둔하여 현재까지 오다가 미군이 평택으로 이전하였다.

4. 갑신정변(1884년)

1) 임오군란 후 고종은 김옥균과 박영효를 등용, 개화를 추진해 나갔다. 그런데 청을 끌어들여 임오군란을 진압하고 나니 청의 심한 내정간섭에 고종은 개혁은 그만두고 아무 것도 할 수 없었다. 그래서 고종은 1884년 5월 15일 조·러 비밀조약을 체결하였다. 조약 내용은 "청나라로부터의 속국을 폐하고 유사시 러시아 황제의 보호를 요청하면 적극 협력한다." 이었다.

이 내용을 김윤식이 청에 고해바쳐 청은 더욱 더 협박을 하여 고종은 견디기 어려웠다. 그리고 청은 대원군을 청나라에서 3년 만에 조선으로 보내 대원군과 고종이 싸우게 하였다. 그래서 고종은 대원군을 연금시켰다.

2) 조선 정부 안에는 김옥균·박영효 등 친일파와, 민응식·한규직·김윤식·어윤중 등 친청파가 있었다. 친청파는 청을 등에 업고 친일파인 박영효를 1883년 3월 광주 유수로 좌천시켰다. 그리고 6개월 후 광주 유수 직에서도 사임하게 하였다. 박영효가 애써 기른 병사들이 박영효가 면직되자 한규직과 윤태준의 부하가 되었다.

1884년 4월 김옥균이 일본의 호산학교에 위탁하여 교육시킨 14명의 조선사람 사관생도들이 교육을 마치고 조선군대 훈련을 시키기 위하여 조선에 도착하였다. 그런데 민영익이 군대 훈련을 청국 장교에게 맡기려 하여 김옥균의 군사훈련 계획이 수포로 돌아갔다. 박영효와 김옥균은 친청파들에 의해 언제 당할지 몰라 극단의 생각을 하게 되었다.

3) 국가 재정이 풍부해야 개혁을 힘차게 추진해 나가는데, 국가 재정이 없어 개혁한다고 정책만 발표하고 추진해 나가지 못하자 사회에 혼란만 가중되게 하였고, 개혁을 청나라 때문에 전혀 하지 못하고 있었다. 조선

정부는 일본에서 17만원의 차관을 도입하였다. 서울 용산에 주둔하고 있는 청나라 군대 3,000여 명 중 1,500여명이 본국으로 이동하였고, 청은 태평천국의 난과 베트남의 프랑스 군대와 전쟁을 하기 때문에 조선에 대해서 신경 쓸 힘이 없을 것으로 김옥균 · 박영효 등 친일파들은 판단하였다.

4) 1884년 10월 17일 우정국(우체국) 개국 축하 연회장에는 민영익 · 홍영식 · 김홍집 등과 김옥균 · 서광범 · 윤치호 등 급진개화파와 각국 외교관이 참석하였다. 밤 10시쯤 "불이야"하는 소리가 나자 민영익이 밖으로 나오다 칼을 맞고 쓰러졌다. 이 일은 김옥균 등이 일으킨 사건이다. 계획대로 일본 공사 다케조는 일본군 200여명을 지휘하여 고종이 있는 경우궁(현재 현대 사옥)을 에워쌌고, 김옥균 일파는 창덕궁에 들어가 민태호 · 조영하 · 한규직 등 친청파를 죽였다. 그리고 이어서 윤태준 · 이조연 · 환관 윤재현 등 친청파를 죽였다. 정변 주도 세력은 서재필 등 사관생도 14명과 조선군 70명, 김옥균 등 청년 30여명, 상인 100여명, 일본군 200여명, 합 450여명이었다.

다음 날 친일파 김옥균 등은 정권을 장악하고 영의정에 이재원, 좌의정에 29세 홍영식, 그리고 박영효, 서광범, 김홍집, 김옥균, 김윤식, 이재면, 이준용 등을 등용하여 민 씨 친청파와 민 씨 세력을 몰아내고 80여 개 근대화 개혁 내용을 발표하였다(현재는 14개 조항만 알려지고 있음). 주 내용은 청으로부터 독립과 근대국가의 입헌군주제 수립이었다. 그러자 서울에 주둔하고 있던 청나라 군대 1,500여명이 즉시 공격하여 김옥균 · 서광범 · 박영효 등은 일본으로 도망쳤고, 서재필은 미국으로, 홍영식 · 박영교 등은 청군에 의해 살해 되었다. 박영효가 일본을 갈 때 배에 단 깃발이 태극기이다. 갑신정변을 3일 천하라고도 한다. 이후부터 "개화를 해서 조선을 근대화 하자"하면 친일파요 역적이라고 오해를 받을 정도여서 근대화를 하는 데 지장을 주는 원인이 되었다.

이때 일본은 청군을 막으려 하였으나 군사력이 약하여 청군을 막지 못하여 친일파 중심의 갑신정변이 실패하자 일본은 조선을 점령하려면 청국과의 전쟁을 피할 수 없다는 것을 알게 되어 청국과 전쟁을 위해 군사력 강화에 전력을 다하게 되었다.

5) 일본으로 도망친 김옥균은 홍종우가 이홍장을 만나게 해준다고 상해로 유인하여 1885년 3월 권총으로(칼로 난자하여) 살해하였다. 이때부터 청의 간섭을 더 많이 받게 되어 한국의 근대화가 어려워졌다.

5. 동학란 (1894년)

1) 영국은 러시아의 남진정책을 막기 위해 조선과 아무 협의 없이 강제로 거문도(여수 남쪽 섬)를 점령하였다.

2) 1885년 5월 25일 고종은 갑신정변으로 개혁을 할 수 없게 되었으나 그래도 개혁을 해야 조선이 살아남을 수 있어 개혁을 추진하는 부서 문교부를 설치하였다. 그리고 믿을 수 있는 각료는 여흥 민 씨 뿐이어서 민병식, 민응식, 민영상, 민영준, 민영소, 민두호, 민영환 등 약 260여명의 민 씨를 다시 등용하여 고종은 민 씨 세력에 의해 좌우 되었다.

3) 이렇게 되자 민 씨 세력과 다른 세력, 내무부파와 의정부파가 또 서로 싸우게 되어 정국이 불안하였다. 이들의 부정부패가 극에 달하였고, 안동김씨 60년과 고종 시대에 임자 없는 국가가 되어 관료와 양반들이 평민들과 노비(노예)들을 착취하고 탄압하게 되자 평민들과 농민들과 노비들은 더 이상 참을 수가 없고, 살아갈 수도 없었다.

4) 최제우는 서자였다. 서자는 조선에서는 출세할 수 없었다. 20세 때

부터 10년 동안 전국을 다니며 서민들의 아픔을 보고 배웠다. 1860년 4월 15일 유교 · 불교 · 도교 · 천주교 사상을 흡수 사상체계를 이루었고, 유성룡의 양명학과 허균과 정조와 정약용의 평등사상 등의 영향도 받았다. 즉 '사람이 하늘이라는 인내천이다.' 이 사상은 당시 양반들에게 착취와 학대를 받으며 살아온 평민과 노비들에게는 구세주였다. 1800년 정조가 노비(노예)제도를 폐지하고 서민도 관료로 등용하자 노론의 사대부들은 이를 무시하였다.

1861년 최제우가 인내천의 평등사상으로 포교를 하니 6개월 만에 3천여 명이 몰려들었다. 그러자 1864년 1월 노론의 독재정부에서는 최제우를 체포 처형하였다.

최제우가 죽자 최시형이 다시 포교를 하였다. 1890년에는 동학의 세가 엄청나게 확장되었다.

1892년 전북 삼례에서 손천민의 지휘아래 수천 명의 동학 인들이 모여 억울하게 죽은 최제우의 명예를 회복해주고 정부에서 동학을 인정해 달라고 박광호 이하 40여명의 대표단이 상경하여 복합 상소를 하자, 정부는 이들을 체포하여 강제로 해산시켰다. 이렇게 되자 동학 인들은 1893년 보은에서 약 4~5천명이 모여 일본과 서양을 배척하는 규탄 집회를 열었다. 즉 동학은 수구파였다. 이 집회를 홍계훈 관군 600여명이 출동하여 진압하였다.

5) 전북 고부군수 조병갑의 부정부패로 농민들은 살 수가 없었다. 1894년 1월 10일 전봉준은 고부군수 조병갑의 부패에 저항, 봉기하여 단숨에 고부관청을 점령하였다. 3월 20일 "일본군을 몰아내자"는 구호 아래 동학군이 모여 정읍 · 고창 · 무장(고창 옆) 등을 점령하였다. 동학군은 총사령관 전봉준, 대장 손화중 · 김개남, 참모장 오지영 등을 조직하고 8,000여명이 모였다. 이들은 정부군을 황토현 전투에서 참패시키고, 정읍, 고창, 영광, 함평, 무안, 나주를 점령 북상 중이었다. 정부에서

는 가장 강한 군대인 장위영군 홍계훈 외 800여명을 장성에 급파 진압하려 하였으나 진압군이 참패하고 동학군은 4월 27일 전주성을 무혈점령하였다.

민 씨 정부는 동학군을 진압하기 위하여 또 청에 군사를 요청하였다. 5월 5일 청은 군대를 상륙시키고 일본도 천진조약에 의해 5월 6일 인천에 대부대를 상륙시켰다. 임오군란 후 양측 군대가 합의하여 떠났는데 다시 오게 되었다. 동학란은 홍경래난의 연속이었다.

동학군의 요구는 노비제도 폐지, 미곡의 유출 금지, 일본과 통교 금지, 삼정개혁(세금) 등이었다. 동학군이 점령하는 곳마다 노비문서를 불태우고, 고리대금도 탕감하고, 부정축재한 양반의 재산을 몰수하여 가난한 자에게 주자, 노비들은 만세를 부르며 동학군에 충성하고 군량미를 대주어 그 세력을 정부에서는 감당하기 어려웠다. 전봉준은 동학군에게 어려운 사람을 해치지 말고 도우라고 요청하였다.

1894년 6월 21일 용산의 일본군 1천여 명이 경복궁을 공격할 때 조선군 수비대 600여명이 저지하고 있었으나 무기가 빈약하여 70여명이 죽자 다 도망쳐 궁궐이 침범 당하였다. 일본군은 조선군 무장을 해제시키고 친청파를 몰아내고 김홍집, 박정양, 김윤식, 유길준, 어윤중 등 친일파를 내세웠다. 이때 일본은 친청파를 몰아냈으나 조선을 점령하려면 조선에서 청국을 몰아내야 한다는 것을 알고 청국과의 전쟁을 준비해서 1894년 7월 5일 아산만의 청국군을 공격하여 승리하자 본격적으로 조선 점령을 준비하고 있었다.

일본군은 경복궁을 점령, 친청파인 민 씨 정부를 무너뜨리고 김홍집의 친일 내각을 수립하고 대원군을 다시 앞장세웠다.

1894년 6월 22일 고종은 세 번째 대원군에게 전권을 위임하였다. 대원군은 뒤에서 동학군에 협조하여 이 일이 성사되게 하였다.

동학군은 이에 놀라 정부군과 싸움을 중단하고 전주화약을 맺고 해산하였으나 일본군이 궁궐을 침범하였다고 하여 10월에 전북 삼례에서 다시 모였다. 이때는 10만여 명(5만여 명)이 모여 서울을 향해 북상하였다. 11월 19일 공주 우금치에서 정부군과 일본군이 합세하여 동학군과 4일 동안 50여 차례의 치열한 전투 끝에 동학군은 전멸하였다. 동학군은 죽창, 몽둥이, 활과 칼과 구식총인 화승총(총에 불을 붙여 쏘는 총)을 가지고 공격하였고, 일본군은 기관총과 소총으로 공격하여 동학군은 500여 명만 남고 전멸하였다. 일본군 1명이 동학군 천여 명을 죽일 수 있는 화력을 가지고 있었다. 동학군 지도부는 전주 남쪽으로 후퇴하다가 전봉준은 순창에서 체포되어 처형되었고, 나머지 김개남·손화중도 체포되어 처형되었으며, 26명 지도부는 대둔산 정상에서 항전하다 전원 자결하였다. 이때 양반들은 숨어 있는 동학군을 찾아 무참히 죽였다.

6) 1894년 7월 대원군은 고종을 폐위하고 손자 이준용을 왕위에 세우려고 두 번째 반란 계획을 세웠다가 사전에 발각되었다. 고종은 이때 반란을 수습하려고 일본에 망명한 박영효를 불러들여 진압하게 하였다. 이 반란 사건으로 많은 사람이 죽게 되자 대원군은 정계를 은퇴하였다. 고종은 1898년 아버지 대원군이 죽었을 때 장례식에 참석을 하지 않을 정도로 적대적이었다. 내부의 반란과 분쟁과 부정·부패는 결국 조선을 망하게 하고 있었다. 대원군은 개화를 반대하여 조선을 근대화시키지 않고 권력에 집착하여 며느리 민비와의 싸움으로 결국 일본의 침략을 당하게 하고 죽었다.

6. 청일전쟁(1894년)

일본군은 1894년 7월 25일 아산만에 있는 청나라 군함을 기습 공격하여 8개월 만에 청국을 굴복시켰다. 청은 요동반도와 대만을 일본에 넘겨주었다. 청국의 이홍장도 청국을 개화하지 않고 부패하고 근대화 하지 못하여 일본의 침략을 당하여 참패하였다.

7. 갑오개혁

1894년 일본은 청과의 전쟁에서 승리하자 1894년 7월 23일 일본군이 경복궁을 공격하여 고종을 포로하고 흥선대원군을 앞장세워 민 씨 친정정권을 몰아내고 김홍집을 중심으로 친일파를 앞장세워 강제로 개혁을 단행, 210건의 개혁안을 통과시켜 발표하였다. 이를 갑오개혁(갑오경장)이라 한다. 개혁안의 핵심은,
① 왕권 제한 내각 권한 강화. 즉 의정부와 8개 아문서 설치, 아문 안에 경무청 설치.
② 과거제도 폐지, 시민 평등 실행.
③ 1894년 12월 12일 홍범14조 발표.

을미개혁(갑오개혁의 연장)
① 태양력 사용 ② 종두법 실시 ③ 우체국 설치 ④ 소학교 설치
⑤ 청나라를 배격하기 위해 건양 연호 사용 ⑥ 단발령

8. 을미사변(1895년)

1) 갑오경장으로 고종의 권력이 대폭 축소되고 수행원도 대폭 축소되었다.
일본이 1895년 3월 청일전쟁 때 승리로 얻은 요동반도를 러시아가 개입하여 청국에 반환하자 고종은 러시아가 일본보다 강한 것을 알게 되었다. 이때 권력에서 밀려난 민비가 일본을 견제하기 위해 러시아를 끌

어들였다. 이 일을 눈치 챈 박영효가 선수를 쳐 민비를 폐위시키려고 음모를 하다 발각되어 일본으로 도망쳤다. 박영효는 국왕의 호위병을 폐지하고 일본군이 훈련시킨 조선군 훈련대로 왕궁 수비대를 교체하려 하여 고종은 격노하였다. 고종은 갑신정변 때 축출당한 민 씨를 모두 사면하고 다시 등용하였다. 이때 고종은 김홍집, 김윤식, 이범진, 박정양, 이완용 등으로 일본을 견제하고 러시아에 가까운 내각을 조직하였다.

일본은 1895년 10월 8일 새벽 6시 경복궁을 습격하였다. 홍계훈 등 궁궐수비대가 저항하였으나 폭도들의 한 무리는 고종의 침실로, 다른 무리는 민비의 건청궁으로 달려가 민비의 침실 곤녕합에 침입하였다. 군내대신 이경식이 일본인이 침실로 오자 두 팔을 벌려 민비 앞을 가로막자 일본군 소위 미야모토 다케다로는 이경식을 쳐 죽이고 도망치는 민비를 잡아 내동댕이치고 구둣발로 짓밟고 칼로 난자하여 죽였다. 그리고 옆의 숲으로 끌고 가 나무에 석유를 뿌리고 화장해 흔적을 없애버렸다. 민비의 나이 45세였다. 왕세자는 상투를 붙잡힌 채 칼에 맞아 의식을 잃었다. 여기 주동자는 일본 군인들로, 일본 육군 소위는 일본 육군 중장 출신 미우라 고로의 조선공사 명령을 받고 있었다. 그 칼은 현재 일본에 보관되어 있다.

농상공부대신 정병화와 군부대신 조희연 등은 이 사실을 사전에 알고 있었고, 이들은 명성왕후 민비를 폐하여 서민으로 강등시키고 간택령을 내렸다.

일본군은 대원군이 민비를 살해한 것처럼 위장하기 위해 1895년 10월 8일 마포 공덕동 별장에 있던 대원군을 입궐시켰다. 대원군이 입궐을 강력히 거부하자 협박하여 가마에 태워 오전 6시 10분경 근정전 옆 강녕전에 내려놓았다.

일본공사 미후라는 대원군과 상의하여 친러파를 축출하고 조희연, 정병하, 유길준, 이재면 등 친일파를 다시 등용하고, 김홍집, 김윤식, 박정양은 유임시켜 조선의 서로전선(서울 - 의주), 남로전선(서울 - 부산),

북로전선(서울 - 원산)을 장악, 러·일 전쟁에서 승리하게 되었다. 유길
준과 조희연은 궁궐에서 삭발을 하지 않으면 모두 죽이겠다고 협박하
였다. 그래서 조병하는 고종의 상투를 자르고 머리를 깎았고, 유길준은
세자의 상투를 자르고 머리를 깎았다. 고종은 신변에 위협을 느꼈고, 궁
궐 안에서는 많은 신하와 궁녀들이 통곡하고 있었다. 이때부터 의병이
일어나기 시작하였다. 이천·여주 박준영 2천여 명, 춘천 이소응 1천여
명, 제천 유인석과 서상열, 강능의 민용호, 홍주의 김복한, 산청의 곽종
석, 문경의 이강년, 장성의 기우만 등이다.

2) 아관파천(1896년)

"국모의 원수를 갚자"라는 상소문은 끝이 없었다. 유인석이 의병장
이 되어 항일운동을 하자 전국에서 호응하였다.

고종은 친러파 이범진을 통해 러시아 공사에게 극비리에 접촉하게
하였다.

1896년 1월 13일 러시아 장교 4명, 수병 100명이 야포 1대를 이끌고
인천에서 서울로 오고 있었다.

1896년 2월 11일 오후 7시경 고종과 왕세자는 엄 상궁과 함께 궁녀
들이 타는 가마 뒤에 위장하여 타고 가까스로 경복궁 궁궐 문을 빠져
나와 러시아 공사관(정동 문화방송 옆)으로 피하였다. 이를 아관파천
이라 한다. 이 사건은 국가로서는 있을 수 없는 일로 조선왕조가 망해
가고 있다는 증거이다. 이 일에는 이범진, 이완용, 이윤용, 엄 상궁(영
친왕 모) 등이 협력한 결과이다. 엄 상궁은 이 일로 왕비가 되었고, 숙
명여고(현 숙명여대)와 진명여고를 세웠다. 여기서 고종은 친일파를
체포 숙청하기 시작하였다. 김홍집과 조병하는 군중들이 폭행하여
죽여 버렸고, 어윤중은 용인으로 피신 도중 지방인들이 폭행하여 죽
여 버렸다. 유길준은 일본으로 도망쳤고, 김윤식은 제주도로 귀양 갔
으며, 대원군은 운현궁에 연금하였다. 그리고 이완용, 이범진, 윤치호

등이 새 내각의 중심이 되었다.

3) 고종의 대한제국 선포(1897년)

1897년 2월 20일 고종은 러시아 대사관에서 경운궁(덕수궁)으로 옮겼고, 김병시, 정범조 등 온건 개혁파를 등용하였다. 그리고 1897년 10월 13일 국호를 대한으로 하고, 대한제국 헌법을 공포하였다. 그리고 황제라고 선포하였고, 러시아식 군복을 착용하였다. 청나라 사신을 맞이하던 영은문을 헐고 독립문을 건립하고, 명나라와 청나라의 속박에서 벗어나 자유와 독립을 선포하였다.

1636년 청나라는 12만 대군으로 조선을 침략, 인조는 천호동 삼전도에서 청나라 대표에게 세 번 절하고 머리를 땅바닥에 9번 찍어 피가 흐르는 가운데 항복한 후 청나라 연호를 쓰고, 청나라에서 만들어 준 옥새를 사용하였는데, 대한제국 선포는 청나라의 신하에서 해방되는 선포식이었다. 그리고 모든 분야에서 개혁을 박차 눈부시게 변화되었다. 여기에 최익현, 유인석, 윤치호 등이 반대하였고, 장지영은 적극 찬성하였다.

1883년 한성순보 · 대한매일신문 발행, 동문학(외국어교육)
    학교설립, 원산의 원산학사(정현석 설립)

1885년 아펜젤러의 배재학당 설립

1886년 한성주보 발행, 육영공원(헐버트 교사 채용, 수학
    자연과학, 역사, 정치학, 교육), 스크랜턴 이화학당설립,
    언더우드 경신학교 설립.

1887년 길러스 정신여학교 설립, 경복궁에 전깃불 들어옴.

1889년 서울-부산, 서울-원산 전신설립.

1895년 인천-서울-신의주 전신 설립.

1899년 9월 28일 서울-노량진-인천 기차운행.
    성냥, 석유, 자전거, 자동차, 전화기, 축음기 등 신기한 것 등장

1910년까지 중등학교 30여 개 설립.

조선이라는 말은 명나라와 청나라의 속국이라는 뜻으로 치욕의 역사를 의미하지만, 대한이라는 말은 마한·진한·변한이 고조선의 땅으로 중국의 청도, 산해관, 요동반도, 외몽고와 만주와 한반도 전 지역의 큰 땅인데 이와 같은 우리 땅을 다시 찾아야 한다는 뜻으로 3국을 대표해서 대한이라고 하였고, 대한은 자유와 독립이라는 뜻이며, 대한제국을 줄인 말로 한국 또는 한민족이라고 부르고 있고 한복, 한옥, 한식당으로 부르게 되었다.

4) 독립협회(1898년)

1898년 11월 독립협회가 조직되었다. 회원은 약 4만여 명이었다. 이들은 고종에게 건의문을 상소하여 고종은 이들의 건의문을 받아들이기로 약속하였다. 그런데 독립협회 회장 이완용과 이상재, 남궁억 등 간부들은 고종황제를 폐위하고 공화국을 선포 박정양을 대통령에, 윤치호를 부통령에, 그리고 각 부 장관을 독립협회 간부들로 조직하여 발표하고 이 내용을 고종에게 전달하였다. 고종은 이에 격노하면서 이상재, 이승만 등 독립협회 간부 17명을 구속하고 독립협회 해체를 명령하였다. 이에 국민들이 반대하자 고종은 황국협회 회원 2천여 명을 동원, 군대와 순검으로 독립협회 군중집회를 강제 해산시켰다. 독립협회는 처음으로 입헌군주제를 지향하고 만민공동회의를 개최, 자주 국권의 수호와 자유민권의 보장을 촉구하였고, 처음으로 공동회를 개최하였다.

9. 러·일전쟁 (1904년)

1) 1902년 1월 영국은 일본에 대한제국 문제에 대하여 특수권익을 인정하는 동맹체결을 하였다. 영국은 러시아의 남진정책을 일본을 통해

막으려 하였다. 즉 일본의 조선 독점을 승인하는 대신 청에 대한 지배권을 보장 받았다.

2) 1905년 9월 5일 미국 윌슨 대통령은 미국이 필리핀을 지배하는 조건으로 일본의 조선 지배를 인정하고 미 육군장관 테프트와 일본 수상 가쓰라 타로 사이에 각서를 체결하였다.

3) 1904년 2월 6일 러시아 군대는 인천 월미도에 정박하고 있었다. 2월 22일 일본군은 러시아 군함을 기습 공격하여 참패시켰다. 1905년 5월 5일 여순 항의 러시아 함대를 기습 공격하여 승리하였고, 5월 27일 대한해협에서 발틱함대까지 공격 대파시켜 러시아는 일본에 굴복, 조약을 맺었다. 일본은 조선에서 청나라도 물리치고, 러시아도 물리쳐 거칠 것이 없었다. 이제 대한제국을 점령하는 것만 남았다. 일본은 고종 곁에 있던 반일파인 이용익, 김영수, 이학균, 현상건 등을 회유나 강제 납치 등을 하여 지방으로 추방하고, 아무도 고종 옆에서 돕지 못하게 하여 혼자 있는 신세가 되었다. 그리고 친일파로 각료를 조직하였다. 한일의정서는 친일파 외무대신 이지용과 일본공사 하야시 곤스케에 의해서 체결되었다. 일본은 일본군 2만 명을 용산에 주둔시켰다.

10. 을사늑약(1905년), 정미조약(1907년), 경술국치(1910년)

1) 1904년 2월 일본은 강제로 한 · 일의정서를 체결하였다. 그 내용은 정치 · 군사적으로 일본이 조선을 점령하는 조약이었다.

2) 1905년 독도를 강제로 약탈하여 일본 시네마 현에 귀속하였다. 일본은 조선에 통감부를 설치, 권력을 찬탈하였다.

3) 을사늑약은 총 5개 조항이나 핵심은 조선의 외교권 박탈과 통감부를 두어 조선을 지배한다는 내용이다.

1905년 11월 17일 일본은 일진회 이용구, 송병준 등 친일파들에게 한·일 병합을 청구하게 한 후 일본군은 경운궁(덕수궁) 중명당에 들어가 고종황제를 포위 위협해서 을사 늑약에 서명을 강요하였으나 고종이 끝까지 거절하였고, 탁지부대신 민영기는 끝까지 반대하였으며, 참정대신 한규설은 반대하면서 갑자기 소리를 지르며 통곡하다 별실로 연행되었다. 이토는 "떼를 쓰면 모두 죽이겠다고"고 협박하였다. 그래도 법무대신 이하영 등은 반대하였다. 이렇게 하여도 고종의 윤허를 얻지 못하자, 11월 18일 새벽 0시 20분 경 하야시와 박제순이 직인을 가져다가 강제 날인하였다. 일진회 회원 중에는 동학인이 많이 있었다.

1905년 11월 17일 중무장한 일본군이 대궐을 포위한 가운데 이등박문은 강압적으로 을사늑약을 체결하고 외교권을 완전히 박탈하여 전세계에 나가 있던 공사와 대사를 소환하였다.

을사늑약은 외무대신 박제순, 내무대신 이지용, 군부대신 이근택, 학무대신 이완용, 농상무대신 권중현 등이 찬성 체결하여 이들을 을사 5적이라고 부른다. 을사조약이 체결되자 기산도는 이근택, 권중현을 암살하려다 실패하고, 이근택은 암살범의 칼에 10군데나 찔렸으나 살아났고, 스티븐스는 보호조약을 찬성하였다고 정명운·장인환 등에 암살당하였다.

1909년 10월 21일 안중근 의사는 이등박문을 아예 죽여 버렸다. 그리고 그는 32세의 나이로 일제에 의해 사형 당하였다.

이재면은 명동 성당 앞에서 이완용을 죽이려고 공격하였으나 실패하였다. 박승환은 군대 해산에 항거하다 자결하였고, 김석진·송도순도 자결하였으며, 황현은 1864년 고종 즉위부터 1910년 융희 4년까지의 국내외 관계를 편년체로 서술한 한말의 역사책인 '매천야록'을 쓰고 자결하였다. 황돌석도 자결하였다.

한국군 해산 때 남대문에서 일본군과 싸우다 63명이 전사, 1,000여명 부상, 500여명이 체포되었다.

4) 1907년 6월 네델란드 헤이그에서 만국평화회의가 열리자 고종은 이상설, 이준, 이위종, 선교사 헐버트를 대표로 보내 을사늑약은 불법이며 무효라고 알리려 하였으나 회의장에 들어가지 못해 설명을 못하였다. 이준은 자결하였고, 선교사 헐버트는 한국에서 추방되었다. 이상의 4인을 뒤에서 협조한 분은 전덕기 목사였다.

5) 1907년 7월 3일 농상공부대신 송병준은 고종에게 "동경에 가서 사죄하던가 아니면 대한문 앞에서 하세가와 사령관에게 엎드려 예를 취하던가 아니면 일본에 선전포고를 하라."고 능욕하였다. 또한 송병준은 일본 가쓰라 수상에게 "1억 원이면 한국을 일본에 팔아넘기겠다."라고 장담하였고, 1909년 11월 일본 수상에게 합방 안 5개 조항을 제출한 이완용도 고종의 양위를 추진하였다. 송병준은 일진회 회원 수천 명을 동원하여 궁궐을 에워싸고 고종을 협박하였다. 고종은 더 이상 참을 수가 없었다. 일진회 회원들이 동학인들과 같이 의병도 공격하였다.

6) 일본은 1907년 7월 고종이 을사늑약은 무효라고 주장한 헤이그사건이 알려지자 1907년 7월 19일 고종을 폐위시켰다. 그리고 순종을 즉위시켜 정미 7조약을 체결, 국권을 탈취하였고, 1909년 7월 기유각서 늑체, 1910년 6월 25일 조선인 경찰권 위탁각서, 6월 29일 한국 경찰을 폐기하였고, 일본은 8,800여명의 한국군을 완전히 무장 해제시켰으며, 만주의 간도(영변)도 청나라에 넘겼다(1909년 간도협약).
정미 7적은 고영희, 송병준, 이병무, 이완용, 이재곤, 임선준, 조중응 등이다.

7) 1907년 8월 1일 하세가와는 서울의 진위대와 지방의 8개 진위대 (군부대) 조선군의 무장을 해제시켰다. 1년 이상 근무한 병졸에게는 50원, 1년 이하 근무자는 25원, 하사계급 이상은 80원씩 지급하였다. 이때 쌀 한 섬이 3원이었다. 조선군 4,000여명, 진위대 4,800여명 총 9,000여명이 무장해제 당하였다. 그리고 일본군의 조선의병 토벌작전이 시작되었다.

8) 1910년 8월 22일 오후 2시 창덕궁 대조전 흥복현에서 조선 마지막 어전회의가 열렸다.

총리대신 이완용, 내무대신 박제순, 농상공부대신 조중응, 탁지부대신 고영희, 법무대신 이재곤, 왕족대표 이재면, 원로대표 김윤식, 궁내대신 민병석, 시종원경 윤덕영 · 이병무 등이 참석하였다. 이 자리에서 이완용은 한 시간이 넘게 한일병합을 해야 하는 이유를 설명하였다. 이완용의 설명을 들은 위의 대신들은 어느 누구도 항의하지 않았고, 통곡하고 우는 사람도 없었다. 순종은 협박에 못이겨 이완용에게 한일병합조약 전권을 위임하였다. 이완용은 통감부 관저로 가서 한일병합조약을 체결하였다.

1910년 8월 22일 이완용과 조선통감 데라우치와 한일병합을 하고 1910년 8월 29일 일본이 강제로 순종에게 국새를 찍을 것을 강요하였으나 끝가지 거부하였다. 이를 경술국치라고 하며, 이상의 사람들을 경술국치 9적이라고 한다.

한일병합의 핵심은 "한국 황제는 한국에 관한 일체의 통치권을 완전하고도 영구히 일본 천황에게 양여한다." 였다. 이것으로 대한제국은 멸망하고 말았다.

9) 1919년 1월 21일 덕수궁 함녕전에서 평소 건강하던 고종이 식혜를 마신 후 30분 만에 심한 경련을 일으키면서 68세 나이로 승하하였다. 민

병석, 윤덕영 등이 식혜에 무엇인가 넣었을 것이라고 의심하였다.

윤덕영, 이완용, 한상룡, 조중응, 신흥우 등은 일본과 한일합병을 한 것이 만족하다고 하였다. 대한제국의 멸망은 부정부패와 분열과 내부의 적 때문이었다. 일본은 큰 손실 없이 대한제국을 점령하였다.

11. 의병

1) 1895년 민비가 일본 군인에 의해 살해되고, 머리를 자르는 단발령을 내리자, 1896년 2월 양반인 유인석이 의병이 되어 충주를 공격하여 충주성을 점령하였다.

그런데 유인석 의병부대는 동학군도 포함되었는데 동학군을 반역도라고 처단하자 동학군이 이에 반발하였고, 평민 선봉장 김백선이 양반의 작전 잘못을 지적하자 김백선을 처단하여 유인석 부대는 일본군에 진압되고 말았다.

2) 1906년 민종식 · 이설 · 안병찬 등은 의병 1,000여명으로 홍주성(홍성)을 점령하였다가 전원 희생되었고, 1906년 6월 최익현 · 임병찬은 800여명의 의병으로 태인 · 정읍 · 순창에서 일본군과 전투를 하다가 곡성전투에서 패하여 최익현은 대마도로 유배되어 5개월 만에 굶어 죽었다. 그의 나이 75세였다. 정완직과 그의 아들 정용기는 영천에서 600여명의 의병으로, 신돌석은 영해에서 300여명의 의병으로 일본군과 싸웠다.

3) 1907년 헤이그밀사사건, 고종 퇴위, 정미7조약, 군대 해산 등의 충격으로 의병이 다시 일어났다. 해산된 조선군 8,800여 명 중 5,000여명이 의병이 되어 의병장 신돌석 · 홍범도가 이끌었다. 전국의 의병장은

255명이었다.

4) 1907년 전국 13도 의병은 1만여 명으로, 이인영을 총 대장, 허위를 군사장으로 창의군을 창설하고, 서울을 공격하기 위해 작전을 세웠다. 이인영은 전국 의병들에게 격문을 보내 양주로 집결을 호소하였다. 1907년 겨울 전국 각지에서 일만여 명의 의병이 양주에 집결, 13도 창의군을 결성하고 총대장에 이인영, 군사장에 허위, 지방 창의대장을 정하고 24개 진영을 편성하였다.

1908년 1월 서울 통감부 공격 작전을 개시하였다. 허위가 300명을 이끌고 선발대로 진격하다 동대문 밖에서 일본군의 선제공격으로 패하고, 총대장 이인영이 부친상을 당하여 귀가해버려 서울 공격의 계획이 실패하면서 창의군이 해체되었다.

그러나 허위 부대는 임진강 쪽으로, 이강년 부대는 충북, 민긍호 · 이인영 부대는 강원도에서 계속 항전하였다. 항전 중 민긍호는 전사하였고, 이인영 · 이강년은 체포 후 사형을 당하고, 허위는 옥사하였다. 홍범도 장군은 산수갑산 등지에서 일본군과 37회나 전투할 정도였다. 일본은 이에 당황하여 보병 1개 사단, 기병 1개 연대, 헌병 6,000명으로 전국 의병 토벌에 나서 의병을 전멸시켜 의병은 만주 북간도로 후퇴하였다. 전국 의병 수는 약 15만 명 정도였고, 일본군과 3,500회나 싸웠고, 전사자는 17,000여명, 부상자는 36,000여명 정도였다.

5) 1909년 1월 박용만은 미국에서 국민회를 창설하였다. 그리고 1914년 하와이에서 대조선 국민군을 조직하였으며, 사관학교를 세워 군사행동을 준비하였다.

1913년 안창호는 미국에서 흥사단을 조직하였다.

1919년 김구 · 여운형이 상해에서 신한청년단을 조직하였다.

관동의 원팔용, 경북 동대산 정환직, 평산의 이진용, 문경의 이강녕,

이범윤은 만주에서 4,000여 명의 의병을 지휘하여 일본군을 괴롭혔다.

6) 일제는 1910년 12월 27일 안태국·이승훈이 평양에서 60여명, 신우혁이 신천에서 20여명, 황해도에서 20여명 합 100여명이 선천 역에서 합류, 권총 75정으로 데라우찌 총독이 압록강 철교 낙성식에 참석하기 위해 선천역에 잠시 정차할 때 선천 신성중학교 교장 윤상온(선교사 메퀸)이 악수하는 것을 암호로 암살하려고 하였다고 사건을 날조하여 전국 항일지도자 700여명을 체포 구속하였다. 구속자 중 전덕기 목사, 김근영, 정희순, 한필호 목사 등은 고문으로 사망하였고, 최광옥 목사는 고문 후유증으로 사망하였다. 조덕찬 목사는 재판장 앞에서 옷을 벗고 일본 경찰이 고문한 사실을 만천하에 공개하였다. 이 사건으로 105명이 유죄판결을 받아 105인 사건이라고 한다. 기소자 중에 기독교인이 81명, 신민회 회원이 57명, 여기에 참여한 목사가 6명이었다.

7) 신민회는 1906년 중앙우체국 옆 상동교회 전덕기 목사를 중심으로 비밀조직을 하였는데, 안창호, 송석준, 이강, 정재관 등 회원수가 300~800여명이었다.

전덕기 목사는 미국 교포 강천명이 자금을 지원해주어 이 자금으로 이준, 이동휘, 김구, 이상재, 이승만, 이동녕, 유동열, 박은식, 이갑, 신채호, 양기탁, 최재학, 이상설, 윤치호, 박용만 등에 협력, 독립운동을 하게 하였다. 안창호 외 6명이 상동교회 출신이며, 이들의 사상은 신사상, 신 윤리, 신 학술, 신 모범, 신 개혁으로 새로운 사상을 국민들에게 계몽하는 것이 목표였다. 이들은 정주 오산학교, 평양의 대성학교, 강화 보창학교 등을 설립하였다. 대중강연을 하였고, 대한매일신보, 소년 등 잡지로 계몽하였으며, 서점과 제조공장, 유통, 사리원에 농촌지도소, 기독교의 금주·금연운동과 축첩 반대운동, 의병 신흥무관학교 등 독립운동과 국민 계몽운동의 기초를 세웠다. 기독교가 중심이 된 신민회는

105인 사건으로 전덕기 목사가 고문으로 순교하자 해체되었다. 105인 사건은 전덕기 목사를 죽이고 신민회를 해체하기 위한 일본이 날조한 사건이다.

대한매일신보 주필은 신채호였다. 그는 역사를 강조하였고, 국민들을 깨우쳤으나 신민회가 해체되자 만주로 자리를 옮겼다.

12. 3.1운동(1919년)

1) 서간도(유아현)에서 이회영, 이시영, 이동영, 이상룡 등이 신흥무관학교를 세워 독립군 3,500여명을 길러내고 있었다.

2) 1918년 12월 39명의 대표가 모여 대한독립선언서를 발표하였다.

3) 1914년 이상설, 이동휘 등이 블라디보스토크에서 대한 광복군 정부인 최초 임시정부를 세웠다. 1918년 이동휘 · 박애 · 김립 등은 하바로프스크에서 한인 사회당을 조직하였다.

4) 1919년 1월 21일 고종황제가 덕수궁 함녕전에서 식혜를 먹고 갑자기 승하하였다. 이는 일제의 통감부에서 고종 황제를 독살한 것이라고 소문이 전국에 퍼졌고, 고종의 장례일이 3월 3일인데 그 전전날 인 3월 1일 전국에서 이에 항거하기로 하였다. 그리고 미국의 월슨 대통령이 민족자결권을 주장하여 독립만세를 부르면 세계열강이 한국에서 일본을 몰아내 줄 것으로 알았다.

손병희, 최린, 이승훈, 신석구, 최성모, 오화영, 이갑성, 이필주, 길선주, 한용운 등 민족대표 33인이 모여 서울 탑골공원에서 독립선언서를 낭독하려다 못하고 서울 음식점 태화관에서 독립선언서를 낭독하였다.

학생들은 탑골공원에서 낭독하였다. 독립선언서는 이종일에 의해 전국
에 배포되었다.

전국 218개 군에서 200만여 명이 1,500여회 만세를 불렀고, 4월 15일
까지 7,509명이 사망, 46,000여명이 체포되고, 16,000여명이 부상, 49개
교회와 715채의 민가가 불에 탔다. 기독교인인 유관순 외 3,300여명이
죽었다. 이때 이완용은 매일신보에 3회에 걸쳐 경고문을 발표하였고,
친일파들은 3.1운동을 반대하였다. 임진왜란 때와 대한제국 멸망 때 의
병은 평민이었으며, 3.1운동 때도 무시와 천대를 받은 평민들이었다.

13. 대한민국 임시정부 조직(1919년)

1) 1919년 3월 21일 소련 블라디보스토크에서 전노 한족중앙총회를
대한 국민회의로 개편 임시정부를 세웠다. 대통령에 손병희, 국무총리
에 이승만, 군무총장 이동휘였다.

2) 1919년 3월 1일 손병희 등은 대한민국 임시정부를 출범시켰고, 서
울에서 윤이병, 이규갑, 이승만 등이 한성정부를 세웠다.

1919년 4월 23일 서울에서 13도 대표 41명이 모여 조선민국 수립을
선언하였다.

1919년 9월 6일 이상의 여러 개의 임시정부를 대한민국 임시정부로
통합하였다. 임시정부는 우파 이승만을 대통령에, 좌파 이동휘를 국무
총리에 추대하고, 이동녕, 박용만, 노백린, 이시영, 신규식, 김규식, 문
창범, 안창호 등을 각료로 임명하였다. 국호를 대한제국이라 하고 57개
임시헌법을 공포하였다. 태극기를 국기로 결정하였다.

1923년 이동휘는 독립군을 지원하기 위해서는 임시정부 자리를 간도
나 연해주로, 이승만은 외교를 하기 위해서는 상해로 해야 한다고 주장,

의견이 양분되어 활동이 무력화 되었다. 결국 이승만의 외교정책은 실패로 끝나 임정에 어려움을 주었다.

3) 1919년 4월 11일 상해에서 1,000여명이 모여 대한민국 임시헌장을 공포하여 임시정부를 선포하였다.

14. 독립군 봉오동 · 청산리전투 승리(1920년)

1) 1920년 만주 근방에는 대한독립군, 서로군정서, 북로군정서, 대한국민회, 군무도독부, 대한광복단, 대한의금부, 대한의민단 등, 5,000여명 정도였다. 이중 국민군 안무와 대한독립군 홍범도와 통합하였고, 군무도독부 최용진과도 통합하였다. 대한독립군부대 병력은 최동진부대 670명, 홍범도 · 안무부대 550명 총 1,200여명이며, 무기는 기관총 2문, 군총 900정, 권총 200정, 수류탄 100여개 등이었다.

2) 1920년 6월 4일 독립군 30명이 두만강을 건너 종성근방으로 진격 일본군순찰대 1개 소대를 공격하고 두만강을 건너 잠적하였다. 그러자 일본 순찰대 대장 신미 중위가 1개 중대로 독립군을 공격하다 독립군의 매복에 걸려 삼두자에서 대패하였다.

3) 이에 흥분한 일본군 나남의 18사단 73연대 1개 대대 병력이 1920년 6월 7일 만주 길림성 왕청현 봉오동의 독립군이 있는 곳을 공격해 왔다. 그러자 홍범도 장군과 최동진 장군 등은 독립군을 매복시키고, 이화일이 인솔하는 독립군이 일본군을 봉오동 깊숙이 끌어들여 일본군이 포위망에 들어오자 일제히 공격하여 대파시켰다. 이 전투에서 일본군 150명 사망하고, 200여명이 부상당하였다. 독립군은 1명 사망, 5명이

중상을 당하였다. 독립군이 오랜만에 대승하였다.

1920년 10월 2일 일본군은 만주의 장강호 마적단을 매수해 일본 영사관을 공격 방화하게 하여 이를 한국 독립군이 했다고 훈춘사건을 뒤집어씌운 후 한·만 국경을 넘는 구실을 만들어 10월 7일 19사단 주력부대와 다른 부대 합 15,000여명의 대병력으로 독립군이 모여 있는 삼도구를 공격하여 대학살을 자행하였다.

1920년 9월 독립군은 일본군의 공격을 피하여 봉오동에서 진지를 버리고 남쪽으로 450리를 내려와 안도현과 화룡현 이도구와 삼도구의 백두산 밀림지대에 주둔하였다. 여기는 지리적으로 요충지이다.

독립군 병력은 김좌진 장군의 북로군정서 600여명의 정예부대와 이범석 장군의 300여명이며, 무기는 기관총 4정, 신식군 총 500정, 수류탄 1,000개와 탄환이 우마차 20량 정도였다. 홍범도 장군의 대한독립군 400명과 최진동과 안무의 250명, 한민회 200명, 이범윤 의군단 100명, 신민단 기독교 중심의 1,100명, 합 1,950명이 청산리 근방으로 이동하였다.

1920년 10월 21일 일본군은 73연대를 주력으로 포병부대까지 동원하여 약 5천명의 여단 병력으로 독립군을 포위 섬멸하려고 청산리 근방으로 이동하여 독립군을 포위하였다.

독립군은 김좌진 장군의 부대가 백운평 계곡에 잠복하고 있다가 일본군이 청산리 백운평 계곡으로 유인되어 독립군 10m앞에 다가 오자 600여명의 독립군이 일제히 공격하였다. 순식간에 공격을 당한 일본군은 200여명의 시체를 남기고 도망쳤다.

1920년 10. 22 김좌진 장군은 일본군의 포병대의 집중공격을 피하기 위해 밤중에 100리 길을 이동하여 홍범도 부대와 합류하였다. 그러자 일본군은 홍범도부대 주위에 불을 지르고 홍범도 부대가 탈출할 때 전멸시키려 하였으나 홍범도부대는 이미 그 지역을 빠져나온 후였다. 일본군은 이도구에서 남완루구와 북완루구의 두 길에서 포위망을 좁혀갈 때 상대가 홍범도부대인 줄 알고 일본군끼리 사격전이 벌어졌다. 이때 독립군이 일본군을 협공을 하여 일본군은 완루구에서 400여명이 죽어 거의 전멸되었다.

1920. 10. 22 일본군은 분을 이기지 못하고 독립군이 있는 어랑촌을 공격하자, 김좌진 장군 부대 600여명과 홍범도 장군의 부대 1,000여명은 어랑촌에 매복하고 있다가 일본군이 포위망에 들어오자 일제히 사격하여 하루 종일 싸웠다. 결국 일본군은 300여명의 시체를 남기고 철수하였다. 일본군은 청산리 전투에서 1,200여명이 죽었다.

4) 1921년 1월 김좌진 홍범도 등 독립군은 일본군의 추격을 피하여 극동의 이만에 도착, 여기서 김좌진·이범석 등 독립군은 다시 만주로 이동하였고, 홍범도 안무 독립군은 자유시로 갔다. 이때 자유시에서는 공산주의자 이르쿠츠파와 상해파가 싸우고 있었다.

상해 파 이동휘와 박애는 한인사회당을 창당하였고, 박애는 이항 부대뿐만 아니라 한인 무장대 총사령관으로 김민선을, 군정위원장으로 박이리아를 임명하였는데 박이리아는 자유시에 있는 자유대대도 장악하려 하였다.

1920. 10. 22 자유대 대대장 오하묵과 최고려는 800명을 동원해 19연대를 공격하여 해체시켰다. 19연대 3대대장이었던 박이리아와 이항부대는 손 한 번 써보지 못 하고 자유부대에 의해 편입되었다. 이 무렵에 홍범도 장군의 독립군이 자유시에 도착, 자유부대 오하묵 부대에 편입되었다.

상해파 한인부대는 오하묵이 불법을 하였다고 극동공화국에 보고, 오하묵의 처벌을 요구하자 오하묵은 조사를 받았다. 극동공화국에서는 박창은을 자유시 무장대 총사령관으로 임명하자 박창은은 김민선과 박이리아와 같이 1921. 2 자유시에 도착 무장대를 장악하려 하자 오하묵 부하들이 반기를 들었다. 그러자 박이리아는 자유시에 있는 사할린 의용대를 자유시 주변 마사노프로 이동시켰다. 그리고 만주에서 온 홍범도 장군 등 독립군도 사할린 의용대에 편입하라고 하여 어쩔 수 없이 마사노프로 이동 합류하였다.

박이리아는 자유부대 황하일과 장교를 체포하자 자유부대는 자유시를 떠났다. 오하묵은 이 소식을 듣고 고려혁명군 정의회를 조직하여 부사령관이 되었고, 박이리아도 한인군정위원회를 조직하여 부사령관이 되었다. 극동공화국에서는 상해파 박애, 계봉구, 김진, 이용 등을 체포 군사재판에 넘겼다. 이용은 압송 도중 도망쳤다. 고려혁명군 부사령관 오하묵, 위원 유동렬 · 최고려이다.

1921. 5.14 오하묵은 자유시에 도착하였다.

1921. 6.2 홍범도 장군 부대 440명이 사할린의용대를 탈출하였고, 6.9 안무부대도 탈출하였다. 박이리아는 상해임시정부에는 복종해도 고려혁명군에는 복종하지 않았다.

1921. 6.28 새벽1시 러시아 적군 29연대와 오하묵과 최고려 부대는 사할린의용대를 포위 공격하여 무장해제를 시켰다. 오하묵의 공격으로 사할린의용대는 272명이 전사하고 포로 917명, 행방불명 250명, 익사자 31명 등이 처참히 희생되었다. 사할린의용대는 사할린부대, 청룡부대, 이만부대, 광복단부대, 군정서 부대, 의군부 부대, 도독부 부대, 혈성부대 등이 연합하였다. 독립군은 재기할 수 없을 정도가 되었고, 홍범도 안무 등 독립군도 비참한 일생을 살았다.

5) 1919년 9월 2일 강우규(기독교 장로 64세)는 서울역에서 조선총독 사이토 마코토를 암살하기 위해 폭탄을 던졌다. 강우규 의사는 1920년 11월 29일 서대문형무소에서 순국하였다.

6) 1926년 6월 10일 순종이 사망하여 장례행렬이 청계천을 지나갈 때 권오설 외 주동자들은 10만 장에 달하는 격문을 살포하고 만세를 부르

자 많은 사람들이 호응하였다. 24,000여 명이 고창, 원산, 개성, 홍성, 평양, 강경, 대구, 공주 등에서 만세를 불렀다. 이를 6.10만세라고 한다. 여기 주동자들은 거의 공산주의자들이었다.

7) 1929년 10월 31일 광주역에서 출발한 통학열차가 나주에 도착하였다. 일본인 중학생들이 광주여자보통학교 학생인 박기옥과 암성금자, 이관춘의 댕기머리를 잡고 희롱하고 있었다. 이 광경을 목격한 박기옥 사촌동생 박춘재는 분노를 참지 못하고 일본 학생들에게 항의하였다. 일본 학생들이 오히려 한국 학생들에게 대들자 난투극이 벌어졌다. 이를 일본 경찰이 일본 학생들의 편을 들어 편파적으로 처리하자 한국 학생들은 11월 3일 집단으로 항의하여 광주학생사건이 일어났다.

8) 1932. 4. 29 상하이 홍구공원에서 윤봉길 의사는 중국주둔 일본군 사령관 대장 시리가와 요시노리와 거류민 단장 가와바라 사다지가를 폭사시켰다.

9) 1932년 일본 동경에서 이봉창은 히로히토에게 수류탄을 던졌으나 실패하였다. 그의 나이 24였다.

15. 조선공산당 창당(1925년)

1918년 4월 이동휘는 김립과 함께 한국에서 처음으로 사회당을 조직하였다. 1919년 이동휘는 임시정부 각료가 되었고, 상해 파 고려공산당을 조직하였다.
1919년 5월 문창범은 이시 파 고려공산당을 조직하였다.
1920년 박헌영은 김만겸이 소속된 고려공산당에 입당 공산주의 학습을 받음.

1921년 박헌영은 청년동맹 책임비서가 되어 제1차 극동인민대표자 회의에 참석.

1922년 4월 상해 파 여운형은 김태연, 박헌영, 임원근 등을 서울에 잠입시켜 조직공작을 하였고, 김만겸은 300만원을 박헌영에게 주어 공작을 확대시켰다.

1920년 조선노동 공제회 조직. 98개 사회단체 조직. 21년 2,989개, 1922년 3,000개가 조직됨. 3.1운동이 실패하여 국민들이 낙심하고 있을 때 공산주의자들은 이 틈을 파고들어 국민들에게 소련 이 우리의 독립을 도울 것이라고 선동하자 국민들이 이에 독립의 희망을 가지고 많이 호응하게 되었고, 공산주의 평등을 주장하자 조선정부에서 학대받던 농민, 평민, 노예(노비)들이 여기에 적극 호응하였으며, 착취하는 양반들의 재산을 몰수하여 천민들에게 나누어준다고(무상몰수 무상분배를 한다고) 하자 평민들은 적극 호응하였다. 조선 500년 동안 양반들에게 학대를 받아온 평민과 노비들은 공산주의를 대환영하였다.

1925년 4월 17일 김재봉, 권오설, 박헌영, 임원근, 조봉암 등이 조선공산당을 창당하였고, 고려청년회도 조직하였으나 11월 신의주사건으로 일본이 탄압하여 조직이 와해되었다.

1921년 박렬, 김약수가 일본에서 대삼영의 영향을 받아 사회주의 활동을 하였고, 많은 한국 사람이 일본 사회주의자 대삼영의 영향을 받았다.

1927년 350개의 노동조직과 166개의 농민조직을 함.

1928년 조선공산당 해체됨.

1939년 박헌영은 조선공산당을 재건하려다 많은 공산당원들이 체포되고 박헌영은 광주 벽돌공장에 숨어 있었다.

1933년까지 독립운동가 중에 사회주의자 1,723명, 민족주의자 461명으로 사회주의자들이 압도적으로 많아 한국을 장악하였다.

1938(41)년 좌익계는 중국에서 조선의용군을 결성하였다.

1942년 10월 조선어학회 사건이 발생하여 최현배가 투옥되었으나 조선어사전 원고를 잘 보관하여 오늘날 한글 사전의 기초를 이루었다.

16. 신간회(1925년)

1925년 조선사정연구회와 1926년에 조직된 정우회 등 좌 · 우가 연합하여 1927년 2월 사회주의운동 세력과 민족주의운동 세력이 합작 조직체를 구성한 것이 신간회이다.

신간회는 이상재, 신석우, 안재홍, 홍명희, 문일평, 한기악, 이갑성, 이승훈, 권동진 등 28명이 발기인이 되어 이상재를 회장으로 150개 군의 지회를 결성, 4만여 명이 여기에 참여하였다.

1929년 12월 허헌, 홍명희, 등 간부 44명이 구속되었고, 공산주의자들의 세력이 커지고 주도권을 장악, 전국의 공산주의 세 확장에 이용하려하자 우파에서 이를 반대, 1931년 5월 해체되었다.

17. 일본의 민족정기 말살정책

1) 일본은 한국의 친일파를 통해 반일파를 공격하고, 반일파는 친일파를 잡게 하여 민족 분열을 조장하였다. 일본은 친일파를 통해 큰 손실 없이 어부지리 불로소득으로 한국을 점령하였다.

동경 정차장 호텔에서 민원식이 양근환에게 피살되었다. 그러자 윤치호는 '독립불능 론'을 주장하였고, 이광수 · 최린 등은 '조선 독립은 요원하다'고 선동하였다.

이용구는 러 · 일 전쟁 중 조선인 3,000명을 연일 동원(일진회와 동학

인)하여 일본 군수물자를 운반해 주었고, 50명을 동원하여 정찰임무를
지원해 주어 일본이 러시아를 이기는데 기여하였다.

1904년 러·일 전쟁 때 송병준은 일본군 통역으로 참전하였다.

1909년 12월 4일 이용구는 일본 정부로부터 10만 엔을 받고 한·일
병합 청원서를 냈다.

헤이그 밀사사건이 나자 이용구·송병준은 고종 폐위를 주장하였고,
1907년 정미 7조약 반대자를 진압하기 위해 일진회 자위단을 조직하였
다. 손병희는 동학교도들이 일본의 앞잡이가 되었고, 동학란 때문에 결
국 일본이 한국 땅에 다시 주둔하게 되어 한국이 침략 당하자 비난이 많
아 동학교에서 천도교로 이름을 바꾸고 정 교 분리를 외쳐 오늘에 이르
면서 회원이 많이 줄어들게 되었다.

민원식과 선우순은 20년대 친일파 대표였다.

2) 노론의 당수 이완용은 "중국에 사대한 것을 일본으로 사대를 바꾸
자"라고 하여 노론은 그렇게 결의하였다. 이완용은 비서 이인직에게 극
비에 통감부(조선총독부) 외사국장 고마쓰를 만나 "고종을 왕이 아닌
대공으로 해 달라"고 요구하였다. 고마쓰가 "그렇게 하겠다"고 답을 한
후 "한일병합에 협조한 대신들에게 작위와 더불어 세습재산도 주겠다"
고 하자 이완용과 이인직과 노론은 감격하여 한일병합에 더욱더 적극
적이었다.

일본은 1910년 병합 후 왕족과 관료 76명에게 작위를 주었다. 이중
김석진은 남작을 거절하고 자결하였고, 조정구는 자결 미수로 그쳤다.
민영달, 유길준, 윤용구, 조경호, 한규설, 홍순형은 반납하였고, 조희연
은 사후에 반납하였다. 이용직과 김윤식은 3.1운동에 가담하였다고 박
탈당하였고, 김사준·이용태는 독립운동에 가담하여 박탈당하고, 김가
진은 거절하고 독립운동에 가담, 민영린은 취소되었다. 이리하여 작위
를 받은 68명 중 59명이 작위에 따라 20만원에서 50만원까지 보상을 받

있는데, 이들은 나라를 팔아먹은 대가로 땅까지 보상을 받아 부귀영화를 누렸다. 윤덕영은 순종을 결박하여 병합에 옥쇄를 찍도록 강요한 자이다.

민영기는 대한상무조합을 조직하여 이용구를 지원하였다.

윤치호, 이광수, 최린이 대표적인 친일파였다.

3.1운동 때 민족 대표 33인 중 최남선, 최린, 정춘수, 박희도는 변절하여 일본 앞잡이가 되었다.

3) 고등계 형사 노덕술 · 김태석 등 30여명이 일본의 앞잡이가 되어 한국 사람들을 강제 징용하여 노무자로 끌고 갔고, 독립운동 가들을 괴롭혔다.

4) 박흥식 화신백화점 주인은 군납헌금을 하였고,

징병제를 찬양한 김활란은 이대 총장을 하였고,

정신대를 찬양한 모윤숙은 대한민국에서 훈장까지 받았고,

징병제를 찬양한 주요한,

윤치영은 "대동아전쟁 승리하자!"(일본이 미국을 이기게 하자)고 외쳤다.

5) 1938년부터 일본은 한국에 대해 황국신민화 정책을 추진하였다. 황국신민화 정책이란, 일본 천황에게 충성을 맹세한다는 증거로 일본 천황의 궁성을 향해 절을 하게 하는데 이것이 동방요배이다.

6) 우리 말, 우리 글, 우리의 성까지 일본식으로 바꾸고, 일본 조상신인 천조대신을 섬기게 하는 신도를 숭배하게 하면서 일본과 한국인은 조상이 같다고 하며 내선일체를 외치게 하고, 한국인이 일본을 조국이라 외치게 하여 한국인을 지구상에서 아예 없애버리려 하였다.

남산의 신궁과 학교, 관공서, 가정집에 신사를 두고 예배하게 하여 사상과 종교도 일본화 하였고, 학교에서는 국사를 가르치지 못하게 왜곡하여 민족정기를 말살하였고, 일본 노래를 불러 완전히 일본화 하는 교육을 시켰다. 놀이는 화투로 하게하고, 옷도 일본화 하였다. 이를 거부하는 숭실학교와 숭의여학교가 폐교되었고, 기독교인 2,000여명이 감옥에 갔으며, 50여명이 감옥에서 순교하였다. 조만식 장로와 이철승 외 14%가 창씨개명을 하지 않았다. 전 세계 역사이래에 없는 일이었다.

1937. 7.25 경남 출신 박춘금은 조선인의 지원병제도를 청원하였고, 1937. 11. 24 일본은 조선인 지원병제도를 허가하였다.

1938년 9월 9일 오후 8시, 장로교회 제27회 총회가 평양 서문밖교회에서 개최되었다. 총대 88명, 장로 88명, 선교사 30명 계 206명이 참석하여 신사참배를 결의하였다. 여기에 주기철·박봉진·허성도 목사 등이 반대하여 감옥에서 옥사하였다. 일본은 전국토의 40%를 일본 소유(동양척식주식회사)로 하여 조선인은 3·7제로 소작을 하게 하여 땅의 등기까지 일본화 하였다.

7) 1941년 12월 20일 반도호텔에서 미·영 타도 좌담회가 박희도 목사의 사회로 15명이 참석 7시간 동안 개최, "미군은 망하고 일본군이 승리해야 한다."고 미국 타도를 외쳤다. 여기에 백락준(전 연대총장), 전필순 목사(장로교), 정춘수 목사(감리교), 정인과 목사(장로교), 김인영 목사(감리교), 한원석 목사(장로교), 양주삼 목사(감리교), 윤치영(기독교). 윤일선 목사(세브란스 의전 교수), 심명섭 목사(감리교), 최태용 목사(복음교회) 등이었고, 성결교회 이명직 목사는 1941년 활천 9월호에 "우리는 황국 시민이다. 대일본제국의 신민으로서 세계 어느 곳으로 가든지 일등 국민의 대우를 받는 것이다. 만세일계 천황봉대에 천황의 적자이다… 이것은 실제로 영광이다."고 하였다. 성결교회를 해산하고 황국신민된 것을 감사하고, 1941년 12월 12일 경성성결교회 신도에게 전

시체제를 정비하기 위하여 수요일 정기 연합기도회를 시달하면서 "일본 필승의 기도"를 시달하였다. 즉 일본이 전쟁에서 이기게 해달라고 기도요청 공문을 보냈다. 위의 목사들을 교단에서는 해방 후 지금까지 국민들에게 사과나 회개 없이 교부로 모시고 있다. 종로감리교회 앞에는 '양주삼 기념교회' 라는 돌에 새긴 글이 지금도 있고, 전필순 목사는 장로교회 총회장까지 하였으며, 성결교회는 이명직 목사가 작사한 것을 교단가로 지금까지 부를 정도이다. 기독교는 친일 어용사상을 지금까지 이어받아 오늘의 기독교가 부패의 원인이 되고 있다.

8) 1938년 지원병제도를 발표하였고, 1943년에는 징병제도를 허가하였다. 윤치호, 최린, 박춘금, 송금선 ,한상룡, 백락준, 배상명, 현제명 등은 대대적으로 환영 청년들을 선동하였다. 기독교에서도 전필순, 김영주, 박연서, 이건 목사 등이 천여 명의 교역자와 신도들이 모인 숭동교회에서 대대적인 환영 선동을 하였다. 징병제로 끌려간 장병이 21만 명이며, 학도병으로 끌려간 장병이 4,500여명이었다. 이들은 한국의 해방을 위하여 일본과 싸운 독립군이 아니라, 한국을 해방시키기 위해 싸우는 미군을 향해 일본의 앞잡이가 되어 총을 쏘았다. 일본 육군사관학교를 졸업하고 일본 천황한테 충성을 맹세하고 장교가 된 자는 1910년 경술국치 후 일본 육사 27기(1912년) 이응준 외 13명, 27기 김석원 외 16명, 29기 2명, 30기 1명, 42기 1명, 45기 2명, 49기 채병덕 · 이종찬, 50기 이용문 외 1명, 52기 2명, 53기 신응균 외 1명, 54기 김정열 외 2명, 55기 유재홍 외 2명, 55기 정일권, 56기 이형근 외 3명, 56기 이주일 외 5명, 57기 박정희 · 이한림 외 5명, 58기 정래혁 외 7명, 59기 장창국 외 7명, 60기 조병건 외 12명, 61기 오일균 외 7명이다. 이들이 해방 후 대한민국 국군의 중심인물이었고, 이들은 사대주의에 젖어 북한 인민군의 남침을 막지 못한 자들이고, 북진 때 압록강까지 점령하고도 통일시키지 못한 자들이고, 5.16 군사정변을 일으킨 자들이다.

1929년부터 일본은 조선인 200여만 명을 노무자로 끌고 가 탄광, 비행장, 군수공장, 철도건설 등에 노예처럼 부려먹고, 패전할 때는 증거를 없애기 위해 집단학살을 자행하였다.

9) 14~20세의 여성 20여만 명을 강제로 끌고 가 군수공장에서 일을 시키고, 이중에서 용모가 단정한 5만여 명을 선발하여 중국과 동남아시아 지역에서 일본군의 위안부로 성노예가 되었고, 나중에는 증거를 없애기 위해 학살까지 하였다. 이들 중 살아 있는 자들은 매주 수요일 일본 대사관 앞에서 집회를 하며 일본에 사과와 보상을 요구하고 있다. 이 집회 수는 20년 동안 천 번 이상으로 세계 기록을 세우고 있다. 이렇듯 현재에도 일본 침략의 고통이 끝난 것이 아니다.

10) 한국인은 일본 남양군도, 미얀마, 사할린 등으로 70만 명~100만 명이 강제징용 노동자로 끌려가 죽도록 일을 하였고, 나중에는 이 사실이 밖으로 새 나갈까 봐 800여명이 학살당하였고, 지시마 역도에서도 5,000여명이 학살당했으며, 만주의 731부대에서 3,000여명이 세균무기의 인체실험 대상자가 되었으며, 인도네시아 근방에서는 일본군이 배가 고파 한국 사람을 잡아먹을 정도였다.

특히 사할린으로 끌려간 강제징용자 3만여 명은 1945년 8월 15일 해방 당시 일본과 소련이 귀국을 막아 귀국하지 못하고 있었다.

일본의 앞잡이 친일파들은 해방이 되었을 때 국민들에게 민족 반역죄의 용서를 빌고 공직에서 물러나야 했는데 누구 한 사람 국민들에게 용서를 빈 사람이 없고, 공직에서 물러난 사람도 없었다. 오히려 친일파가 숙청되지 않고 대한민국 행정, 군부, 사법, 학계, 종교계를 지배하여 친일파 천국의 나라가 되었다. 반드시 이들을 숙청했어야 했는데 친일파를 숙청하지 못한 것은 두고두고 일본에 침략을 당한 것보다 더 큰 대한민국의 수치가 되었고, 민족정기가 없는 나라가 되었다.

해방 후 박헌영은 일본 총독부 소유 공장과 부동산을 무상몰수 무상 분배를 하겠다는 토지개혁과, 친일파를 철저히 숙청하겠다는 두 가지 이슈를 가지고 선동하여 남한 국민 76% 지지를 얻게 되었다. 현재도 좌파들은 친일파 숙청을 못한 것 가지고 학생들을 선동하고 있으며, 학생들은 이러한 좌파 사상을 지지하고 젊은이들 또한 대한민국을 규탄하고 반미 친북좌파사상을 갖게 되는 원인이 되었다.

18. 일본 침략국과 친일파가 파괴한 한국 상고사

충남 공주시 석장리에서 발굴된 구석기시대 유적은 지금부터 70만 년 전인 홍적세시대에 한반도에 사람이 살았음을 입증하고 있다. 또한 같은 유물이 발굴된 만주와 요령지역에도 같은 시대에 사람이 살고 있었음을 증거하고 있다.

BC 10000년 ~ BC 8000년 시대의 융기문 토기가 제주도 고산리 유적에서 출토되었다.

2005년 9월 5일 경남 창녕군 부곡면 비봉리 신석기 유적에서 4m 나무배가 출토되었다. 연대는 약 BC 8000년으로 보고 있고 한국에서 가장 오래된 유물이다.

경남 통영시 상노대도, 김해 수가리 유적지, 한강 암사동, 양양군 오산리에서 출토된 빗살무늬 항아리는 BC 8000년 ~ BC 6000년을 보고 있다.

강원도 고성군 문암리 신석기 유적지에서 석관묘, 석실문, 적석총 등이 돌무덤에서 출토되었다. 이는 BC 6000년으로 보고 있다.

울진군 죽변 유적지에서 출토된 얼굴 모양의 토 제품은 BC 5500년으로 보고 있다.

여수 안도리 신석기 유적에서는 BC 4000년 ~ BC 3000년의 옥경이 출토되었다.

대전 유적지에서 청동기 뒷면에 새 한 쌍이 출토되었는데 연대는 BC 2000년으로 보고 있다.

1) 환국
① 환인시대
BC 7197년에 거발환이 나라를 세우니 바로 환국이다.

환국은 BC 7197년에 시작 BC 3897년까지 7대에 거쳐 3301년 동안 지속되었고, 환국 지역은 만주 내몽골 중앙아시아 지역이다. 환인 다음 환웅, 다음 단군으로 이어졌다.

2) 배달국
① BC 5600년 경 태호 복희씨는 배달국 5대 태우 환웅의 막내아들이다. 복희는 하도를 그려 수의 체계를 세웠다. 이는 인류 역사상 최초이다. 그리고 팔괘를 최초로 제작하였다. 팔괘를 4괘로 줄인 것이 태극기이다. 그리고 24절기를 정하여 농사를 짓는데 큰 공을 세워 현재까지도 이 절기를 사용하고 있다.

환국의 마지막 왕인 지위리는 환웅에게 3000여명을 주어 백두산에서 신시(신의 도시)에 도읍을 정하고 나라 이름을 배달국이라 하였다. 최초의 국가였으며, 국가의 이념은 홍익인간이었다. 배달국에 공이 큰 사람은 3명이 있었다.

② BC 4700년 배달국 14대 치우천황과 치우천황 부하 헌원이 배신하여 BC 2692년부터 10년 동안 73여 차례 전투 중 탁록전투에서 승리하여 치우 장군은 만주와 북경 서쪽까지 점령하였다. 이를 청구국이라고 한다. 중심지역은 산동성 지역이다. 치우천황은 현 대능하로 도읍지를 옮겼다.(일본 침략국은 이 치우천황을 도깨비라고 폄하하였다. 현재 한국 사람들은 치우 장군을 도깨비로 잘못 알고 있다. 한국 월드컵 때 붉은악마 티셔츠 그림이 치우장군이다.)

헌원은 치우황제에게 패하여 황하 중류에서 2300년 동안 지속되었고, 중국의 시조가 되었다. 중국 사람들은 치우 말만 들어도 도망갈 정도였다.

배달국의 전성기는 치우시대인 청구국시대이다. 이 배달국 땅을 진나라 시황제 때 모두 빼앗겼다.

중국의 요·순 오제와 하`은`주 등이 배달국의 도움을 받았고, 고조선을 상국으로 섬겼다.

환웅시대 배달국은 BC 3898년에 시작되어 BC 2381년까지 18대 1565년 동안 지속되었고, 이어서 BC 2333년에 단군이 고조선을 세웠다.

③ 염제 신농은 농기구를 개발하여 농사일을 도운사람이다. 한약제를 개발하여 한의학을 발달시켜 아픈 사람들을 도왔고, 지금까지 그 영향이 있다. 시장제도를 통해 국민들을 도왔다. 신농은 신농국을 세워 8대 530년을 지속하였다.

오제 중에 요 임금, 순임금이 포함되어 있고, 순 임금 후가 하`은` 주 나라이다. 이들이 배달국 후손이다.

환웅 5대 복희 신농 치우 등은 한국 사람인데 우리는 버리고 중국은 모셔가서 중국인의 시조가 되었고, 우리는 시조가 있다, 없다, 필요 없다 하고 있다.

④ 홍산문화

홍산문화는 조양(적봉)을 중심해서 BC 5500 ~ BC 5000년으로 13 곳에서 적석총 형태의 돌무덤 유적이 발굴되었다.

BC 5500년 전에 출토된 우하량 제단은 배달국이 세운 천제단이다. 홍산문화는 정교한 옥 문화이다. 옥 검과 옥도장은 고조선 비파형 동검과 같다. 옥도장은 BC 4700년 홍산문화 유적지에서 출토되었다.

배달국의 홍산문화는 중국이 자랑하는 황하문명보다 1500년이 앞서 있다. 배달국은 BC 2500년경에 청동기를 사용하였다. 즉 치우천황은 창과 칼을 사용하여 헌원과 73차례나 싸워 승리한 것이다. 홍산문화 하가점에서 청동기가 출토되었다. 이것이 바로 비파형 동검이다. 비파형 동검은 한국 여러 곳에서 출토되었다. 이는 고조선이 요서, 만주, 한국 전역을 지배했다는 증거이다. 고조선 지역에서 줄무늬 거울이 출토되었는데 이는 정교한 제품으로 고도의 기술이 필요하였다.

만주 북경 동북쪽 적산의 성터는 중국식 벽돌이 아니고 고조선 식 돌로 만든 성터이다. 성 안에는 원형 제단과 적석총 석관묘 다수가 있었다. 이러한 성을 쌓을 정도면 강력한 국가의 힘이 아니고는 불가능한 일로서 이 강력한 국가가 바로 고조선이었고, 홍산문화는 고조선의 문화이다.

BC 8000년경에 북경 동북쪽 선양 근방의 마을에서 빛살무늬 토기와 옥비와 옥 귀걸이와 용과 집단 주거지 유물이 출토되었다. 여기서 약 300여명이 집단으로 살았을 것으로 보고 있다. 홍산문화 유물에서 석기 800점, 세석기 700점이 발굴되었고, 불을 나르는 항아리도 발굴되었다. 곡식을 저장하고 음식을 보관하는 빗살무늬 토기가 한반도 서해안과 동해안, 남해안 등 3곳과 압록강, 대동강, 한강과 홍산문화에서만 출토되어 이 지역이 고조선 지역임을 입증하였다. 빗살무늬 토기는 시베리아보다는 2000년이 앞서 있다.

홍산문화는 철기 문화이며, 고조선은 신석기 토기문화이고, 옥의 시대이며, 청동기시대이다.

3) 고조선
① 단군조선
BC 2333년 단군이 아사달에서 고조선을 건국하였다. 중국 요 임금이 건국한 지 25년의 해이다. 청구국(배달국) 18대 환웅과 웅족의 여왕 사이에서 태어난 사람이 단군 왕검이다.

단군의 아버지는 배달국(청구국) 18대 거불단 환웅이다. 아사달은 송화강 근방이다. 즉 흑룡강 하얼빈 근방이다. 배달국의 제일 높은 분을 왕검이라 불렀고, 단군은 고조선의 왕검 즉 왕이라는 말이다.

요 임금은 단군 조선에 의해서 망하였고, 순 임금은 고조선 사람이다.

단군은 고조선이 너무 넓어 셋으로 나누어 다스렸는데 이것이 바로 마한, 진한, 번한으로 마진번이라고 한다. 그래서 삼한이라는 말은 곧 고조선이라는 말이며 여기에서 한국의 국호가 나온 것이다.

▲ 고등학교 한국 역사 교과서

고조선은 요령지방을 중심으로 성장하여 점차 인접한 족장사회를 통합하면서 한국까지 진출하였다. 이 증거는 비파형 동검과 고인돌 유적지 분포가 만주와 한국에 고루 분포되어 있는 점이다. 고조선은 청동기 문화의 배경으로 성장하였다.

배달국에서는 상형문자를 쓰고 있었는데, 상형문자가 발달해서 갑골문자가 되었고, 갑골문자는 은나라에서 발전시키고 진나라에서 한문의 기초를 세웠고, 한나라에서 완성하였는데 한문은 뜻글자이다. 한문의 시작은 우리 선조 배달국에서 시작한 것이다.

배달국에서는 가림토 문자를 사용하였는데 이 가림토 문자는 소리글자이다. 이를 발전시킨 사람이 세종대왕이며, 우리가 쓰는 한글이다.

마한의 도읍지는 대동강이라고 하여 평양 일대의 왕검성이다.

진한의 도읍지는 아사달 왕검성으로 송화강 하얼빈이다.

번한의 도읍지는 안덕향으로 하북성 당산 개평이며, 바로 요수이다.

▲ 고조선의 마한, 진한, 변한

이곳이 변한의 왕검성이다. 왕검성이란 삼한의 도읍지를 말하며, 삼한을 삼조선이라고도 한다.

진나라 시황제도 고조선에 대해서는 감히 공격을 못하고 산해관에서 만리장성을 쌓아 방어할 정도였다. 하, 은, 주나라가 망하면서 국가가 세워질 때는 고조선의 도움을 받을 정도였다.

고조선 22대 색불루단군은 할얼빈에서 장춘으로 옮겼고, 44대 구불단군은 남쪽으로 더 내려와 요녕성 애원시로 옮겼다.

BC 2400 ~ BC 1500년경 적봉시 하가점 유적지에서 비파형 청동검이 출토되었는데 이는 압록강에서 출토된 것과 같다. 비파형 동검과 고인돌을 사용한 시기는 BC3000년경으로 보고 있다.

비파형 동검과 3만여 개의 고인돌은 고조선의 확실한 유물이며, 비파형 동검과 고인돌이 한국과 만주지역에서 엄청난 수가 발견되거나 출토되어 이곳이 고구려지역임을 입증하고 있다.

② 고조선의 멸망

기자는 중국 은나라 왕실의 후예였다. 은나라 말기에 주왕이 폭정을 하여 기자가 충언을 해서 옥에 갇혔다. 주나라 무왕이 은나라를 멸망시키고 기자를 석방하였으나 기자는 주나라 무왕을 섬기지 않고 조선으로 망명하였다. 이에 대해 공자는 기자를 높이 평가하였다. 그런데 기자라는 인물은 있어도 기자가 고조선을 지배한 일은 없다. 즉 기자조선은 없었다는 말이다.

고조선에서 은나라 정벌에 공을 세운 개사원욕살 고등과 해성욕살

▲ 이병도가 본 한사군의 위치

"한반도 서북부지역에 한사군이 있었다"는 주장은 아직도 한국 주류 역사학계의 정설로 인정되고 있다.

서여우 사이에 권력투쟁이 일어나 고등의 손자가 정권을 장악, 고조선 22대 단군이 되었다.

고조선 43대 물리단군 때 우화충이 반란을 일으켜 도성을 공격하여 물리단군이 피난을 하다 죽고 말았다. 이때 백민성 욕살 구물이 군사를 일으켜 반란을 평정하고 44대 단군이 되었다. 구물단군은 국호를 고조선에서 대부여로 바꾸었다. 구물단군은 삼한을 다스릴 힘이 없었다. 이때부터 고조선은 빠른 속도로 쇠퇴하였다. BC 238년 47대 고열가단군이 오가 귀족들에게 나라를 맡기고 왕을 포기하자 고조선은 2096년간 지속하다 역사를 마감하였다.

고조선의 위치와 강역

문헌사료와 곡학 자료에 근거해 고조선의 영토를 복원해 보았다.

③ 북부여

BC 239년 길림성 서란에서 고조선을 이어 해모수가 북부여를 건국

하였다. 북부여 4대 단군 때에 한나라 무제가 BC 109년 고조선 땅을 침입하였으나 북부여 고두막한이 이를 잘 물리쳤다. 고두막한은 졸본성에서 BC 108년 나라를 부흥시켜 스스로 동명왕이 되었다. 그 후 20년이 지나 고우르단이 고두막단군에게 양위하니 5대 단군에 즉위

하였다. 고두막단군이 아들 고무서단군에게 양위하니 6대 단군이 되었다.

북부여 6대 고무서단군이 아들이 없어 둘째딸 소서노를 고주몽에게 주어 주몽에게 북부여를 양위하였다. 고주몽은 나라 이름을 북부여에서 고구려라고 하였다. 때는 BC 58년이다. 고주몽은 북부여 시조 해모수의 고손으로 해모수의 둘째 아들 고진의 손자이다. 북부여는 BC 239년에 시작하여 BC 58년까지 182년을 지속하였다.

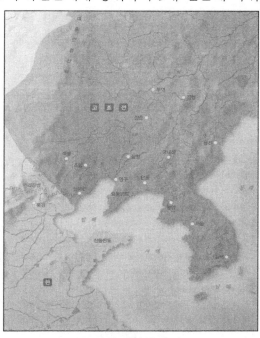

▲ 고조선의 위치와 강역
문헌자료와 곡학자료에 근거해 고조선의 영토를 복원해 보았다.

고구려가 AD668년에 망하자 대조영이 발해를 건국하였다. 발해는 백두산의 대폭발로 국가 기능이 마비된 상태에서 거란의 침입으로 AD 926년 멸망하게 되어 요서와 요동과 만주를 잃어버리고 회복을 못한 상태에서 현재에 이른 것이다.

④ 위만국

진나라 시황제가 죽자 8년 동안 혼란이 왔다. 항우와 유방이 진나라를 멸망시키고 유방이 항우를 죽이고 기원전 206년에 한나라를 세운 후

한나라가 전국을 통일하였다.

유방이 한나라를 세우고 부하 노관을 연나라 왕으로 봉하였다. 그런데 노관은 유방에 대한 반란에 가담하였다가 실패하여 흉노족으로 망명하였고, 노관의 부하 위만은 고조선 번한으로 망명하였다.

번한의 기중왕은 위만에게 벼슬을 주고 상하 운장 지역을 다스리게하였는데 위만이 배신하여 기중왕을 몰아내고 번한의 왕이 되었다. 이것이 위만국이지 위만조선이 아니다.

기원전 109년 한나라 무제는 부하장수 섭하를 보내 위만국 우거왕을협박과 회유를 하였으나 거절당하였다. 섭하는 전송 나온 왕자를 칼로찔러 죽이고 한나라로 도망쳤다. 한나라 무제는 섭하에게 상으로 요동동부 도위에 봉하였다. 섭하가 요동으로 오자 우거왕이 기습하여 섭하를 죽여 버렸다.

한나라 무제는 57,000여명의 군사를 이끌고 위만국을 공격하였으나실패하였고, 전쟁은 1년 넘게 장기전을 하게 되었다. 이때 위만국 안에주전파와 강화파로 갈라졌는데 강화파인 한음 왕검 노인은 한나라로도망쳤다. 그리고 니계상참이 우거왕을 암살하고 성문을 열려고 하는것을 대신인 성기가 끝까지 수성하여 한나라 공격은 실패하였다. 그러나 강화 파는 성기까지 죽이고 한나라에 항복하여 1년 동안의 전쟁은끝나고 위만국은 망하고 말았다.

한나라에서는 강화 파들에게 벼슬을 내리고 지역도 하사하였다. 그런데 위만국은 한나라에 의해 멸망한 것이 아니라 사실은 내부 분열에의해서 망한 것이다. 그러므로 한나라가 고조선 전체를 지배하지 못하였다는 증거가 된다.

한나라는 위만을 공격하여 멸망시키고 번한의 자리에 한사군을 설치하였다. 즉 갈석산 근방의 번한지역에만 한사군을 설치하였다. 위만이고조선의 진한과 마한까지 멸망시켜 위만조선을 세운 것이 아니다.

패수는 요동성에 있는 강이지 청천강이 아니며, 대동강이나 압록강도 아니다. 사마천의 사기에도 한나라 4군 이야기는 전혀 없다. 평양이라는 지명은 만주나 중국에 3곳이 있고, 북한에 한 곳이 있다. 한사군의 낙랑은 산서성과 하북성 북경 일대의 번한이 있던 자리이다. 낙랑의 수성현에는 갈석산이 있다. 그리고 패수는 하북성에 있는 강이다. 후에 낙랑은 고구려에 편입되었다.

습수의 위치는 상건하이다. 상건하는 산서성에서 시작하여 하북성˙북경 서남쪽을 지나 해하를 흐르고 있다. 해하를 고수라고 한다. 산서성 북부와 하북성 북경 일대가 고조선의 번한지역이다. 열수는 북한 땅 대동강이 아니다.

낙랑군 수성현에 갈석산이 있고 만리장성이 시작된 곳이다. 패수는 낙랑 후방에서 나와 동방 임패연을 지나 동으로 바다에 흐른다.

왕검성은 낙랑군 동쪽에 있다. 즉 낙랑군은 하북성˙산서성 일대를 말한다. 이곳에 패수가 있고, 동쪽에 번한의 왕검성이 있다.

4) 한사군의 위치

한나라는 번한의 위만국을 멸망시킨 후 위만 지역에 진번, 임둔, 낙랑, 현도 등 한사군을 설치하였다는 고서의 입증은,

한사군의 위치는 요동이며, 패수는 청천강이 아니며, 열수도 대동강이 아니다.

『한서』- 낙랑은 유주(북경)에 속해 있다.

『후한서』- 낙랑은 옛 고조선국이다. 위치는 요동이다.

『사기』- 낙랑 수정현은 갈석산이 있으며 만리장성의 기점이다.

그러므로 낙랑과 한사군은 갈석산 근방의 번한지역이지 황해도 북쪽과 함경도 지역이 아니다.

이병도와 이기백은 한사군의 위치가 낙랑은 대동강, 진번은 함남, 현도는 압록강, 진번은 자병령 이남이라고 엉터리 주장을 하고 있다. 한나라는 전쟁에서 승리한 것이 아니기 때문에 고조선 전체지역을 지배할

수 없었다. 한 무제는 흉노와 30년 전쟁을 하고 있어 고조선과 싸울 여력이 없었다.

BC 195년에 요서지역 최숭은 대동강지역으로 도망가서 낙랑국을 세웠다. 이는 한사군이 아니다 낙랑국은 고구려에 병합되었다. 여기서 호동왕자와 평강공주 설화가 나온다.

1485년 조선왕국 성종 16년 서거정이 동국통감을 저술하였는데 여기서 단군조선을 우리 역사의 시작이라고 하여 서기전 2333년을 한국의 기원으로 하고 있다. 단군을 한민족 시조로 모신 때는 고려시대이며, 1297년 충렬왕 23년 이승휴가 「제왕운기」를 저술하였는데 이승휴는 단군이 우리의 시조라고 못을 박았다.

5) 고구려

해모수가 하백의 딸 유화를 만나 BC 79년 고주몽을 낳았다. 고주몽은 동부여 사람이었는데 동부여를 떠나 BC 58년 졸본성에서 나라를 세우니 바로 고구려이다.

고구려의 국내성(황성)을 지금의 압록강 북쪽인 통구라고 주장하고 있으나 현 요녕성에 있는 요하로서 압록강과 동압록강으로 되어 있다. 요수를 일명 압록강이라고 한다. 고구려 국내성은 바로 동압록강 지역으로 요하 동쪽인 길림성과 요녕성 일대이다.

고주몽 다음 2대 유리왕 때 졸본에서 국내성(황성)으로 천도하였다. 상춘은 길림성에 있는 상춘이다.

고구려는 하얼빈 서쪽인 백암성, 요동성, 안시성, 건안성, 비사성 등을 경계로 한 만주 전 지역이 고구려 땅이다.

『사기』에는 고구려의 도읍 평양성은 본래 한나라 낙랑군 왕검성이다. 또 옛 말에 이르기를 조선의 땅이라고 한다. 이곳이 바로『삼국사기』에 기록된 고구려의 첫 번째 평양성이다. 『한서』에는 번한의 왕검성이 있던 곳에 안시성도 있었다고 하였다. 결국 왕검성과 안시성은 가까운 성터였다는 말이며, 왕검성 즉 평양성과 안시성은 가까이 있었다는 말이다.

『삼국유사』는 고구려 도읍이 안시성에 있었다고 하고 있다. 결국 고구려가 옛 번한의 왕검성에 도읍하고 이를 평양성이라고 한 것이다.

『삼국사기』에서 안시성이 곧 환도성이라고 한 것은 이들 성터가 인접했기 때문이다. 그 후 광개토대왕 아들 20대 장수왕에 이르러 다시 평양으로 천도했는데 이곳 역시 북한 땅 청천강 밑의 평양이 아닌 것이다.

요양이 고구려가 당나라와 맞서 싸운 마지막 성 평양성이다. 패수는 한국의 청천강이나 대동강이 아니며, 평양 역시 한국이 아니라 요녕성의 요양을 말하는 것이다.

이상의 한국 상고사는 삼성기, 단군세기, 북부여기, 태백일사, 단기고사, 규원사화, 환단고기 등에 기록되어 있다.

6) 일본 침략국에 의해 파괴된 고조선

① BC 667년 고조선 36대 매륵단군 때 배반명이 일본에 가서 일본을 평정하고 스스로 왕이 되었다. 배반명이 일본의 초대 왕 진무이다.

고조선이 망하자 고조선 사람들이 대규모로 6차례나 일본으로 건너가 일본 문화가 발전되었는데, AD 285년 일본의 최초 통일 왕조인 야마도 정권이다. 15대 오진 왕도 고조선에서 건너간 사람이다. 많은 부여인이 일본으로 건너가 나라를 세웠고, 신라, 백제도 건국하였다. 일본의 야마도 정권은 부여의 기마민족이 건너가 세운 나라이다.

AD 300~400년경 신라 사람들이 교토 서부지역인 야마시로국 일대와 교토북부 비와코 일대의 오우미국과 시네마현 도쿄 서쪽이 신라 군현을 이룩하였다.

AD 400년경 백제 인의 세력권은 오사카에 있었고, 아예 북백제촌과 남백제촌을 조성하였다. 규슈의 사가현, 궁기현, 북강현 등이다.

고구려 세력권은 교토 동북지역 히가시야마 일대이다. 관동지방도 무사시도에 고구려 군도가 있다. 고마산이 현재 행정구역이다.

일본의 최초 국가인 왜국이 건설된 때는 서기 300년경 스진왕조 때부터이다.

서기 562년 신라 진흥왕 23년 9월 신라의 이사부장이 5천명의 기병으로 가야국을 멸망시켰다. 그런데 일본에서는 이 가야를 자기네들이 지배하였다고 가짜주장을 하고 있다. 한국에는 임나라는 국가도 없으며, 일본국이라는 명칭은 670년경부터 사용하였는데, 562년에 가야가 망하고 없는데 가야에 임나일본부가 지배할 수 있겠는가? 일본 학자들이 주장하고 있는 임나일본부는 있지도 않은 가짜나라이고, 일본 군국주의를 찬양한 어용 역사학자들의 주장으로 이들은 가짜 전문가들이다.

서기 4세기경 백제의 오경 박사와 서기 405년경 왕인 박사가 왜국에 천자문과 논어 10권을 가지고 건넌 것이 일본의 글자 시작이다.

오진천왕의 태자에게 문자를 가르친 사람이 백제의 왕인 박사다. 오사카 난파거리는 바로 백제의 왕인 박사의 난파진가의 제목을 딴 거리이다.

왜국의 오천왕 때 백제의 왕인 박사가 오사가부 후루이치에 정착하였다. 왕인의 불교식 사당인 서림사가 있고 왕 박사의 신사도가 있다. 왕인의 후손인 마 씨가 있다.

서기 660년 백제가 망하자 일본 덴치왕은 원군 27,000여명을 백제에 보내 백강전투에서 신라군에 패하였다. 여기 참전인은 많은 수가 백제인 이었다. 오사카에는 구라다(백제) 소학교, 구라다(백제) 대교, 구라다 왕신사, 구라다 사찰, 왕인 박사의 묘까지 있다. 볍씨도 신라 진씨가 보내주고, 농사 방법도 알려 주고, 농기구도 가지고 가서 알려 주어 일본인들이 살 수 있게 하였다. 왕인 박사가 현재의 일본글도 창조해 주었다. 그래서 우에노공원에 왕인 박사 기념탑이 있다.

1995년 11월 일본의 유전자 조사 결과 BC 2300년경 일본에 처음 사람이 살았고, 이들을 조사 결과 78%~92%가 한국인들과 같다고 일본 학자들이 발표하였다.

서기 600년경까지만 해도 일본에는 중앙집권국가가 없었고 글도 없었다.

서기 660년 백제가 망하기 전에는 일본을 왜국이라 불렀다. 일본에 국가 조직을 만들어 준 사람은 서기 455년~475년 백제 21대 개로왕 왕자였던 곤지였다. 백제가 660년에 망한 후 왜국은 서기 670년경 일본이라 이름을 사용하였고, 왕을 천황이라고 불렀다.

서기 668년 고구려가 망하자 왕족인 약광이 1,795명을 데리고 왜국에 건너가 도교 서쪽에 고마군을 설치하고 군장이 되었다.

서기 620년 일본 오진왕 때 백제의 아직기 왕자가 말 암`수 두 마리를 가지고 일본에 건너가 일본 왕에게 선물하여 일본에서 말을 기르기 시작하였다. 일본에서 말하는 귀화인이나 도래인은 모두 한국인을 말한다.

서기 1609년 임진왜란이 끝나고 도쿠가와 정권이 간청하여 조선의 선진문화를 일본에 전수하였다.

1988년 10월 8일 일본 나라현 이카루카의 호류지 유적에서 충남 공주 무열왕릉과 똑같은 왕의 공동제 신발과 금관 장식, 금동제, 말 안장, 장신구, 쇠다리, 옥류 등이 출토되었다.

2004년 8월 5일 일본 왕실 아사카 노미야는 충남 공주에 있는 백제 무열왕릉을 참배하였다. "무열왕 손녀 디카노니가사가 일본 50대 왕인 잔무를 낳았기 때문에 나는 백제의 피를 이어받았다."고 하였다. 서기 780년~806년 간무천황은 백제인 어머니 화씨 부인에게 효성이 지극하였다고 한다.

일본 천황이 신상제 제사 때 모시는 가라가미 즉 한신은 백제신이며, 소노마미 즉 원신은 신라신이다. 일본인들이 이토록 한신을 섬기는 이유는 도움을 받았기 때문이다.

서기 604년 30세의 성덕 태자가 왜국에 전한 17조가 왜국의 최초 헌법이 된 것이다.

매년 11월 23일 일본 궁중에서 천황이 제사를 드리는데 제사는 그 해 추수한 벼 등 곡식을 신들에게 바치는 제사 즉 신상제이다. 이 신상제는 단군 신을 섬기는 신도이다. 조선 천신인 한신에게도 제사를 드린다. 제사 때는 아지메라는 노래를 부르는데 아지메는 경상도 말이며, 경상도 말의 천, 지, 인을 말한다.

1989년 1월 7일 일본 왕실의 이세신궁 천황의 누이 이케다 아쓰고가 하늘의 천조신인 한신에게 즉 조선 신 단군왕검 신에게 즉위를 고하는 대상제 고천 제사를 지냈다.

일본 왕자 사라가베의 둘째 부인은 백제 왕족의 후손이었다. 이 여인은 남편이 서기 770년 고닌 천황으로 즉위하기 전까지 권력투쟁 가운데 어렵게 살아남았다. 그런데 황후와 태자의 간계로 천황을 해치는 주문을 걸었다는 죄로 투옥되었는데, 아들인 다카노노 니가사가 태자가 되고 781년 일본의 50대 천황으로 등극했다. 그가 바로 간무천황이다. 간무천황은 절반이 한국인이다. 일본은 이 사실을 숨겨왔다. 그리고 한국의 영향을 받은 역사적, 문화적, 농업적, 혈통적 증거를 숨겨왔다. 그런데 2001년 12월 23일 일본 천황이 68회 생일을 맞이하여 "나 자신과 관련해 간무천황의 생모가 백제 무열왕의 후손이다,"라고 증언하였다. 천황의 대상제 즉위복 왼쪽 어깨 위에는 고구려 삼족오가 새겨져 있는 것이 증거로 신화는 허구가 아니다.

일본의 국군주의 어용 역사학자들 외의 일본 역사학자들은 "단군신화를 본뜬 것이 일본신화이다."라고 주장하고 있다. 일본의 개국신화는 한국의 개국신화를 본뜬 것이다.

군국주의 역사학자들(어용 역사학자)은 "천황은 사람의 모습을 하고 있는 거룩한 인간신이다." 라고 외치며 "일본 민족은 다른 민족보다 우월하다 그래서 세계를 지배해야 한다."고 정신병자 같은 소리를 외치면서 황도사관을 주장하는데, 이는 모두 허구라고 일본 천황이 이상과 같이 직접 발표하였다. 그런데 친일파 한국 역사학자들은 일본의 군국주의 역사학자들의 정신병자 같은 주장을 그대로 주장하고 있다.

② 조선총독부 산하 조선편수회의 만행

침략국 일본은 조선총독부 산하 조선편수회를 조직하여 한국의 '고조선 사'를 자기들 멋대로 파괴하였다.

1922년~37년 한국 상고사를 37권으로 발행하였는데 책임자가 이마니시류이며, 이병도가 수사관보로 같이 일하였다. 동시에 일본은 한국에 있는 역사 책 총 51종 20여만 권을 모두 수거하여 소각하였고, 오직 반도사관의 사료들만 남겨두고 중요한 역사 유물과 위인전, 열전류 등도 모두 일본으로 가져갔다.

조선사 편찬 이유는, "일본은 조선반도를 회복해서 조선반도를 근대화시키기 위함이다" 하면서 조선침략을 합법화시키기 위함이다.

이마니시류의 조선사 파괴를 이병도가 해방 후부터 지금까지 적극 지지하고 제자 60명을 길러 이병도사단을 만들어 한국의 강단 사학자 주류 역사학계가 되었다.

이들의 주장은, 평양 부근의 조그마한 고조선이 있었고, 고조선은 기자조선에 망하였고, 기자조선은 위만 조선에 망하고, 위만조선은 한나라에 의해 망하고, 한나라는 한사군을 설치하여 400년을 지배했다고 있지도 않은 역사를 지금까지 가짜로 주장을 하고 있고, 교과서도 이들의 주장대로 기록하였다. 그리고 고조선은 평양 부근의 작은 국가이며, 미개국이라고 가짜주장을 하며 학생들의 한국 민족정신을 말살하고 있다.

일본 침략국은 한국사는 중국과 일본의 식민지에서 출발했다고 하면서 한국의 주체성을 말살하였다. 일본은 고조선의 역사를 근본적으로 파괴하였다.

고조선은 고려가 몽고 침략을 당한 후 고려의 창작물이라고 가짜주장을 하고 있다. 위만이 1천여 명의 무리를 이끌고 고조선에 들어온 후 서기전 194년 경 왕검성을 공격해 준황을 몰아내고 스스로 왕이 되었다고 허위주장을 하며, 위만이 철기문화를 수용, 그 덕분에 고조선이 국가로 발전하였다고 가짜주장을 하고 있다.

노태돈은 서안평이 압록강 부근이라고 주장하고 있으나 실은 내몽고에 있다. 『사마천의 사기』에는 중국과 고조선의 경계는 갈석산이라 하고 있다. 만리장성은 갈석산의 산해관에서 시작하여 만리장성인데, 이제는 한반도 북부에서부터 시작하여 4만리장성이 되었다. 중국 만리장성의 지도 그림이 황해도까지 그려져 있다.

중국의 동북공정은 한국 친일학자들이 주장한 그대로 결정하였는데, 한국의 친일 학자들은 한국의 북부를 중국에 바친 매국노들이다. 이들은 황해도 수안을 낙랑으로 보았고, 여기를 만리장성의 기점이라고 하였다. 이들은 김부식의 삼국사기 초기 기록이 조작되었다고 하며 부정하고 있다. 그리고 단군은 신화 속의 인물로 만들었다.

일본의 쓰다 소키치가 한국 고대사를 파괴하고 황국사관을 만들었다. 이 자는 "한국인은 이성과 도덕성이 없는 미개인이다."라고 주장하였다. 조선인은 분열주의자들이라고 한국인을 모독한 자인데 이를 스승으로 모신 자가 이병도이다.

1942년 쓰다 소키치가 금고 3개월 형을 받고 저서인 신대사연구(1924), 고사기급 일본 서기의 신연구(1924)등 4종류의 고대 역사를 마음대로 썼다고 압수하고 판매금지 하였다. 이런 자들을 군국주의 역사학자라고 한다.

북경 옆 갈석산 근방의 요동에 한사군이 있었지, 한국 북쪽에는 한사군이 없었다. 그 증거는 한국에서는 한사군 유물이 나오지 않고 있다. 사마천은 한나라 사람이다. 한사군에 대해서 잘 알 수 있을 것이지만 그가 쓴 사기에는 한사군 이야기는 전혀 없다.

청동기 시대 요서지역 하기점 하층문화 내몽골 자치구 적병의 홍산문화는 BC 5500년경으로 고조선은 홍산문화를 낳았고, 고조선의 청동기시대는 BC 2500년이다. 배달국 14대 치우장군이 청동기를 사용하였다.

삼국사기 초기 414년에 세워진 광개토대왕의 비에 새겨져 사실로 학인 되자 일본 침략자들은 광개토대왕비의 그 부분에 대해서 비석의 글자마저 파괴하였다.

김원룡은 기원 후 300년까지는 한반도에 국가가 존재하지 않았다고 주장하면서 신 삼국시대의 엉뚱한 것을 가지고 주장하고 있다. 조선사를 읽는 자들에게 좌절과 실의를 갖게 하여 민족정기를 말살하고 있다. 그가 말하길 1910년 후 조선인은 자신감을 잃고 민족 비관론에 빠져 자포자기 하게하여 일본과 병합한 것은 잘한 것이다. 그래서 내선일체 즉 일본과 조선은 하나다 하고 외쳤다.

침략국 역사학자들의 고조선 파괴를 지지하는 국내 학자는 한국교원대학교 송호정 교수로 노태돈의 제자이다. 또한 이병도, 신석호, 이기백, 이기동, 김정배, 서영수, 서영태, 김철순, 한우근, 최광식, 박노자 등 60명으로 이들을 친일파 강단 주류학자라고 한다.

1145년 김부식이 삼국사기를 저술하였고, 1281년 일연 스님이 삼국유사를 저술한 것을 부인하는 결과이다.

③ 최재석 선생은 일본 군군주의 사학자들의 한국사 거짓주장을 요약하였다.

가. 쓰에마쓰 야스카즈 주장

㉠ 신라의 내물왕(356년~401년)이 신라의 최초의 왕이다.

㉡ 신라 왕위 계승(1대~22대)은 조작이다. 라고 주장하였는데 이 자를 김원룡은 스승이라고 모셨고, 서울대학교 국사과를 방문하면 스승의 대접을 할 정도였다. 서울대학교는 조선총독부에서 설립하였고, 지금도 일본에 충성을 다하는 친일파 본거지이다. 서울대 출신이, 즉 친일어용 사대주의 정신이 한국을 지배하고 있다.

나. 이마니시 류

㉠ 한국의 초기는 중국의 식민지였으나 삼국시대에 일본의 식민지가
되었다.

㉡ 신라인은 중국인이었으나 후에 일본에 이주한 일본인이 되었다.

㉢ 백제왕의 계승이나 천도는 일본이 좌우하였다.

㉣ 일본서기 중심으로 한국사를 연구해야 한다.

㉤ 삼국사기 초기 기록은 조작되었다.

㉥ 내물왕이 신라 최초의 왕이다.

㉦ 신라 왕위 계승(1대~22대) 은 조작이다.

㉧ 신라의 건국년은 조작이다.

위와 같이 허위주장을 하였다. 이자는 한국에서 역사적 가치가 있는
유물을 몽땅 가져가 덴리대학에 소장하였다. 이런 자를 이병도는 스승
이라 하고 있고, 덴리대학에 신도 참여도 하고 있다.(이들은 한국의 묘
를 파헤쳐 유물을 가지고 가 한국인의 비난을 받자, 한국 사람들은 부모
를 고려장하였다고 오히려 비난하였다. 그래서 고려장은 일본인들이
가짜로 퍼뜨린 말이다.)

다. 미시나 아키히테의 주장

㉠ 신라의 화랑은 남방(대만 고사족)에서 전해져 왔다.

㉡ 일본은 남한을 경영하였다.

라. 이케우치 히로시의 주장

㉠ 삼국사기 초기 기록은 조작이다.

㉡ 일본 장군이 신라를 정벌하였다.

㉢ 고대 한국은 일본의 식민지였다.

일본은 한국의 고대사를 이토록 파괴하였는데 일본의 서기에는 일본
의 시작 초기부터 백제가 경영하는 직할영토였다고 기록하고 있다. 일
본의 북부는 고구려와 신라 사람이, 규슈 남쪽은 백제가 지배하고 있었

고, 지금도 백제거리가 있는 것이 증거이다. 이것을 그대로 두고는 일본
이 한국을 침략하여 지배를 할 수 없기 때문에 고조선을 파괴, 가짜로
한 것이다.

　일본 사람의 가짜주장대로 서울대학교 이병도, 이기백, 이기동, 김철
준 등이 삼국사기는 조작이라고 주장하고 있다. 이들은 이상의 일본학
자들은 문헌 고증학적 연구라고 하면서 높이 평가하고 있다. 노론의 당
수가 이완용이요, 정병설, 오항녕, 안대회, 유봉학은 노론의 후예들이
다. 노론이 죽지 않고 지금까지 한국 사람을 괴롭히고 있다.

7) 친일 식민사관의 허위주장을 하는 이유.
① 허위주장 내용
㉠ 조선을 일본으로 만든다.
㉡ 조선 사람을 일본 사람을 만들어 언어, 글, 성을 없애고 지구상에
　서 한국을 없애버려 일본하고 통합하기 위해 내선일체를 한다.
㉢ 천황의 적자가 되게 한다.
㉣ 징병제를 천황이 승인함으로 황국시민이 된 것을 입증하였다.
㉤ 주체성 정체성 즉 한국을 기억하지 않게 한다. 그래서 역사를 없
　애 기억을 못하게 하고 정체성을 기억하지 못하게 한다.
　이것이 한국 역사 말살정책의 이유이다.
② 친일파 사학자들의 주장 핵심내용.
㉠ 단군조선의 말살.
㉡ 한사군 한반도 정착
㉢ 고조선 약화
㉣ 고구려 신라 백제 건국신화 부정
㉤ 반도 성격론, 사대주의론, 당파성, 내선일체, 창씨개명
㉥ 단군조선은 신화이지 사실이 아니다.
㉦ 위만조선과 한나라의 한사군에서 조선 역사는 시작되었다.

◎ 임나일본부가 신라, 백제, 가야를 지배하였다. 그래서 한일병합은 침략이 아니라 회복한 것이다.

㉧ 고조선과 고구려는 중국 소수민족의 지방정권이다.

㉨ 삼국사기 초기는 역사가 아니다.

㉠ 중국은 기원전 1500년경부터 은나라, 주나라, 춘추전국시대, 고조 선은 원시적인 종교집단이었다. 이마저도 고조선이 망하고 한사 군이 400년을 지배하였다.

③ 36년 동안 친일 교육.

㉠ 주입식 교육(왜 일본이 우리를 침략하였느냐고 질문을 못하게 하 기 위해서이다.)

㉡ 한국 민족성 부정

㉢ 열등감 조성 교육

천황에게 감사하고 내선일체에 감사하는 노예의식 교육, 출세주의 교육, 주입식 교육, 암기식 교육 등이 지금까지 이 사상에서 교육 정책 이 벗어나지 못하고 있다. 이 내선일체에 기독교가 앞장섰다. 그래서 기 독교가 해방 후 분열되었고, 홍택기, 전필순, 양주삼, 이명직 등 친일파 목사들이 교권을 잡고 있어 기독교가 부패하고 있고, 이 사상에서 기독 교도 벗어나지 못하고 있다.

8) 1980년 중국의 동북공정.

① 중국이 동북공정을 하게 된 이유.

㉠ 심각한 빈부격차

㉡ 부정부패

㉢ 물가상승

㉣ 해안가와 내륙의 격심한 발전 차이

㉤ 북한이 망했을 때 북한을 점령하기 위함이다.

심각한 내부갈등에 의해 중국은 수년 내에 민족 분열의 큰 문제가 발생할 것과 이를 막기 위해 동북공정이 이루어졌다.

② 중국의 동북공정 위치 변경

중국은 1980년부터 만주 고조선을 자기들의 땅이라고 주장하기 위하여 동북공정사업으로 막대한 국고지원을 하면서 추진하였다.

한국도 이를 막기 위해 동북아 역사재단을 설립하여 1년에 200억 원의 예산을 들여 국고를 지원하였다.

그런데 고구려재단 초대이사장 김정배가 한사군은 한반도에 있었다고 하자 중국은 대환영하였다. 김정배 스승은 신석호 이병도로 이들은 한국의 역사를 팔아먹었다. 2016년 현 역사편찬위원장이다.

김정배는 동북아재단을 거쳐 한국학 중앙연구원장이다. 동북아 역사재단 누리집에는 위만조선 수도가 대동안 북안에 있는데 경계가 패수 즉 압록강이라고 주장한다. 평양 일대가 한사군의 중심 지역이었던 낙랑군지역이라고 확정하였다. 쓰다 스키치가 패수는 압록강이라고 주장한 것을 그대로 인정한 것이다.

지안은 고구려 2대 유리왕부터 20대 장수왕까지 BC 3년~AD 427년 수도였으며, 여기에는 12,000기의 고구려 고분이 있는 고구려 땅이다. 광개토대왕비도 여기에 있다. 고구려가 수와 당과 치열한 전투를 한 곳이다. 중국의 동북공정에서는 여기가 당나라 지방행정권이라고 주장하고 있다.

9) 동북아 역사재단

2004년 고구려 연구재단 설립.

2006년 동북아 역사재단 설립. 1년에 국가에서 200억 원을 지원해주고 있다. 그런데 여기에는 친일파 주류 핵심이 있다. 이들은 중국의 동북공정을 지지하고 있다.

고조선 개국신화는 여전히 신화적 범주에 속하며 역사적 사실이 아닌 것이 자명하다(2012. 9.18 중앙일보)고 하며 이들은 단군조선 자체를 부정하고 있다. 이들은 한반도의 청동기시대를 인정하지 않고 있다. 그리고 한사군 설치 이전은 석기시대이므로 국가로 인정하기 어렵다는 주장을 하고 있는데 중국의 동북공정에서는 대환영을 하고 있다. 동북아 역사재단은 "홍산문화와 고조선과는 관계가 없다"하고 있다. 경기도 교육청에서 "단군 역사는 사실이다."라고 하자 동북아 역사재단에서는 단군은 신화이지 역사적 사실이 아니라고 반박하고 싸우는 웃지 못 할 기가 막힐 일이 일어나고 있다. 친일파 역사학자들은 현재 대한민국이 일본 침략국 조선총독부 산하에 있다고 착각하고 있는 것 같다.

10) 친일파 사학자 이병도와 그의 제자들의 만행

1919년 이병도는 일본 와세다대학 사학과를 졸업, 스다 소키치 권고로 조선사를 엉터리 교육을 받아 친일파 역사학자가 되었다.

1922~37년 총독부 산하 조선편수회에서 엉터리 조선사를 쓰는 이마니시류를 도왔다.

조선사편찬회 고문이 이완용, 권중현, 박영효 등이다. 이병도는 이완용의 조카이며, 이병도 손자가 서울대 총장도 하였다. 이병도도 해방 후 서울대 교수, 중앙도서관장, 박물관장, 대학원장, 국사편찬위원장, 1960년에는 문공부장관을 하였고, 충무무공훈장, 국민훈증, 무궁화훈장 등도 받았다. 이병도 제자는 약 60명으로 한국의 강단사학자들로 사학계의 주류이다. 이병도는 박정희 정부 때는 국토통일원 고문이었고, 전두환 정부 때는 국정자문위원도 하였다.

이병도의 동생은 문화재청장을 하였고, 이완용의 손자 이윤형은 나라를 팔아먹은 대가로 받은 재산 반환소송에서 승소해 벼락부자가 되었다. 노론 당수 이완용은 통감부 외사국장 고마쓰에게 비서 이인직을 보내 비밀리에 매국 조선 협상을 한 자이다. 그 내용은 "고종을 왕이 아닌 대공으로 해주시오" 였다.

1948년 9월 22일 반민특위가 국회를 통과했을 때 이상과 같은 친일파를 숙청했어야 하는데 숙청하지 못하여 한국의 민족정기를 말살하고 있다. 친일파는 한국 고대사를, 좌파들은 한국 현대사를, 우익은 5.18을 파괴하고 있어 한국의 역사를 회복한다는 것이 요원하다. 즉 한국은 역사가 없는 나라이다. 그래서 한국은 미래가 보이지 않는다.

19. 만주의 독립군

1) 1929년 경 남만주에서는 조선혁명군이, 북만주에서는 한국 독립군이 조직되어 좌·우로 양분되었다.

1929년 3월 우파로 조직된 국민부는 남만주에서 조선혁명당과 조선혁명군을 조직, 만주와 한국 전역에 지부까지 조직하였다.

이탁, 최동오, 현익철, 유동열 등 30여명이 중앙위원이 되었고, 군은 8개 중대까지 조직하였다.

2) 1929년 6월 조선혁명군 사령관 양세봉은 혜산진 조선총독부 기관에 종사하는 일본인 전원을 체포 입에 재갈을 물리고 결박하여 "조선을 떠나라 그렇지 않으면 다음에 와서 모두 죽이겠다." 하고 혜산진을 떠났다. 1931년 9월 일본군이 만주를 점령하자 만주에 있던 독립군들은 많은 어려움을 당하였다.

1932년 3월 일본군은 만주에 있는 독립군을 토벌하면서 조선혁명군을 공격하기 시작하였다. 조선혁명군 사령관 양세봉은 혁명군 1만여 명과 중국 의용군 사령관 이춘윤 장군의 2만여 명이 연합하여 일본군의 공격에 대비하였다.

한·중 연합군이 영릉가의 산에 매복하고 있을 때 일본군의 공격을 받고 치열한 전투 끝에 일본군은 30여명의 시체를 남기고 철수하였다.

일본군이 점령한 홍경현성을 오히려 한·중연합군이 공격하여 일본군을 몰아냈다.

1932. 5.8 일본군이 다시 영릉가를 공격하자 한·중 연합군은 2일 동안 치열한 전투 끝에 일본군을 물리쳤다. 일본군이 다시 홍경현성을 공격하자 한·중 연합군이 치열한 전투 끝에 물리쳤으나 조선혁명군 김일룡 등 많은 독립군이 전사하였다.

7월 7일 일본군이 밤에 한·중 연합군을 기습하였으나 양세봉 장군은 일본군의 공격을 잘 막아 일본군은 40여구의 시체를 남기고 철수하였다. 일본군은 양세봉 장군을 제거하기 위하여 온갖 방법을 동원하였다. 일본군은 1932년 8월 12일 조선총독부에서 10만원을 준비하여 형사 10명, 민정 4명이 양세봉을 잘 아는 중국인 왕 씨 외 2명을 매수하였다. 중국인 왕 씨는 그동안 양세봉 장군에게 많은 도움과 정보를 제공한 자였다.

왕 씨는 양세봉 장군에게 "일본군의 대토벌이 시작되니 잠시 피신하는 것이 좋겠다."고 권고하여 양세봉 장군은 왕 씨의 안내로 피신 장소로 가는 도중, 왕 씨가 돌변하여 양 장군의 가슴에 총을 겨누며 항복을 권하자 양 장군이 항복을 거부하니 왕 씨는 양 장군의 가슴에 총을 쏘았다. 그리고 수수밭에 숨어 있던 일본 헌병들의 집중공격으로 양세봉 장군의 몸은 벌집이 되었다. 양세봉 장군의 죽음으로 인하여 조선혁명군은 해체되었다.

20. 분열과 무능한 대한민국 임시정부

1) 1925년 이승만이 미국 대통령에 한국을 국제연맹에 의한 위임통치를 청원하자 현상유지 파들은 격분하여 이승만을 해임시켰다. 1927년 이동녕과 김구가 명맥을 이어갔다.

2) 1935년 7월 민족혁명당이 임시정부 해체를 주장하였다.
1940년 임시정부는 사회주의에 가까웠다.

3) 임시정부는 일본의 압박을 피해 항주, 가흥, 진강 등지로 이동하였다. 1935년 조선민족혁명당과 한국국민당으로 좌·우로 분열되었다.

4) 1938(41). 10 중경에서 좌파 김원봉과 윤세주가 이끄는 400여 명의 조선의용대(후 조선혁명군)가 창설되었다. 1939년 9월 이에 당황하여 김구 중심의 임시정부도 광복군을 창군하여 중국 정부의 승인을 받았다. 1940년 9월 17일 광복군이 정식 창군되어 장교 12명이 운영한다고 하였으나 거의 중국 장개석 군대의 명령을 받고 있었다.

5) 1942년 4월 중국 정부는 미국 정부에 한국 정부를 승인해 줄 것을 요청하였으나 임시정부의 좌·우 분열로 승인할 수 없다고 하였다.

6) 임시정부는 김구와 김원봉의 좌·우로 싸우다가 국제사회에서 합법정부로 인정받지 못하여 8.15해방 때 해체되어 대한민국 정부로 인정을 받지 못하였고, 정통성을 살리지 못하여 해방에 전혀 도움을 주지 못하였을 뿐더러, 분단을 막지 못하였다.

7) 일본이 항복을 하자 중국에서 선교활동을 하던 방지일 목사가 중국에 상륙한 미군 헌병대장을 찾아가 중국에 강제로 끌려온 한국 사람들을 본국으로 보내달라고 요청하여 미군 LST선박이 한 번에 3,000여 명씩 10회에 걸쳐 청도에서 인천으로 운행하여 3만여 명이 한국으로 오는데 도움을 주었다.

21. 만주사변(1931년)과 중·일전쟁(1937년)과
태평양전쟁(1941년)

1) 일본 육군 내의 과격파

일본 육군 내 과격파 장교들은 일본 참모본부, 조선군, 만주 관동군 사령부 등에 많이 있었다. 특히 관동군 사령부의 가와모토 다이사꾸 대좌, 이다가끼 세이시로오 대좌, 이시하라 간지 중좌, 도이하라 겐지 대좌 등이 심하였다.

1927년 7월 7일 동경 외상 관저에서 개최된 동방회의에서 '대지정책 강령'이 발표되었다. 이 '대지정책'은 만주, 몽고, 중국을 분리한 다음 만주를 점령하겠다는 내용이다.

1929년 10월 동경에서 제3회 태평양회의가 개최되기 전 '다나까 메모'가 신문에 보도되었다. 그 내용은 중국을 점령하기 위해서는 만주와 몽고를 먼저 점령해야 하고, 세계를 점령하려면 중국을 점령한 후 동남 아시아와 유럽으로 진출해야 한다는 것이다. 이 안은 정우회 간부와 참모본부 장교 및 관동군 사령부 소장급 장교들의 합작에 의해서 작성된 계획서로 물의를 빚었다.

1931년 3월 26일 일본 참모본부 하시모도 중좌, 네모도 중좌, 다나까 소좌 등의 과격파 장교들은 우가기 대장을 앞세워 육군 장교단과 민간 우익 단체가 제휴하여 먼저 의회를 점령하고, 다음 내각을 장악해 우가기 대장을 수반으로 하는 군사 쿠데타를 일으켜 대륙 침략을 하겠다는 계획이었다. 민간인 오오가와 슈우메이와 세게후지 대좌 등도 가담하였다.

이 사실을 알게 된 우가기 육군 대신은 깜짝 놀라 스기야마 차관을 불러 전모를 들은 다음 "군은 정치에 개입해서는 안 된다. 이 사건을 극비에 부쳐 지체 없이 계획을 취소하라"고 명령하였다. 이렇게 되자 우가기를 받들던 장교들은 우가기를 '배신자, 비겁자'라고 규탄하였고, 우가기 반대파들은 이것을 절호의 기회로 삼고 우가기를 권력에서 몰아냈다. 우가기는 여기에 가담한 과격파 장교들을 제대시키지 않고 변방 부대로 전속시킨 것이 화근이 되어 일본 육군과 일본 전체와 동남아시아에 비극을 자초하였다.

이 장교들이 후일 주동이 되어 이누가이 수상을 암살한 5.15사건과, 2.26 쿠데타를 일으켜 일본의 정치가들을 대량 학살하는 사건이 발생하였으며, 만주사변, 중·일 전쟁, 태평양전쟁 등으로 확전하게 하여 일본의 패망을 자초하게 하였다. 이렇게 되어 우가기는 정치 일선에서 밀려 조선총독으로 자리를 옮기게 되었다.

2) 만주사변(1931년)

1931년 9월 15일 만주 관동군 소속 특무대 나까무라 대위가 사복을 입고 홍안령 방면의 중국군을 정탐하던 중 중국군에 체포되어 살해된 사건이 발생하였다.

관동군 특무기관장 도이하라 대좌는 이 사건을 철저히 조사 보고하도록 지시하였다. 살해된 것이 확실하다는 물적 증거를 수집하여 보고하자 과격파 도이하라 대좌는 만주를 점령하기 위해서 기회만 보고 있을 때 좋은 명분을 찾았다고 판단하고 과격파 장교 이다가기 대좌, 이시하라 중좌, 하나야 소좌 등을 참모장실로 소집하여 만주 침략에 대해서 모의하던 중 현재 관동군만 가지고는 장학량 부대와 만주 군벌과 싸울 수 없다고 판단하였다. 그렇다고 본국에서 병력을 보충 받을 수도 없는 상황이었다. 그것은 참모총장 가나야 장군과 작전부장 다데까와 장군은 일본 국력으로는 더 이상 전쟁이 확대되어서는 안 된다는 것을 잘 알고 있어 전쟁 확대를 적극 반대하고 있었기 때문이다. 결국 병력을 동원하려면 하야시 중장의 조선군 사령부 예하 2개 사단을 이동시키는 길밖에 없었다. 그러나 우가기 총독이나 하야시 사령관도 전쟁 확대를 적극 반대하고 있어 병력 이동을 허락할 까닭이 없었다. 이들은 일을 저지르고 보면 하야시 사령관 밑에 과격파 장교들이 참모로 많이 있고 조선군 사령부 특무부대에도 확전을 고대하고 있는 장교들이 많이 있어 이들을 선동해서 하야시 사령관을 꼼짝 못하게 하여 병력을 이동시키자는 작전을 세웠다.

1931년 9월 18일 10시 45분, 열차가 봉천 근교에 있는 유조구 북방 500m 지점을 통과할 때 폭발사건이 발생하여 철로가 79cm 절단되었으나 열차가 진행하는 데에는 지장이 없었다. 이 폭발사건은 만주를 점령하기 위한 일본군의 치밀한 계획 가운데 일으킨 자작극으로, 열차가 전복되지 않고 부상자도 없는 이 폭발사건을 일본군은 "중국군이 하였다."고 뒤집어씌웠다.

이 폭발사건이 발생하고 한 시간 후 계획대로 일본 관동군은 장학량의 동부군 제17여단을 기습하였다. 장학량 17여단은 기습에 당황하여 길림으로 후퇴하였다. 관동군에는 제2사단 5천여 명과 보병 2개 여단, 기병 1개 연대, 포병 1개 연대, 공병 1개 중대, 독립수비대 6천여 명, 여순 포병대, 관동군 헌병대, 해군 등이 있었다.

장학량 부대는 11만 5천 병력과 인근에 45만 명이 있었다. 도이하라, 이다가끼, 이시하라 등의 과격파 장교들과 특히 우다가기 대좌는 관동군 사령관이 여순 순찰 차 사령관 실을 비운 틈을 타 관동군 사령관 혼조오 대장의 명의를 도용하여 관동군 제2사단에게 장학량 군을 소탕하라는 거짓 명령을 내렸다. 그리고 그들은 거짓으로 하야시 조선군 사령관에게 긴급 전문을 발송하여 "관동군이 장학량 군대의 공격을 받고 교전 중에 있으며, 봉천 근교의 철로를 중국군이 폭파했다."라는 내용으로 병력 동원을 요청하였다.

하야시 사령관은 깜짝 놀라 우가기 총독에게 보고하기 위하여 사령관 실에 도착하니 사령관 실에는 "나남 19사단을 두만강 건너 국경선으로 긴급 출동하라"는 작전명령서가 작성되어 있었고, 이 작전 명령서를 작성한 간다 중좌 외 과격파 장교들은 하야시 사령관에게 서명을 요구하였다. 조선군 사령부 예하부대가 국경을 넘을 경우 천황의 윤허를 받아야 하는데, 하야시 사령관은 상황을 파악하지도 못한 채 서명을 하는 실수를 범하고 말았다.

하야시 사령관이 정신이 들었을 때 이내 실수했다는 것을 알았으나 서명을 한 이상 이제는 빠져나가는 도리밖에 없었다. 그는 실수를 조금이라도 적게 하기 위하여 육군대신과 참모총장에게 긴급 전문을 발송하였다. 전문 내용은 "관동군의 요청에 따라 본관은 이제부터 독단으로 월경하려 함. 폐하의 윤허가 내리도록 조처하시기 바람." 이었다.

육군대신 미나미는 하야시 사령관에게 "독단 월경은 절대 불가함. 윤허가 내릴 때까지 대기할 것." 해놓고 마음이 놓이지 않아 신의주 수비대에게도 "신의주를 넘어가지 않도록 각별한 조치를 취하라." 하였고, 평양의 39사단에도 "이미 출범한 부대가 있거든 결코 국경을 넘지 못하도록 조처하라."고 하였다. 한편 국경 수비 헌병에게도 "19사단 병력이 국경을 넘지 못하게 하라"는 명령을 내렸다. 그러나 21일 19사단의 1개 여단 4천명은 두만강을 건너 만주에 진격하였다. 평양 주둔 비행 제6연대 전투기 1개 중대도 관동군에 배속되어 만주로 이동했고, 용산 주둔 20사단 1개 연대도 만주로 진격하였으며, 다음 19사단 주력도 만주로 진격하였다.

가야나 참모총장도 "조선군의 단독 행위는 온당치 못하다"고 하면서 참모본부는 조선군의 단독행위를 제지하기로 하였고, 19일 전쟁 확대를 반대하는 결정을 내렸으며, 히로히토도 조선군의 행동을 못마땅하게 생각하고 있었다. 그러나 참모본부 안의 과격분자들은 관동군의 현 병력으로 보아 조선군을 증원을 해야 한다고 주장하였다.

결국 각의에서는 9월 22일 단독 월경과 경비 지출을 승인하고 말았다. 관동군과 조선군은 신바람이 나서 19일 아침 봉천을 점령하였으며, 23일 길림을 점령하고 남만주 일대를 점령하였다.

10월 1일 북만주를 공격, 1932년 2월까지 만주 전 지역을 점령하고 청국 마지막 황제를 끌어다가 괴뢰 만주국을 세웠다.

만주사변은 일본 정부나 참모본부에서 계획적으로 점령한 것이 아니라 과격파 장교들의 공작에 의한 것이었다. 이로써 15년의 전쟁이 시작되었으며 결국 일본의 패망을 초래하였다.

3) 중 · 일전쟁(1937년)

1936년 2월 26일 새벽 일본 육군 1사단 1연대와 3연대 장교 24명과 하사관 64명, 사병 1,358명, 구리하라 중위 부대 3백 명은 수상 관저를 습격하고, 나까하시 중위 부대는 다가하시 고래기요 대장을 기습하여 총 한 방으로 그를 사살하였으며, 아스다 소위가 지휘하는 2백 명은 내무대신 집을 공격하여 사이또를 사살하였다. 그리고 교육총감 와다나베의 집을 공격하여 와다나베를 사살하고, 안도오 대위는 스스끼 시종장을 사살하여 순식간에 정부 요인들을 살해하였다. 이것이 2.26사건이다.

그들은 가와지마 육군대신에게 마사기 대장의 군사정부 수립을 요청하였다. 그러나 진압부대에 의해 반란군이 모조리 체포되었다. 이로 인해 고오끼가 수상이 되었고, 데라우찌 대장이 육군대신이 되었으며, 우가기 조선 총독이 사임하고 미나미 지로오 육군 대장이 조선 총독이 되었으며, 관동군 사령관 고이소가 조선군 사령관이 되었다. 그 후 하야시 센쥬우로우 대장이 수상이 되었다.

1937년 7월 7일 오후 10시경 노구교 근방 용왕 묘 근처에서 일본군 1개 중대가 야간훈련을 하고 있을 때 갑자기 기관총 소리가 났다. 이때 훈련 중 이탈하여 대변을 본 일본군 병사 한 명이 행방불명으로 보고되자 이찌기 대대장은 북경에 있는 무다구찌 연대장에게 보고하였다. 이찌기 대대장은 자기 부하가 대변을 보고 있는 줄 모르고 수색에 나갔다가 중국 송철원 부대로부터 가벼운 저항을 받게 되었다. 이 사격으로 인해 이찌기 3대대장은 노구교를 향해 공격명령을 내린 후 무다구찌 연대장에게 보고하자 연대장도 "적대행위를 한 중국군을 단호히 소탕하라!"고 지시하여 이찌기 3대대장은 7월 8일 새벽 4시 용왕 묘 부근의 중국군 풍지안이 지휘하는 37사를 공격 점령하여 중·일 전쟁이 발생하였다.

고노에 수상은 노구교사건을 보고받고 즉시 관동군 사령관에게 "절대 사건을 확대시키지 말 것"이라는 전보명령을 내렸다. 일본 참모본부 작전부장 이시하라 간지는 일본 국력으로는 확대전쟁을 절대 감당하기 어렵다고 판단하고 "내 목이 붙어 있는 한 중국에 대한 파병은 하지 않겠다."고 강경하게 반대 입장을 표명하였다.

확전을 반대하는 이들은 소련의 남진을 대비해야 하는데 중국과 싸운다는 것은 일본에 불리하다고 판단하였고, 전쟁 확대를 원하는 자들은 중국에 일격을 가해 국책을 수행하자고 주장하면서 중·일 전쟁은 오래 가지 않아 승리할 수 있다고 장담하였다.

일본의 정부 각료들도 확전은 일본 국익에 유익이 되지 못한다고 판단, 7월 11일 중국군 29사령관 송철원과 가쓰기 관동군 사령관은 회담 끝에 휴전하기로 합의를 보아 노구교사건은 일단 끝난 것 같았다.

그런데 일본 참모본부는 "현지 주둔군의 만일의 경우를 대비해야 한다."고 판단, 9월 12일 중국에 파병을 허락하였다. 결국 관동군에서 2개 여단을 화북지방에 증파하고, 용산에 주둔하고 있는 조선군 20사단을 화북지방으로 증파하였다. 그리고 본국에서 3개 사단을 증파하였다. 결국 고노에 수상은 파병을 승인하고 말았다.

1937년 7월 17일 장개석은 전 중국인에게 일본과 싸울 것을 호소하여 북경의 광안문에서 전투가 시작되었으나 7월 28일 가즈끼 사령관이 북경에 있는 송철원 부대를 포위하자 송철원은 사투를 벌이다가 보정으로 후퇴하였다. 이렇게 일본군은 하루 만에 북경을 점령하였다.

1937년 12월 1일 마쓰이 현지 사령관은 일본군 10군의 5개 사단으로 하여금 남경을 공격하도록 명령하였다. 2일 동안 치열한 공방전이 벌어진 후 12일 남경이 일본군에 의해 점령되었다. 남경 시내에 있는 중국군이 게릴라가 되어 일본군과 시가전을 벌이자 일본군은 중국인 양민 20만 명을 학살하여 남경시를 지구상의 최대 지옥으로 만들었다.

일본군은 중국군과 싸워 계속 승리하여 추격을 하고 있으나 추격은 해도 해도 끝이 없고, 죽이고 죽여도 끝이 없는 전쟁의 늪에 빠지게 되어 도망가는 중국군보다 추격하는 일본군이 지쳐 허우적거리고 있었다. 일본은 소모전과 장기전으로 국력이 소모되고 있었다. 그리고 북경, 상하이, 남경 등 동부만 점령하였지 중부와 서부는 점령하지 못하고 중국 모택동 군과 장개석 군과 계속 싸우고 있었다. 일본 내각은 휴전을 원하고 있으나 과격파 군부가 반대하여 뜻을 이루지 못하는 실정이었다. 중 · 일 전쟁도 과격파 장교들의 공작에 말려 확전되었다.

4) 태평양 전쟁(1941년)
• 진주만 기습

1940년 마쓰오가 외상은 프랑스와 화란이 나치군에 항복하여 베트남, 라오스, 미얀마, 태국, 캄보디아 등 동남아 지역에서 그들의 군사력을 다하지 못하자 이 기회를 이용 이 지역을 점령할 남진정책 즉 '동아 신질서계획 대동아 공영권'을 도오쬬오와 오이가와로의 요구를 수용하여 계획하고 있었다.

군부와 외무성의 요구를 이겨내지 못한 요나이 내각과 고노에 내각이 사임하게 되고 도오쬬오 히데끼가 수상이 되었는데 그는 머리를 박박 깎아 야전사령관 같은 과격파 수상이었다.

도오쬬오 수상은 구루스 외교관을 통하여 일본이 미국에게 중국의 기득권을 인정해 줄 것과 동남아지역에 대해서 일본의 요구를 들어달라는 것과 장개석 정부를 지원하지 말 것 등과 미국이 일본에 수출하는 석유와 철강을 중단하지 말고 원상대로 수출해 줄 것을 요구하였다. 그러나 루즈벨트 대통령은 일본의 요구를 거절하고 오히려 일본의 해외 점령군을 철수시키라고 강력히 요구하였다.

회담이 정상적으로 이루어지지 않고 험한 분위기가 계속되자 도오쪼오 수상은 미국과의 일전을 계획하였다.

1941년 12월 1일 연합함대의 나구모 중장이 이끄는 기동부대는 항공모함 6척을 비롯하여 전함 23척과 3만 명의 병력으로 진주만의 미 해군을 기습 공격하기 위하여 일본 항구를 떠났다.

12월 1일 오후 2시, 궁중회의에서 도오쪼오 수상은 "이제 제국은 현하의 위국을 타개하고 자존 지위를 위해 미 · 영 · 화란에 대해 개전하지 않으면 안 될 처지에 이르고 말았다."라고 설명을 하자 전원일치로 확전을 채택하였다. 히로히토는 말이 없었다.

회의가 끝나자 스기야마 육군 참모총장과 나가노 군령부장은 히로히토에게 작전계획을 보고하였다.

작전계획은 "연합함대 사령관 야마모도는 진주만을 공격하고, 남방군 총사령관 데라우찌는 동남아를 동시에 공격한다는 것이었으며, 공격은 일요일을 택하여 12월 8일 아침에 하는 것으로 양 부대에 12월 2일 작전을 명령하였다."는 내용이었다.

1941년 12월 3일 오전 10시, 웰즈 미 국무차관은 미국 주재 노무라 공사에게 "정보에 의하면 인도차이나 방면에서 일본군이 대폭적인 증강과 이동을 하고 있는데 그 의도가 어디에 있는가?"라고 항의하자 노무라는 대답을 못하였다.

미국은 일본이 미국 주재 대사에게 보내는 모든 무전을 해독하여 곧 중대사건이 있을 것을 알고 있었다. 정보국에서는 헐 장관에게 일본군 대부대가 상해로부터 남방으로 이동하고 있으며, 이 부대의 목표는 타이, 싱가포르, 말레이시아, 필리핀 등이라고 보고하였다.

미군 정보국은 일본의 공격이 임박했다는 것을 알았다. 샤틀리 대령은 마셜 참모총장 부관인 질로우에게 보고하였으나 즉석에서 묵살당하였다. 계속되는 무전 암호를 해독하여 루즈벨트 대통령에게 직접 보고하니 대통령은 개전이 임박한 줄 알고 마셜 참모총장에게 지시하여 동남아 방면과 하와이 방면에 적절한 경계태세를 취하라는 명령을 하였다. 그러나 이 명령이 늦게 발령되어 일본 항공기가 진주만을 기습한 지 2시간 후에 진주만 해군사령부에 도착하여 효과를 보지 못하고 말았다.

오아프 섬의 오파나 육군 레이더기지에 의해 일본 항공기의 공격이 포착되어 담당 사병이 즉시 테일러 중위에게 보고하였으나 테일러 중위는 부하들의 보고를 받고 "아군기가 연습 중인 것 같다"라고 하면서 묵살해 버렸다. 그리하여 하와이 함대의 엄청난 피해를 막지 못하였다. 이때만 해도 독일과 일본은 레이더가 없었고, 미국과 영국은 있었다. 도버해협을 넘을 때 준비해서 독일의 항공기 공격을 방어할 수 있어 2차 세계대전을 승리로 이끈 신기술무기이다.

① 1941년 12월 8일 오전 8시 일본이 진주만의 미군을 기습 공격하여 태평양전쟁이 발발하였다. 이때 미군은 전함 7척, 항공기 300대, 병사 2,403명이 전사하였다. 그러나 일본군은 진주만을 공격할 때 항공모함과 주류저장소와 조선소를 공격하지 않아 진주만 미군에게는 큰 피해를 주지 못하였고, 항공기로 공격만 하였지 보병이 하와이에 상륙하지 못하였다.

② 일본은 말레이시아, 싱가포르, 필리핀 등을 점령하였다.

③ 1942년 6월 5일 일본 해군은 미드웨이 섬을 공격하다 참패하였다.(미군 307명 전사, 일본 3,500여명 전사.) 이 전투로 미군은 태평양 제해권을 장악함. 1942년 8월 10일 과다칼날 전투에서 일본군은 참패하였다. (미군 1,598명 전사, 일본 8,200여명 전사.) 1943년 7월 21일 모레비 상륙작전에 참패하였고, 야마모도 대장은 미군의 비행기 공격으로 비행기 안에서 비참하게 죽었다.

④ 1943년 12월 31일 버마도 점령되었다. (일본군 전사 3만 명, 환자 3만 명이었다.) 1944년 2월 12일 일본이 점령하였던 일본의 해군

기지 트럼 섬도 미군의 공격을 받고 점령되었다. (일본군 7,200여 명 전사, 5만여 명이 아사 하던가 자결하였다.)

⑤ 1943년 6월 13일 사이판이 미군에 의해 점령되었다. (미군 5,111명 전사, 일본군 31,629명 전사.)

⑥ 1944년 10월 24일 필리핀에서 미군은 일본을 몰아냈다. (일본군 사상자 40여만 명.) 1945년 2월 19일 유황도도 미군이 점령하였다. 1945년 4월1일 미군은 일본 오키나와를 공격, 1945년 6월 21일 점령하였다.

⑦ 1945년 8월 6일 미국은 히로시마에 원자폭탄을 투하, 20만 명이 죽었다. 이어서 8월 9일 나가사키에 원자폭탄을 투하 35,000여명이 죽었다.

5) 원폭투하와 전쟁 종결(1945년)

① 고이소 내각은 전쟁 종결을 위하여 중국인 무빈을 통하여 장개석 정부와 접촉하다 시게미스 외상과 육군 측의 반대에 부딪혀 뜻을 이루지 못하자 총사퇴하고 말았다. 일본 안에서는 항전파와 화평파로 갈려 심각한 상황이 벌어졌다.

일본 정부는 전쟁을 종결하기 위하여 해군 대장 출신 79세의 귀가 어두운 스즈키를 수상으로 추대하여 될 수 있는 한 빨리 전쟁을 종결하려 했으나 과격파 군부가 완강히 반대하여 진전이 없었다.

스즈키 수상은 7월 13일 소련에 화평을 알선해 줄 것을 요청하였으나 스탈린은 대 일본전에 참전하기 위하여 거들떠보지도 않고 7월 17일 포츠담회의에 참석하였다. 이탈리아의 무솔리니가 1944년 7월 27일 총살을 당하여 이탈리아가 항복하였고, 독일의 히틀러도 1945년 4월 30일 자살함으로서 5월 8일 독일은 무조건 항복하였다.

도오고오 일본 외상은 일본이 미·영·소·중 등과 싸워야 하며, 소련이 일본과 전쟁을 하게 되면 협상 가능성도 희박하여지기 때문에 결국 무조건 항복밖에 길이 없으므로 소련과 전쟁을 하기 전 전쟁을 종결지어야 한다고 주장하였으나 과격파 장교들 때문에 표면적으로 협상을 하지 못하고 있었다. 1945년 7월 28일 스즈키 수상은 포츠담선언을 수락하고 싶었으나 주전파인 본토결전을 주장하는 육군 과격파 장교들에게 강요되어 "포츠담선언은 문제가 안 된다."라고 묵살하였다.

② 미국은 티베츠 대령의 509혼성부대를 편성하였고, 태평양지구 육군전략공군사령관 스파이쯔 대장은 8월 3일 이후 일본의 공업지대 가운데 4곳을 선정하여 원자폭탄을 투하하도록 티베츠 대령에게 명령하였다. 티베츠 대령은 1945년 8월 6일 오전 0시 15분 사이판 섬에서 B29 7대를 출격하여 5톤짜리 원자폭탄을 히로시마에 투하, 몇 시간 만에 히로시마를 초토화 하였다. 사망자는 20만 명이었다. 이어서 두 번째로 8월 9일 11시 8분 나가사키에 핵폭탄을 투하하여 사망 35,000명, 중경상자 6만 명이 발생하였다.

③ 소련은 1945년 8월 9일 자정에 육군 150만, 항공기 5,600대, 전차 3,000대를 동원하여 3개 방면에서 일제히 만주를 향해 소·만 국경을 넘었다. 일본 관동군은 24개 사단 9개 혼성여단 합 78만으로 방어하고 있었으나 보급이 뒤따르지 못하고 원자폭탄 추하의 충격으로 싸울 의욕이 없어졌고, 화력이 미약하여 소련군의 적수가 되지 못하고 지리멸렬하여 밀리기 시작하였다.

8월 9일 소련군은 소·만 국경을 넘어 만주를 공격하였고, 소련 항공기의 공격을 여러 차례 받자 한반도에 있는 35만의 일본군도 저항을 못하고 밀리기 시작하였다. 일본군은 이런 상황에서도 500만의 일본군이 있다는 것만 가지고 허세를 부리고 항복을 하지 않고 있었다.

④ 8월 10일 새벽 1시 일본의 히로히토가 있는 지하 방공호실에서 최고 전쟁지도위원을 비롯한 6명 등 11명이 전쟁종결에 대해서 회의를 할 때 히로히토는 일본 외상이 주장하는 "천황제를 유지한다는 유일한 조건으로 포츠담선언을 수락키로 결정한다."라고 결정하였고, 히로히토

의 항복방송을 8월 15일 정오에 하기로 결정하였다.

6) 1945년 9월 2일 오전 9시 일본의 항복식이 미주리 함상에서 육군 참모총장 우메스 대장의 서명으로 이루어졌다.

일본 도쿄 육군사관학교에 설치된 극동군사재판소에서 1948년 4월 16일 전범자의 재판이 끝났다.

1948년 12월 23일 도오쿄오, 도히하라, 마쓰이, 부또오, 이다까기, 히로다, 기무라 등 7명이 교수형에 처해졌다. 973명은 사형, 358명은 종신형, 1,046명은 무기형, 3,075명은 유기형을 받았다. 이중 한국인 사형 23명, 무기형 125명, 포로 129명이었으며, 사형 23명 중 홍사익 중장이 포함되었다. 그는 마지막 옥중에서 예수님을 영접하고 늦게 믿은 것을 탄식하며 부관을 전도했다고 한다. 부관은 그때 예수를 믿고 일본에서 목사가 되었다.

일본은 중 · 일 전쟁으로 44만 6천명이 전사하였고, 안도오 대장은 자살하였으며, 오까베는 옥중 병사하였고, 중국에서 재판에 의해 148명이 사형을 당하였고, 81명이 종신형을, 22명이 유기형을 받았다. 일본군은 태평양전쟁에서 20만 명이 전사하였다. 이것은 일본이 한국과 만주와 중국을 침략하여 많은 사람을 학살한 대가였다.

일본은 군부가 정권을 장악, 전쟁을 일으키고 군부에 의해 일본은 망한 것이다. 그래서 어떠한 명분이 있어도 군부가 정권을 잡아서는 안 되는 것이다. 이렇게 비참하게 망한 일본이 한국전쟁으로 경제대국이 되었다.

7) 조선총독부

소련이 미국의 요청에 의하여 예정보다 2일 앞당겨 45년 8월 9일 소 · 만 국경을 넘었고, 45년 8월 13일 한 · 만 국경도 넘어 웅진, 나진, 청진, 함흥에 항공폭격을 가하며 상륙하자, 함흥의 37방면 군이 소련군의 공격을 저지하려 하였으나 적수가 되지 못하였다. 일본군 34방면 군 쿠시하라 중장은 항복하기 위하여 소련군을 영접하였다. 소련군은 그 길로 남진하면 부산, 목포까지 한반도 전역을 점령할 수 있었으나 8월 10일 미국의 요청에 의하여 38선 이남으로는 남진하지 않았다. 미군은 이때 오키나와에 있었다. 결국 38선 이북의 일본군은 소련에 항복하고, 38선 이남은 9월 9일 중앙청에서 미군에게 항복하였다. 해방은 되었으나 그로 인하여 한국은 38선으로 갈라지고 말았다. 일본은 패전하면서까지 한반도를 분단시켜 오늘에 이르게 하였다.

1945년 8월 15일 6시 조선총독부 정무총감은 여운형에게 "전쟁은 끝났다. 일본 거류민의 생명 보호에 협력을 바란다."라고 요청하자 여운형은 "즉시 정치범을 석방할 것, 치안활동을 일본인이 간섭하지 말 것" 등 조건을 내세워 요청을 수락하였다.

여운형은 안재홍과 같이 즉시 건국준비위원회를 전국적으로 조직하였고 여기에 교역자들도 다수가 참여하였다.

함흥의 일본 34군이 8월 22일 무장해제를 당하였다.

오키나와에 있는 미 24군 선발대가 1945년 9월 6일 김포비행장에 도착하였고, 9월 8일 20척의 미군 함정이 월미도에 도착하였으며, 9월 9일 오후 4시 20분 중앙청에서 아베 총독이 항복문서에 서명하여 36년 동안의 일장기가 중앙청에서 내려졌다. 그러나 태극기가 대신 올라가는 것이 아니라 성조기가 올라갔다.

8월 24일 경원철도가 단절되어 분단을 실감나게 하였고, 만주에서 항복한 일본군이 한반도를 통하여 귀국하느라 한반도는 온통 일본 패잔병으로 들끓었다.

일본이 1931년 만주사변을 유발하지 않았다든가 아니면 만주만 점령하고 1937년 중·일 전쟁을 유발하지 않고 한국과 만주만 점령하고 미·영·소·중과 유대관계를 돈독히 하였다면, 그리고 태평양전쟁을 시작하지 않았다면 일본은 패망하지 않았을 것이며, 한반도의 해방도 어려웠을 것이다. 그런데 일본 과격파 장교들은 중국과 전쟁을 완전히 끝내지도 않은 상태에서 미국과 전쟁을 하였다. 전쟁은 상대방의 심장부를 강타하지 않고는 승리할 수 없는데 일본은 쓸 데 없이 동남아시아와 중국 동해안과 미국 하와이를 공격하였다. 이런 작전을 가지고 일본이 미국을 상대해서 어떻게 승리하겠는가? 그리고 광활한 중국과 미국과 태평양과 동남아시아를 어떻게 관리하고 방어한단 말인가. 정신이 돌지 않고는 이런 무모한 전쟁을 할 수 없다. 과격파 장교들의 과대망상 정신병자들에 의해서 일본은 패망을 자초하였고, 그로 인해 한국은 해방되었다.

일본은 한국을 점령하여 36년 동안 온갖 만행을 저지르다 자기들이 판 무덤에 의해 멸망되고 말았다. 일본은 중·일 전쟁으로 44만, 태평양전쟁으로 20만 명의 젊은이들을 잃었고, 한국과 만주 그리고 기타 점령지역을 다 내놓고 나라를 비참하게 망치는 어리석은 일을 자행하였다.

일본의 패망으로 신사참배를 반대하여 옥에 갇혔던 많은 교역자와 한국의 정치범이라고 하는 항일세력 3만여 명이 석방되었고, 징병으로 끌려간 20여만 명이 고국으로 돌아왔으며, 노무자 200만, 정신대로 끌려간 20만 명의 한국 백성들이 고국으로 돌아왔다. 그러나 사할린 교포 3만여 명은 고국으로 돌아오지 못하였다. 교회도 신사참배에서 해방되었고, 감옥에 있던 자들도 해방되었다.

제2장
한국 해방과 분단

제2장 한국 해방과 분단

1. 38선 분단의 원인

1) 1945년 2월 19일 미군은 유황도를 점령하는데 24,800여 명이 전사하였다. 1945년 4월 미군은 1,300여 척의 전함과 1,700여 대의 항공기, 45만 2천여 명의 병력으로 오키나와를 공격하기 위해 준비를 끝냈다. 4월 1일 18만 명이 오키나와에 상륙한 것을 비롯하여 모두 50만여 명이 상륙 공격하여 45년 6월 21일 오키나와를 점령하였다. 이때 미군 전사 12,000여 명, 군함 100여 척이 파손되었고, 치열한 전투 끝에 51일 만에 점령하였다.

2) 이상과 같이 제2차 세계대전의 태평양전쟁 때, 미국은 일본이 점령한 지역을 탈환하는데 엄청난 희생과 41년 12월에서 45년 6월까지 4년 동안의 시일이 걸려, 미군이 만주와 한반도와 일본 본토를 점령하는데는 46년 11월~12월로 보았고, 병력은 100만 정도가 전사할 것으로 판단하였다.(원자폭탄 실험 전 판단)

3) 그래서 1945년 5월 8일 제2차 세계대전 시 독일과 유럽연합의 전쟁에서 독일 히틀러 군대가 항복을 함으로 유럽에서 제2차 세계대전이 끝나자, 미국은 소련에게 만주와 한반도의 일본군을 공격해 달라고 요청하였다.

4) 소련은 미국의 요청에 의해 1945년 7월 6일 하바로프스크에 있는 극동사령부 사령관 바실리에프 원수 소속으로 독일에 있는 소련군 25군사령관 치스차코프 대장, 군사위원 레베데프 소장, 1극동전선 군사위원 스티코프 상장 등이 45년 6월 20일부터 극동으로 이동하였

고, 미군은 오키나와에서 일본을 공격하기 위해 먼저 제주도를 점령, 군수기지를 확보한 후 한반도와 일본 본토를 공격하기 위해 준비 중이었고, 제주도의 일본군도 제주도 서귀포의 대정면에서 철저한 방어준비를 하였다.

5) 미군이 45년 8월 6일 히로시마에 원자폭탄을 투하하여 20만여 명이 죽었다. 그리고 8월 9일 나가사키에 다시 원자폭탄을 투하하여 35,000여 명이 죽었다. 이 원자폭탄에 대해 일본은 말할 것도 없고 미군 자체도 그 위력에 깜짝 놀랐다.

6) 소련은 미국이 일본 두 도시에 원자폭탄을 투하하는 것을 보고 일본이 곧 항복하리라고 판단, 45년 8월 11일 만주를 공격하기로 한 작전계획을 2일 앞당겨 8월 9일 만주를 공격하고, 8월 13일 웅진과 나진과 청진, 21일 원산, 23일 개성, 24일 평양을 점령하였다. 이때 미군은 일본 오키나와에 있었다. 한반도는 소련이 먼저 점령하였다.

7) 미국은 8월 10일 소련에 38선 이북의 일본군은 소련에, 38선 이남의 일본군은 미군이 "항복을 받자"고 요청하여 소련과 합의를 보았다. 미군은 한반도에 일본군이 있어 항복을 받기 위해 9월 8일 상륙하였고, 45년 9월 9일 중앙청에서 일본군은 항복문서에 서명하고 만주와 북한과 남한에 있는 일본군을 철수시켰다. 이것이 분단의 시작이다. 한반도에 일본군이 없었다면 미군이 한반도에 상륙할 이유가 없었다.

8) 일본의 스즈키 수상은 45년 7월 28일 포츠담선언을 수락하여 항복하려고 하였으나 본토결전 과격파 장교들 때문에 못하고 원자폭탄이 투하된 후 8월 15일 항복을 하였다. 만일 스즈키 수상의 계획대로 7월 28일 항복하였으면 소련군이 만주와 한반도에 참전을 못하였기 때문에 발언권이 없어 한반도는 분단되지 않았을 뿐만 아니라, 원폭으로 일본인이 그토록 많이 죽지 않았다. 미군은 41년 12월 8일부터 45년 8월 15일까지 일본과 싸워 패망시켰는데, 소련은 겨우 7일 동안 참전하여 한반도의 중간인 38도선 북쪽을 점령하여 한반도가 분단된 것이다.

9) 38선 분단의 원인은 ① 일본이 한국을 강점한 결과이며, ② 상해 임시정부의 무능 때문이고, ③ 조선인 21만 명이 일본군의 앞잡이가 되어 미군을 향해 총을 쏜 결과이다. 그런데 미군 때문에 38선 분단이 되었다고 주장하는 좌파들은 은혜를 모르는 인간들이다.

만일 미군이 태평양 전쟁에서 일본에 패하였다면 한반도는 일본의 강점에서 해방되기 어려웠을 것으로 본다. 8.15 해방은 참으로 부끄러운 해방이다. 우리는 일본에 점령된 것도 부끄럽고, 해방도 부끄러운 해방이었다. 우리가 해방을 위해 한 일이 무엇이 있는가? 조선인 21만 명이 한국을 강점한 일본과 싸운 독립군이 아니라 미군과 싸웠다.

※ 한반도가 미군 때문에 38선으로 분단되었다는 좌파들의 주장은 허위 왜곡된 주장이다.

2. 1945년 8월 15일 해방

1) 일본이 8월 15일 무조건 항복하자 여운형 등이 1945. 8.17 여운형의 건국동맹을 보강하여 건국준비위원회 조직. 전국 147개 조직.

1945년 8월 15일 이영, 정백, 이승엽, 조동우, 조두원, 서중석 등이 장안파를 조직하여 공산당을 재건. 1945년 8월 20일 박헌영이 조선공산당을 재건, 장안파를 흡수 통합하였다.

2) 45. 9. 6 건국준비위원회를 인민위원회로 바꾸어 여운형과 조선 공산당 대표 박헌영과 좌익들이 조선 인민공화국 선포와 각료 발표. 좌파들은 무정부 상태에서 정부 행세를 하며 전국에 147곳의 건국준비위원회를 인민위원회로 개칭하여 전국을 장악, 조선공산당 세 확장에 전력을 다하였다.

조선공산당은 토지개혁을 하는데 일본이 점령한 부동산과 공장 그리고 지주들의 부동산을 무상몰수 무상분배를 한다고 선동하자 남한의 전 국민들은 여기에 76%가 협력하여 그 세력은 가히 남한을 점령하고 도 남았다.

　3) 45. 9. 8 미군이 오키나와에서 인천에 상륙, 9월 9일 킹케이트 7함 대 사령관의 서울 입성과 조오스끼 조선주둔 일본군 사령관, 야마구찌 진해경비사령관, 아베 총독이 참석하여 일본의 항복문서에 조인을 하였고, 이어서 9월 10일부터 남한에서 미군정이 실시되었다. 이 항복문서 조인식에 한국인은 한 명도 참석하지 못하였다.

　4) 45. 10. 16 미국에서 이승만 귀국

　5) 45. 11. 23 상해 임시정부 해체와 맨주먹으로 미군 항공기의 도움으로 김구 일행 귀국.

　6) 남한에 400개 정당과 30개의 군사단체가 조직되어 모두 독립군이고 모두 애국자라고 외쳐 대 혼란이 왔다.

　※ 좌파 조선 공산당은 자기들 임의대로 조선 인민공화국을 선포하고 각료를 발표하고 국가 행세를 하며 전력을 다해 세 확장을 하고 있었다. 이를 조선 인민공화국, 약자로 인공이라고 한다.

3. 신탁통치

45년 12월 16~26일 소련 모스코바에서 미·영·소 3국 외상회의에서 결의한 내용.

　1) 임시 조선민주주의 정부를 수립한다.

　2) 미·소 공동위원회를 설치하여 한반도의 정당·사회단체와 협의한다.

　3) 미·소·영·중 4개국이 5년 동안 신탁통치에 관한 협상을 한다.

이상의 내용은 미국이 안건을 내놓아 결정한 것인데, 남한의 우파는 결사반대하고(임시정부를 세워 4개국의 행정지도를 5년 동안 받은 후 정식 정부를 세우겠다.) 소련과 김일성·박헌영, 좌파 남로당은 적극 지지하여 좌·우가 극한적으로 대결하여 결국 무산되고 말았다.

※ 신탁통치는 한반도에 분단을 막고 통일 정부를 세우려고 미국이 상정한 내용이다.

4. 남로당 위조지폐 사건

1) 1945년 10월 22일~ 46년 초 남로당에서는 1,500만 원의 위조지폐를 발행하여 시중에 유통시키다가 1946년 3월 북한에서 조선은행권 지폐를 다량 보내주어 중단하였다.(1946년 3월까지 남한과 북한은 같은 지폐를 사용하다 1946년 3월부터 북한은 북한 화폐를 발행하였다.)
2) 1946년 5월 14일 조재천 검사 위조지폐 범인 14명 검거.
3) 남로당 재정부장 이관술, 해방일보 사장 권오직, 정판사 사장 박락종 등이 위조지폐 범인으로 검거 구속됨.
4) 좌파신문 해방일보(주필 박헌영), 중앙일보(주필 여운형), 인민일보(주간 이영수) 등이 폐간 됨.
5) 46년 9월 4일 미군정은 박헌영, 이강국, 이주하를 위조지폐 범인으로 9월 5일 체포하려고 결정하였는데, 박헌영은 이 극비 정보를 알고 9월 4일 포천 위 양문리 38선에서 청년들의 경호를 받으며 장례차로 위장 북한으로 탈출.

※ 그런데 좌파들은 미군정의 탄압 때문에 박헌영이 북한으로 탈출하였다고 허위 주장하고 있다.

5. 1946년 10월 1일 좌파 남로당 대구 폭동

1946년 6월부터 위조지폐 범인들의 조사와 재판이 시작되고 박헌영이 위조지폐사건에 연류 되자 박헌영과 남로당 좌파들은 위조지폐사건을 은폐하려고 폭동을 일으킴. 이때부터 조선공산당은 폭력투쟁인 신 전술로 노선을 변경하였다.

  1) 46년 7월 10일 서울 을지로 화물자동차 파업.

  2) 46년 9월 13일 남로당 한국노총 일제공장 42개 접수 투쟁파업.

  3) 46년 9월 23일 한국노총 4만여 명이 철도노조 파업.

  4) 46년 10월 1일 조선공산당 대구 폭동.

  5) 대구 10월 폭동의 결과 경찰 38명, 공무원 163명, 일반인 73명이 사망하였다.

  6) 46년 11월 23일 좌파 조선공산당, 신민당, 인민당 등이 합당, 남조선노동당이라고 명칭 변경 약자로 남로당이라고 하였다.

※ 좌파 조선공산당의 신 전술은 미군정의 탄압 때문이 아니다. 박헌영의 조선공산당의 위조지폐 사건을 은폐하려고 한 전술이다. 즉 폭력투쟁이다.

6. 미군정 한국 문제 유엔에 상정

1947년 10월 28일 미국은 신탁통치 안건이 좌·우의 극한투쟁으로 무산되자 한국 문제를 유엔에 상정하였다. 상정 내용은 남북한 통일선거를 실시 통일 합법정부를 세우고 합법정부가 수립되면 외국군은 90일 이내에 철수한다는 내용이었다.

  1) 위의 안이 투표 결과 41:0으로 만장일치로 가결되었고, 선거는 48

년 3월 31일 인구 비례에 따라 비밀투표에 의한 보통선거를 하기로 하였다.

2) 48년 1월 8일 유엔 선거감시단이 서울에 도착, 활동을 개시하면서 북한에 가서도 활동을 하려 하자 소련, 김일성, 박헌영 등이 결사반대하였다.

3) 그러자 미국은 48년 2월 26일 한반도에서 선거가 가능한 지역만이라도 선거를 실시하자고 다시 유엔에 상정하여 유엔은 31:2로 가결하였다. 그래서 48년 5월 10일 남한에서 처음으로 총선거를 실시한다고 공고하자 소련, 김일성, 박헌영, 김구, 김규식 등이 결사반대하였다.

※ 김구, 김규식, 김일성, 박헌영 등은 한반도에 통일선거도 반대하고 남쪽만의 선거도 반대하였고, 김일성과 박헌영은 한반도를 공산화하려고 반대하였다. 남북한 통일선거는 북한과 좌파들의 반대로 무산되었는데 오히려 좌파들은 5.10선거를 분단 세력에 의한 분단선거라고 악선전을 하고 있다.

7. 좌파(진보, 공산주의자) 남로당 5.10선거 반대 2.7폭동

1) 5.10선거가 공고되자 김구 · 김규식 선생과 김일성 · 박헌영 등 좌파들이 결사반대하고 나왔다.

2) 48년 2월 7일 좌파 남로당은 5.10선거를 반대하기 위하여 당원 30만 명을 동원하여 전국에서 2 · 7폭동을 일으켰다. 경찰은 대구 폭동을 경험하여 하루 만에 진압하였다.

3) 육지에서 하루 만에 폭동이 진압되자 섬인 제주도에서 5.10선거 반대 4.3폭동을 일으켜 1년 만에 겨우 진압하였으나 완전 진압까지는 9년이 걸렸다.

※ ① 5.10선거를 좌파들은 분단선거라고 주장하지만, 통일선거를 북한과 좌파들이 반대하여 부득불 선거가 가능한 지역에서 만이라도 선거가 실시되어 198명의 국회의원이 선출되었고, 이 국회의원들에 의해 이승만이 대통령에 선출되었으며, 48년 8월 15일 대한민국이 건국되었다. 전국 선거구 중에 제주도의 3개 선거구 중 2곳만 무산되었다. 좌파들의 주장대로 하였다면 한반도는 공산화 되었고 오늘의 대한민국은 없었을 것이다.

② 만일 김일성·박헌영이 5.10선거를 폭력으로 반대하지 않고 남로당이 5.10선거에 참여하였다면 국회의원 198석 가운데 100석 가까이 당선시킬 수 있어 남로당이 대한민국 국회와 정부를 합법적으로 장악하여 공산국가를 건설할 수 있었다. 이때까지만 해도 보안법이 없었고, 남로당은 합법 정당이었다. 이것은 소련과 김일성, 박헌영이 엄청난 실수를 한 것이다. 그래서 북한과 좌파들은 현재 선거를 통해 대한민국을 장악하려 하고 있다. 지난 대한민국 좌파정권 10년 동안 괄목할 만한 효과를 얻었다. 앞으로도 선거를 통해 대한민국 지방자치단체와 국회와 청와대를 장악 6.15 공동선언을 실현, 남한을 적화하려 하고 있다. 2010. 6. 2 지방자치단체 선거에서 절반이 넘게 이미 좌파가 장악하였다. 2011년 4. 27 선거에도 압도적이었다. 특히 부유층이며, 확실한 보수지역이라고 믿고 있던 분당에서 보수가 패배한 것은 대한민국 보수가 무너졌다는 뜻이기도 하며, 서울에서 좌파 박원순이 서울시장에 당선된 것은 대한민국이 끝나가고 있다는 증거이다. 2012. 4.11 총선에서 새누리당 150석, 민주통합당과 통합진보당이 140석을 차지하였다.

8. 5.10선거 반대 제주 4.3폭동(내란)

1) 남로당 제주도당(공산당) 간부와 김달삼 외 400여 명의 폭도들과 협조자 1,000여명이 5.10선거를 반대하기 위하여 무장을 하고 48년 4월 3일 새벽 2시 군사작전을 하듯 12개 경찰지서를 공격하여 고일수 순경의 목을 쳐 죽이고, 김장하 부부를 대창으로 찔러 죽이고, 선우중태 순경을 총으로 쏘아 죽이는 폭동(내란)을 일으켰다.

2) 4.3 폭도들은 같은 날 우익 문영백의 딸 10살과 14세와 선거관리위원과 우익을 닥치는 대로 죽였다.

3) 5.10 선거 때 제주도 3개 선거구 중 2개 선거구를 폭도들이 폭력으로 저지 무효화 시켰다.

4) 폭도들은 북한의 8.25선거에는 제주 유권자 85%(김달삼 주장)인 52,000여 명이 참여하게 하여 북한을 지지하였고, 남로당 제주도당 대표 김달삼 외 5명이 북한 해주 8월 25일 인민대회에 참석하여 북한 건국에 앞장을 서 김일성 만세를 불렀다. 그런데 4.3위원회에서는 이상의 사건을 4.3폭동(내란)이 아니고 무장봉기(의거)라고 하고 있다.

5) 48년 6월 18일 제주 9연대 안의 좌파 문상길 중대장 외 다수가 박진경 9연대장을 암살하였다.

6) 48년 5월 20일 9연대 안의 좌파 군인 41명이 5,600발의 실탄을 가지고 탈영, 대정지서 경찰을 공격하여 5명의 경찰을 죽이고 다수를 부상시키고 21명은 폭도들과 합세하여 폭도들의 군사력이 강화되었다. 탈영병 20여명이 체포되어 군법회의에 반란죄로 기소되어 사형 당하였다.

※ 제주도에서 1948년 4월 3일부터 7월 20일까지 경찰 56명, 우익 및 그 가족 235명이 폭도들에 의해 살해될 때 폭도는 15명이 죽었다. 이때까지만 해도 폭도들이 제주도를 장악하였으나 국군을 공격하지 않아 국군 전사자가 없었고, 제주 양민이 희생되지 않았다. 제주4.3폭동이 여기에서 끝났으면 제주도의 많은 사람이 죽지 않았을 것이다.(제주인민유격대 투쟁보고서 73쪽 참조)

7) 김달삼이 48년 8월 2일 제주도를 출발, 북한 해주대회에 참석하고 돌아오지 않아 48년 7월부터 조용하던 제주도는 이덕구가 제2대 제주 폭도사령관이 되면서 제주에 조선민주주의 인민공화국을 세우려고 48년 9월 15일 다시 경찰과 우익과 국군을 공격하기 시작하였다.

① 48년 9월 15일 중문면 도순리 대동청년단(우익단체 이름)원 문두천 외 다수의 우익 학살.

② 48년 10월 1일 도순리 주둔 경찰 공격. 정찬수 · 박홍주 등 5명 학살, 2명 납치, 다수 부상.

③ 48년 10월 24일 폭도사령관 이덕구는 대한민국을 적으로 보고 선전포고.(이것은 내란이다.) 폭도들은 대한민국의 적이었다.

④ 48년 10월 28일 9연대 안의 강의현 소위 등 80여 명의 좌파 국군이 반란을 일으켜 폭도들과 합류하려다 실패.

⑤ 48년 10월 31일 75명의 좌익 경찰과 좌익 공무원 등이 폭도들과 합세 제주도 적화음모 실패.

⑥ 48년 11월 2일 폭도들이 국군 9연대 6중대를 공격하여 국군 21명 전사.

⑦ 48년 11월 7일 폭도들은 서귀포시 가옥 72채에 불을 지름. 폭도 6명 사망, 경찰 3명 순직, 일반인 3명이 사망하였다.

⑧ 이상과 같이 폭동이 악화되자 정부에서는 11월 17일 계엄령을 선포, 폭동을 진압, 폭도들과 치열한 전투를 하고 있었다.

⑨ 49년 6월 7일 폭도사령관 이덕구가 사살됨으로 제주4.3폭동은 우선 진압되었다.

이상의 사건 때문에 제주도에서 14,033 명의 사람들이 서로 죽고 죽이게 되었다.

※ ① 좌파들은 "5.10선거를 반대하자 미군의 지령에 의해 국군과 경

찰이 제주도 양민 3~8만 명을 학살하였다. 그리고 제주4.3사건은 서청(서북청년회)과 경찰과 미군정의 탄압에 항거한 무장봉기(의거)"라고 한 좌파들의 주장은 허위이다. 이유는, 이덕구의 9.15사건이 없었다면 이상과 같이 많은 제주 사람들과 경찰과 국군이 죽지 않았다.

② 2003년 10. 15 노무현 정부에서 발행한 제주4.3사건 진상조사보고서에는 제주 4.3사건을 제주 4.3폭동(내란)이 아니고 무장봉기(의거)라고 주장하고 있는데, 김달삼 외 400명의 폭도가 경찰과 우익을 죽이고 10세 · 14세 소녀까지 죽인 것이 어찌 폭동이 아니고 무장봉기인가? 그리고 48년 9.15사건에 대해서는 전혀 언급을 하지 않은 채 아무 잘못이 없는 제주도에 계엄령을 선포하여 제주 양민 13,000여명을 죽였다고 하면서, 책임은 이승만 · 송요찬 · 함병선 등 국군과 미군에게 있다고 하며, 김달삼과 이덕구의 책임에 대해서는 말 한 마디 언급 없이 허위 및 좌 편향적으로 보고서를 작성 배포하였다.

③ 그리고 2007년 3월 14일 제주 4.3사건 희생자 심사가 완료되었는데, 4.3사건 희생자 총 14,033명 중 진압군에 의한 희생자 11,450명, 폭도에 의해 1,673명, 누구에게 희생당한지 알지 못하거나 피신 중 아사 또는 동사한 희생자 441명, 경찰 희생 140명, 국군 희생자 180명이라고 보고서를 작성하고 희생자로 결정하였다. 그런데 경찰 140명, 국군 180명, 우익 1,673명을 죽인 폭도에 대해서는 19명을 제외하고는 한 명이라도 있다는 기록이나 심사를 한 적이 없다. 이처럼 엉터리로 보고서를 작성하고 심사를 하여, 제주 4.3사건 3대 폭도사령관과 폭도들과, 국군과 경찰을 공격한 탈영병들이 합류, 국군과 경찰을 살해한 폭도까지 4.3 희생자가 되어 2억 원씩 보상도 받으려고 하고 있다. 그래서 현재 소송이 진행 중이다.

④ 2008년 4월 3일 좌익 폭도들의 훈련 장소였던 제주시 봉개동 12만 평에 582억 원을 들여 평화공원을 조성하여 허위 및 좌편향의 4.3사건 진상조사보고서와 엉터리 심사한 것을 중심으로 위폐와 사료관과 묘비

를 건립 전시하고 있다. 학생들과 사료관을 관람하는 여행객들에게 대한민국과 경찰과 국군을 규탄하고 반미 친북사상을 갖게 하고 있다.

⑤ 노무현 전 대통령은 제주 4.3사건을 항쟁이라고 하면서 제주 4.3사건에 대해서 제주도민에게 2번이나 사과하였다. 그렇다면 폭동을 진압한 것이 잘못이란 말인가? 만일 폭동을 진압하지 않았으면 제주도는 공산화 되었다. 제주도가 공산화 되는 것을 원하고 있다는 것인가! 폭도들이 대한민국에 선전포고를 하고 국군을 공격한 것은 내란이다. 제주4.3사건 진상조사보고서는 좌파정권 10년 동안의 산물로서, 이러한 내용은 인민공화국이나 할 일이지 어찌 대한민국에서 할 수 있는가? 그런데 2013년 6월 27일 박근혜 정부 새누리당은 '제주 4.3폭동의 날을 추념일로 하고, 유족의 생활 안정을 위해 국가 차원에서 지원한다' 라는 법에 통과시켰다. 이는 대한민국이 좌경화 되었다는 유력한 증거이다.

⑥ 해방 전후사의 인식 4권에서 제주대 고창훈 교수는

㉠ 48년 1월 22일 남로당 제주도당 대표들이 2.7폭동을 일으키기 위해 조천면 신촌리에 모였을 때 경찰이 덮쳐 106명 전원 연행하였다. 1월 26일 남로당 제주도당 대표 115명이 애월에서 회의를 하려고 모이자 경찰은 이들 모두 또 연행하였다. 경찰에 연행된 사람들은 남로당 제주도 대표 안세훈, 김은환, 이좌구, 이덕구, 김양근, 김달삼 등 합 221명이었다. 그런데 고창훈 교수나 제주 4.3사건 진상조사보고서에는 이 사건을 두고 "미군과 경찰이 제주도민을 탄압하여 제주 4.3 민중항쟁이 일어났다"고 허위주장을 하고 있다. 그 허위주장의 증거는, 연행 도중 도망친 김달삼과 조몽구를 제외한 나머지 사람들은 48년 3월 15일 모두 석방되었다. 이들이 석방된 이유는 2.7폭동을 모의하기 위해 모여 있을 때 연행하여 조사를 하였는데 모의한 것만 가지고 구속시킬 수 없었기 때문이다. 이들을 경찰이 석방하지 않았으면 제주도 4.3폭동은 일어나지 않았을 것이다.

㉡ 48년 제주 4.3사건은 "47년 3.1 발포사건이 원인이 된 민중항쟁이

라고 주장"하는데, 그러면 애월면 구엄마을 문영백의 딸 10세 문정자와 14세 문숙자 등 두 어린 소녀들이 "살려 달라"고 애원하는 데도 죽창으로 찔러 잔인하게 죽이고, 문기찬(33세), 문창순(34세), 문용준을 죽이고, 임신한 고칠군 부인을 폭행하여 중상을 입히고, 송영호(50세)는 부상을, 5.10선거 관리위원들을 죽였는데, 아무 잘못이 없는 이들을 그렇게 비참하게 죽인 것이 3.1 발포사건에 항거한 무장봉기요 민중항쟁인가? 그러므로 위와 같은 주장은 허위주장이다.

ⓒ 제주 4.3폭동은 남로당 제주도당에서 인민유격대 즉 인민군을 3개 연대로 조직해서 1,500여명이 고일수 순경 외 다수를 죽이면서 지서와 우익을 공격한 폭동이다. 조직이 있고, 목적이 있고, 지도자가 있어 폭력을 행사하면 이는 내란이다. 그러므로 제주 4.3사건은 폭동이며 내란이다.

ⓔ 오라리 방화사건 때문에 평화협상이 깨졌다고 주장하고, 제주 4.3진상조사보고서 198쪽에 똑같이 주장하고 있는데 이는 허위주장이다. 증거는,

48년 4월 28일 9연대장 김익렬과 폭도대장 김달삼과 평화협상을 하고 평화협상 하루 지난 4월 29일 오라리 연미마을 대청 부단장 고석종과 대청단장 박두인이 폭도들에게 끌려갔다. 4월 30일에는 대청단원부인 강공부(23세)와 임갑생(23세) 등을 폭도들이 납치하여 마을에서 1km 떨어진 곳 소나무에 묶어 두었는데 여기에는 하루 전 납치된 위의 두 청년도 묶여 있었다. 주민이 신고해서 경찰이 민오름에 가서보니 임신부인 강공부는 죽어 있었고, 임갑생은 끈을 풀고 도망쳐 살았고, 박두인과 고석종은 어디로 끌고 갔는지 현재까지 소식 없이 행방불명이다. 즉 죽은 것이다.

▲ 제주평화공원 전경(582억원 공사)
(위패가 있는 곳)

5월 1일 강공부 여인의 장례를 마치고 장례에 참석한 대동청년단원 30여 명이 이 마을 폭도로 추정하는 5세대 12채의 집에 불을 지르고 떠났다. 그 러자 산에서 이 광경을 본 폭도들이 마을에 내려와 경찰의 어머니를 죽였다. 그러자 또 경찰이 출동하여 정지신호를 무시하고 도망치는 고무생(41세)을 죽였다. 이것이 오라리 방화사건이다.

그런데 폭도들이 4.28 협상을 해놓고 29일 우익 청년 2명과 30일 우익청년 부인 2명을 납치해서 4.28 평화협상이 깨진 것이지, 5월 1일 오라리 방화사건 때문에 깨진 것이 아닌데, 고창훈 교수와 제주4.3 진상조사보고서는 계획적으로 미군이 강경진압하기 위해서 무산시켰다고 거짓과 허위 주장을 하면서 미군을 강도 높게 규탄 선동하고 있다. 좌파들은 거짓 선동에는 전문가들이다.

㉤ 제주 폭도들은 "단선에 참여하면 매국노다"라고 제주도민을 선동하면서 5.10선거에 참여하지 못하게 방해하고, 선거에 참여한 자 235명을 죽이고 나머지는 산으로 끌고 가서 제주 3개 선거구 중 2개 선거구가 무산되었다. 폭도들의 주장대로 한다면 남한의 5.10선거가 전국적으로 무산되었고, 대한민국이 탄생되지 못하고 북한이 남한을 점령하여 인민공화국이 되었을 것이다.

현재 북한의 많은 국민들이 굶어 죽어가고 있으나 제주도민은 잘 살고 있다. 이는 5.10선거를 통해 대한민국이 건국되었기 때문이다.

제주 4.3 진상조사보고서 작성 기획단장 박원순은 서울시장까지 되었고, 제주 4.3 진상조사보고서를 작성한 팀장 양조훈이 제주도 부지사가 되었고, 제주 4.3사건 진상조사보고서 작성기획단 위촉 직에서 간사로 일한 강창일은 대한민국 국회의원이 되었으며, 고창훈은 제주대학 교수이다. 이는 대한민국이 건국된 덕이 아닌가! 그런데 제주 4.3 진상조사보고서 작성단장 박원순이나 고창훈 교수는 대한민국과 국군과 미군을 강도 높게 규탄하고 있다! 제주 4.3 진상조사보고서 작성 기획단장 박원순은 4.3진상조사보고서를 가짜로 썼으므로 그 책임을 지고 서울시장의 공직에서 물러나야 할 것이다.

당시 제주도에서는 5.10선거는 두 곳이나 무산되게 하면서 북한의 8.25선거에는 제주도민 85%(김달삼 주장)인 52,000명이 투표를 하여 북한 8.25 해주대회에 김달삼 외 5명이 이 투표용지를 가지고 참여하여 김일성 만세를 불렀다. 이것으로 제주도는 좌파 85%라는 주장이 입증되었는데, 제주 좌파들은 대한민국에 할 말이 있는가!

㉻ 48년 8월 15일 대한민국이 건국되어 선포하는 날이었는데 하루 전 8월 14일 한라산 봉우리에 50개의 봉화를 올리고 제주폭도들은 '조선인민공화국 만세!'를 불러 대한민국을 인정하지 않았다. 또한 10월 24일 폭도대장 이덕구는 대한민국을 적으로 인정하여 대한민국에 선전포고를 하여 내란을 일으켰다. 선전포고 내용 중 '매국노 이승만 일당을 반대하기 위하여 당신들은 총부리를 돌려라' 하여 제주도에는 남로당 제주도당이 정부 행세를 하면서 폭도들은 대한민국에 선전포고를 하고 인민재판을 할 정도였으며, 대한민국의 행정이 마비될 정도였다. 만일 국군이 진압하지 않았다면 제주도는 공산화 되었을 것이다. 제주도가 공산화 되었다면 북한 같이 제주도민이 많이 굶어 죽었을 것이다. 북한이 남한을 점령하고 남한이 공산국가가 되는 것이 그렇게 소원인가?

▲ 사료관

㉠ 48년 11월 2일 제주폭도들은 대낮에 제주 한림에 주둔하고 있던 9연대 2대대 6중대를 공격하여 국군 21명이 전사하고 많은 수가 부상당하였다. 그래서 정부에서는 계엄령을 선포하고 강경진압에 나서게 되어 폭도들과의 전투에서 많은 희생자가 발생한 것이다. 폭도들이 국군을 공격하지 않았으면 국군이 폭도들을 죽일 이유가 없다. 그 증거는 48년 4월 3일부터 7월 말까지 국군 11연대는 폭도 15명 외에는 제주도 양민을 한 명도 죽이지 않았다.

제주 폭도들을 진압하는 과정에서 전투기를 동원하였다고 하는데 전투기를 동원한 일이 없다. 49년 1월 1일 제주폭도 600여명은 대담하게 오등리에 부대 이동 명령을 받고 새로 주둔하고 있던 2연대 3대대를 포위 공격하여 피아간 총격전이 벌어져 국군 고병선 중위 등 10명이 전사하자 국군2연대 진압군은 1월 4일 본격적인 폭도 토벌에 들어간 것이다. 그런데 제주도민 5만 명을 학살하였다고 주장하는데 현재까지 신고한 자를 심사한 결과 13,000여명이다. 그리고 학살의 책임이 국군과 미군에 있다고 하는데, 폭동을 일으킨 남로당 제주도당과 폭도대장 김달삼과 이덕구 김의봉 등에게 있지 어찌 국군과 미군에게 있는가! 제주4.3진상조사보고서도 4.3폭동 주동자이며 폭도대장인 김달삼과 이덕구에 대해서는 말 한 마디 언급 없이 이승만 대통령과 9연대장 송요찬, 2연대장 함병선에게 책임을 전가하고 있다. 대한민국에 선전포고를 한 제주폭도들을 진압하는 것이 국가의 의무이다. 그런데 진압한 정부나 국군이 왜 책임이 있는가! 그러면 제주도가 공산화 되게 폭동을 진압하지 말아야 했는가!

이상의 9.15사건을 제주4.3사건 진상조사보고서에는 기록하지 않고 아무 잘못이 없는 제주도에 48년 11월 17일 계엄령을 선포해서 제주도 양민을 학살하였다고 허위주장을 하고 있다.

제주도 제주시 봉개동 12만 평에 평화공원을 582억 원을 들여 완공하였는데, 사료관에 이상의 사건을 허위 및 좌 편향적으로 왜곡하여 관람자들을 선동하고 있다. 반드시 이상의 왜곡된 것을 철거하고 제주4.3사건 진상조사보고서도 허위 및 좌 편향적인 보고서이기 때문에 폐기해야 할 것이다.

◎ 제주4.3사건에 대해 소송을 하여 현재 대법원에서 재판이 진행 중이다. 3대 폭도사령관과 경찰과 국군을 죽인 살인자 폭도들을 제주4.3사건 희생자로 허위심사를 하여 이들이 4.3희생자가 되려 하여 소송 중인데, 희생자심사를 정당하게 하고 진압군에게 억울하게 죽었다면 억울하게 죽은 증거인 심사기록을 법원에 떳떳하게 제출하여 판결을 받아야 국민이 공감하고 화해나 상생이 될 것이 아닌가! 화해와 상생을 주장하며 억울하게 죽었다고 하면서 법원에서 2회에 걸쳐 희생자 심사기록을 제출하라 해도 제주도지사 김태환은 2회에 걸쳐 거절한 상태이다. 그래서 '정보공개청구거부처분취소' 소송을 하여 1심과 2심과 3심에서도 패소하였 다. 그러나

㉮ 2011. 1. 17 서울 고등법원 제7행정부 (2010 누24267) 정보공개청구 거부처분 취소사건[원고(항소인) 이선교 외 11명, 피고(피항소인) 국가기록원 서울기록정보 센터장]의 2차 변론기일에서 제주4.3사건 진상규명 및 희생자 명예회복위원회의 심사기록 각 사본에 대한 비공개 검토한 변론조서 재판장 곽종훈 판사는 "㉠ 피고 심사위원회의 심사회의록은 존재하지 않았다. ㉡ 보증서도 일부 희생자의 경우에는 존재하지 않았다. ㉢ 대부분 희생자에 관한 진상조사보고서나 사실조사결과서에는 제주4.3사건의 전개과정이나 가담 정도에 관한 기재는 없고, 단지 사

망한 내용만 조사되어 있었다. ㉣ 보증서의 내용도 사망 경위를 중심으로 기재되어 있고, 다른 희생자의 경우에도 대체로 그 조사 내용이 유사하다."라고 하였다. 이는 "피고 위원회의 희생자 심사 및 결정에 있어 보증서 등 신청 사유를 소명할 수 있는 객관적이고 합리적인 증빙자료의 제출을 의무화하고, 피고 위원회로 하여금 그 사실 여부를 조사 · 확인하도록 규정한 이 사건 특별법의 시행령 8조 9조 10조의 관계 법령에 위반되었다." 는 내용이다. 즉 제주 4.3사건의 희생자 신고자들을 심사도 하지 않고 신청자는 모두 4.3사건 희생자로 결정한 것은 희생자 심사를 불법으로 하였다는 것이다.

그러면 4.3사건 희생자는 당연히 무효가 되어야 하는데, 국가정체성회복위원회에서 4.3사건에 대해 소송을 해서 적격(원고 자격이 없는 사람이 소송한 것)에서 각하되어 1심, 2심, 3심, 헌법재판소까지 패소하여 이 판결문이 필자가 하고 있는 재판부에 접수되어 필자가 하고 있는 서울행정법원 제1행정부(2009구합 8922 제주 4.3사건 희생자 결정무효확인소송)에서, 2011. 4.1 원고 이선교 외 11명의 소가 각하되어 고등법원에 항소 하였으나 고등법원에서도 패소하여 대법원에 항고하였으나 대법원에서도 소가 각하되었다.

제주 4.3사건 희생자 심사를 하지 않고 심사한 것처럼 허위로 심사를 하여 불법이기 때문에 자연 제주 4.3사건 희생자심사는 무효가 되어야 하는데 무효확인소송에서 필자가 다 승소한 소송인데도 필자가 패소했다는 것은 너무 기가 막힐 일이다.

행정법원에 폭도 18명만 소송한 것은 폭도 1명당 소송비용이 8만원인데 1,540명의 폭도를 확인하여 소송을 하려고 하니 소용비용이 1억2천3백20만원이 들어 소송비용이 없어서이고, 헌법소원은 폭도 1,540명의 명단을 제출하였다.

그런데 이상의 폭도들이 제주 4.3사건 희생자가 되었다.

행정법원 재판부에 제출한 폭도 18명의 명단

순번	소장순번	명단해당면	지 역	성명(희생자결정)	내 용	증 거
1	1	329면	제주읍 간입리	강기우(27.남)사 망	사형	군법회의 선고
2	110	337면	제주읍 도두리	김형촌(23. 남)사 망	남로당 활동자.김상옥과1948.12.31 도두마을습격한 폭도	제주읍 도두1구 주민22명 증언
3	180	344면	제주읍 봉개리	강두추(28.남)행방불명	"제주읍봉개"7인 당파 폭도	4.3과역사(통권제128호)1997.7.25.29면
4	528	372면	제주읍 화북리	김주탁(20.남)행방불명	동부지역 폭도특공대 총책.동생 김주영과 김용언을 살해한 폭도	피해자 김용언의 아들 김하영의 청와대 청원서 내용
5	608	380면	조천면 북촌리	김완식(23.남)행방불명	경찰을 죽인 폭도핵심간부.관음사전투지휘관 자살	4.3은 말한다 3권93, 94, 95면
6	699	392면	조천면 와흘리	김의봉(28.남)사 망	1950년 폭도사령관.경찰과 총격전 중 총살	제주4.3 진상조사보고서342면,이제사 말했수다119면
7	711	394면	조천면 조천리	김시범(58.남)사 망	남로당 제주도당 조천면위원장	4.3은 말한다 1권69, 375, 483면
8	714	394면	조천읍 조천리	김필원(50.남)사 망)	남로당 제주도당 집행위원	4.3은 말한다 1권67면
9	813	413면	성산면 성산리	현호경(38.남)행방불명	제주남로당 핵심간부 사형	제주4.3 진상조사보고서94면
10	828	415면	성산면 오조리	강정호(22.남)행방불명	9연대무장탈영병.대정지서경찰을 죽인 폭도	4.3은 말한다 3권114, 118면
11	1230	464면	대정면 보성리	송원병(35.남)행방불명	9연대무장탈영병.대정지서경찰을 죽인 폭도	제주4.3 진상조사보고서342면
12	1255	468면	대정면 인성리	고문수(41.남)행방불명	무장폭도 지휘관	4.3은 말한다 3권172면
13	1257	468면	대정면 인성리	류신출(36.남)행방불명	48.5.10 무릉지서습격시 경찰과 총격전 끝에 사살	1997. 11. 4 제민일보

14	1272	470면	대정면 하모리	이원옥(55.남) 사 망	남로당 제주도당 핵심간부	4.3은 말한다 1권 67면
15	1523	501면	애월면 하귀리	김만옥(20.남) 사 망	폭도 제1대장	제주4.3진상조사보고 서 343면
16	1533	502면	애월면 하귀리	김전중(20.남) 행방불명	사형	군법회의 선고
17		504면	전남지역	신선우(20.남) 사 망	원고 박익주의 부친 11연대장 박진경 암살사건 가담자	제주4.3진상조사보고 서 226,228면. 4.3은말한다 3권 205면
18	1432	491면	애월면 상귀리	강자규(28.남) 행방불명	원고 박익주의 부친 11연대장 박진경 암살사건 가담자	제주4.3진상조사보고 서 226,228면. 4.3은말한다 3권 205면

제주4.3사건 위원회 및 기획단 명단

1) 제주4.3사건 진상규명 및 희생자 명예회복위원회

구 분	성 명	주요직책	비 고
위 원 장	이한동-김석수-고건- 이해찬	국무총리	
당 연 직	김정길-안동수-최경원	법무부장관	보고서
	송정호-심상명-강금실		검토 소위 위원
	조성태-김동신-이 준 조영길	국방부장관	〃
	최인기-이근식-김두관 허성관	행정자치부장관	
	최선정-김원길-이태복 김성호-김화중	보건복지부장관	
	전윤철-장승우-박봉흠	기획예산처장	
	박주환-정수부-성광원	법제처장	〃
	우근민	제주도지사	
	강만길	상지대학교 총장	
	김삼웅	전 대한매일 주필	〃
	김정기	전 서원대학교 총장	
	박재승	대한변호사협회장	

	박창욱	전 제주4.3희생자유족 회장	
	서중석	성균관대학교 교수	〃
위촉직	신용하	서울대학교 명예교수	〃 (주관위원)
	유재갑	경기대학교교수	〃
	이돈명	변호사·전 조선대학 총장	
	이황우	동국대학교 행정대학원장	
	임문철	제주중앙성당 주임신부	
	한광덕	성우회 안보분과위원장	
간 사	김한욱-강택상	제주4.3사건처리지원단장	

(2003. 10.15현재)

2) 제주4.3사건 진상조사보고서 작성기획단

구 분	성 명	주 요 직 책
단 장	박원순	변호사, 아름다운재단 상임이사
	이수만-성백영	법무부 서울고검 사무국장
	하재평	국방부 군사편찬연구소장
당연직	김지순-장인태-권욱권 선택	행정자치부 자치행정국장
	유장근-최정일	법제처 행정법제국장
	김호성-서유창-김영택	제주도 부지사
	김종호	재경제주4.3희생자유족회대표
	강창일(간사)	배제대교수,·제주4.3연구소장, 국회의원
	고창후	변호사
	김순태	방송대학교 충남대전지역 학장
위촉직	도진순	창원대학교 교수
	오문균	경찰대 공안문제연구소 연구원
	유재갑	경기대학교 교수
	이경우	변호사
	이상근	전 국사편찬위원회 근현대실장
서 기	박찬식-김종민	전문위원

진상조사팀
- 수석전문위원 : 양조훈 (제주사람, 제주 부지사)
- 전 문 위 원 : 나종삼, 장준갑, 김종민, 박찬식
- 조 사 위 원 : 김애자, 장윤식, 김은희, 조경희, 배성식, 박수환,
　　　　　　　현석이, 민은숙, 부미선, 김정희, 정태희 등 15명

3) 대한민국 정체성회복위원회의 제주4.3사건 소송 패소사건

① 2009년 3월 20일경 재향군인회 회장 겸 국가정체성회복위원회 의장 고 박세직, 부회장 유기남, 재향군인회 안보국장 겸 국가 정체성회복위원회 사무총장 김규 등이 '제주4.3사건 희생자결정 무효 확인 소송'을 이건개 변호사에게 위임, 서울행정법원에 소장을 제출 소송을 하였다. 필자는 여러 가지 여건 상 이건개 변호사의 선임을 극구 반대하였으나 강행하였다.

② 소송을 할 때는 원고의 자격이 있어야 하고, 둘째는 원고가 변호사에게 위임한 위임장이 소장과 함께 법원에 제출되어야 재판이 진행된다. 그런데 사무총장 김규가 주도하는 소송에서 원고가 193명으로 위임장을 법원에 제출한 분이 85%이며, 나머지 15%는 위임장이 없을 뿐더러, 4.3사건과는 전혀 관계가 없는 190명을 원고로 하는 도저히 상상할 수 없는 소송을 하였다. 법원에서는 위임장이 없는 사건을 재판할 경우 피고가 항의하여 재판부가 문제가 된다. 그래서 재판부에서는 내용을 검토하지도 않고 사문서를 위조한 소장 가지고는 재판을 할 수 없어 기각을 하였다. 그래서 사무총장 김규가 주도한 행정소송은 1심, 2심, 3심 모두 기각되었고, 헌법재판소에서도 각하되었다.

그런데 문제는 필자가 진행하고 있는 헌법소원이 위의 소송과 병합되어 각하되었고, 위의 패소 판결문이 필자가 진행하고 있는 행정 재판부에 접수되어 진행하고 있는 '제주4.3사건 무효 확인소송' 1심에서 기각되었고, 2심과 3심에서도 기각되었다. 결국 필자는 다 이긴 소송에서

패소하게 되었다.

국가 정체성회복위원회 임원 고 박세직, 유기남, 김규 등과 이건개 변호사 등은 ① 제주4.3사건 진상조사보고서 배포금지 가처분 ② 경찰과 국군의 명예훼손 ③ 제주4.3사건 무효 확인소송 ④ 헌법소원 등을 이상과 같이 소송을 하여 모두 패함으로 제주4.3사건에 대해서 좌파들이 주장한 가짜보고서와 가짜심사를 합법화 시켜주고, 필자가 소송한 것까지 결정적으로 패하게 하였다. 이분들은 이 책임을 영원히 면할 수 없을 것이다.

4) 재향군인회 안보국장 김규, 안보문제연구소장 홍관희 등이 김광동에게 의뢰하여 제주4.3사건에 대하여 소책자를 발간하였는데, 결론에서 군과 경찰이 어린아이 740명, 61세 이상 노인 등 합하여 1,700여명을 죽였다고 기록하였다.

이 내용은 그동안 제주 좌파들이 군과 경찰이 제주도 양민을 무참히 학살하였다고 허위 주장한 내용으로, 재판부에서 이 문제가 대두되어 필자인 피고가 원고인 제주좌파들에게 그러면 "증거를 대라" 했을 때 증거를 대지 못한 사건이다.

그런데 대한민국 재향군인회 안보문제연구소에서 허위사실을 기재하여 군과 경찰을 학살자로 규탄하였다. 대한민국 재향군인회 안보문제연구소가 이럴진대 다른 데는 오죽 하겠는가! 대한민국은 이대로 가면 구조적으로 망하지 않을 수 없게 되었다.

필자가 '제주4.3사건 무효 확인소송'에서 패소하면 초대 대통령 이승만, 송요찬 9연대장, 함병선 2연대장 미군 등 국군과 경찰과 미군이 13,000여명의 학살자가 되어 대한민국은 태어나서는 안 될 정부가 되어 이것으로 대한민국은 역사적으로 망하게 된다. 그리고 경찰과 국군과 우익을 죽인 살인자들에게 1인당 2억 원 씩 약 2조 6천억 원 정도를 정부에서 보상을 해주어야 하는 기가 막힌 상황이 벌어질 것이다.

5) 아래 글은 필자가 강연할 때 제주4.3진상조사보고서는 가짜이며 평화공원은 폭도들의 위패가 있어 폭도공원이라고 하여, 제주4.3희생자 유족회장 외 97명이 필자를 상대하여 명예훼손에 따른 손해배상청구소송을 하여 1심에서는 패소하였으나 항소하여, 2011년 9월 21일 2시 광주고등법원 제주부에서 승소 판결을 하였다. 그 판결문을 각 일간지에 게재한 내용을 발췌한 것이다.

【광주고법 제주부, 이선교 목사 상대 손해배상청구 기각.
이 목사 강연 중 폭도공원 등은 의견표명에 불과
법원 4.3폭도 규정 이선교 목사 손 들어줘.

광주고등법원 제주부(재판장 방극성 제주지방법원장)는 9월 21일 오후 2시 김두연 전 제주4.3 희생자 유족회장 등으로 구성된 98명이 서울모 교회 이선교 목사를 상대로 제기한 명예훼손에 따른 손해배상 청구소송 항소심에서 1심 판결을 파기하고 원고 청구를 기각했다.

당시 제주4.3 희생자 유족회 김두연 회장 등 98명은 같은 해 7월과 8월 "이선교 목사의 강연과 진정서 제출로 인해 4.3희생자와 유족들의 명예가 훼손당했다."며 2억 원의 손해배상 청구소송을 냈다.

지난 해(2010년) 4월 제주지법 제2민사부가 원고들의 청구를 일부 받아들여 "제주4.3사건 진상규명 및 희생자 명예회복위원회가 심도 있게 제정하고 대통령이 사과까지 한 사안에 대해 명확한 근거를 제시하지 않고 일방적 주장만을 해 원고의 명예를 훼손했다."며 이 목사가 희생자들에게 각 30만원 씩, 나머지 유족에게 각 20만원씩을 지급하라고 판결한 원심을 뒤집는 것으로써, 4.3희생자 유족 등 4.3단체의 주장을 받아들이지 않는 것이다.

당시 재판부는 "이선교 목사가 지난 2008년 1월 10일 '북한 노동당과 현재의 좌파' 라는 주제의 국제외교안보포럼 강연회에서 진압경찰과 국군을 '폭동에 가담한 13,564명의 학살자로 만들었다'고 말하거나, 제주시 봉개동에 세우는 4.3평화공원을 '폭도공원' 등으로 표현한 사실이 인정된다."며 "이는 '제주4.3사건 진상규명 및 희생자 명예회복위원회'에 의해 희생자와 그 유족으로 결정된 원고들의 명예를 훼손한 것으로, 헌법에 보장하는 학문의 자유와 표현의 자유를 넘어섰다."고 판시했다. 이에 이선교 목사는 이와 같은 판결에 불복, 법원에 항소했다.

이선교 목사는 2008년 1월 한 포럼의 강연에서 "제주4.3 희생자 13,564명에 대하여 제대로 심사를 하지 아니하고 희생자로 인정하여 이 가운데 '제주4.3폭동에 가담한 자들'이 포함되어 있기 때문에 4.3평화공원은 평화공원이 아니라 폭도공원"으로 표현하면서 제주4.3진상조사보고서를 가짜로 작성하였다고 한결같이 주장하였다.

광주 고등법원 제주부는 판결문에서 "대법원은 강연 내용 중 일부 내용의 진위가 분명하지 않아 오해의 소지가 있거나 거기에 특정인에 대한 비판이 추가돼 있다고 하더라도 그 강연의 내용이나 강연에 앞서 배포된 자료 등을 '전체적·객관적으로 파악해 허위사실의 적시에 해당하는 지 여부를 가려야 한다.'며 취지가 불분명한 일부 내용만을 따로 떼어내 허위사실이라고 단정해서는 안 될 것이라는 판례가 있다."고 밝혔다. 재판부는 이선교 목사가 강연에서 제주4.3공원을 폭도공원, 진상조사보고서는 가짜로 작성되었으며, 13,564명 등이 폭동에 가담하였다는 취지의 강연을 했다고 하더라도, 그 강연의 전반적인 취지는 '좌파들의 활동으로 진상조사보고서가 이념적 편향되게 작성되었고, 희생자 13,564명 가운데는 선량한 피해자와 함께 사형수와 무기수 606명, 사건 당시 국군과 경찰 등을 살해한 폭도들도 포함돼 있으므로 이를 바로잡아야 한다는 것'이라며 "제주4.3 진상조사보고서에 대한 부정적 평가, 지난 국회에 대한 비판 등의 의견의 표명이라고 보는 것이 상당하다"고 판시했다.

재판부는 "이선교 목사가 강연에서 '제주4.3사건의 희생자로 결정된

13,564명 모두가 제주4.3 당시 폭동에 가담한 폭도라고 지칭하였음을
전재로 하는 원고의 주장에 대하여 폭동에 가담한 13,564명', '4.3 평화
공원을 폭도공원'이라는 표현을 사용했다고 인정할만한 증거가 부족하
여 달리 이를 인정할 증거가 없다."며 "희생자 모두가 폭도라고 지칭했
음을 전제로 하는 원고의 주장은 이유 없다."며 "원심 판결 중 이 목사
패소 부분을 취소하고, 원고의 청구를 모두 기각한다."고 판시하므로
피고인 이선교 목사의 손을 들어주었다.】

9. 여수 14연대 반란

1) 48년 10월 19일 여수 14연대 안의 좌파 남로당원 지창수 상사 외
40여명은 "제주도 폭동을 진압하라"는 육군참모총장의 명령을 거부하
고 반란을 일으켰다.

2) 14연대 반란군은 김일령 대대장을 비롯하여 대대장 중대장 등 장
교 20명, 반란에 반대하는 장병 43명을 죽이고 반란을 일으켜 여수·순
천·보성·벌교·광양 등을 점령, 태극기를 내리고 인민공화국 기를
게양하고 인민재판을 하여 우익과 경찰을 학살하였다. 여수에서는 반
란군과 인민위원회에 의해 학살당한 우익은 1,200여 명, 부상자 1,150
여 명, 행방불명 3,500여 명, 이재민 9,800여 명이고, 순천에서는 반란군
과 인민위원회에 의해 학살당한 우익은 1,143명, 행불자 818명, 반란군
사살 392명, 포로 1,512명이다. 국군 14연대, 6연대, 4연대가 반란에 가
담하여 해체되었다.

3) 48년 11월 4일 14연대 반란군은 진압군 12연대 2대대를 공격하여
구례전투에서 진압군 50명이 전사하고 80여명이 포로가 될 정도로 대
패하였고, 백인기 연대장은 산동면에서 반란군에 포위되자 자살하였
다. 국군과 사회에 큰 혼란이 왔다.

▲ 공산반란 폭도들을 피해 학교 교정에 운집한 여수시민들

4) 48년 11월 7일 14연대 반란군은 구례초등학교에 주둔하고 있는 진압군 12연대를 공격하다 국군 12연대 백인엽 부연대장의 역습을 당해 대패하여 지리산 피아골로 도망쳤다. 이때부터 좌파들이나 국군 안의 좌파들의 활동에 제동이 걸렸고, 제주도 폭도들도 위축되었다.(첫 번째)

5) 49년 4월 9일 14연대 반란군 사령관 김지회가 지리산 반선에서 사살됨으로 14연대 반란이 진압되었다.

※ 이상과 같이 분명한 좌파 국군에 의한 반란임에도 불구하고, 좌파들은 '여수 14연대 반란' 이라고 하지 않고 '이승만 단독정부에 여수·순천 사람들의 항쟁' 즉 '여·순항쟁' 이라고 하면서 14연대 반란군을 '14연대 봉기군' 이라고 하며 학생과 젊은이들을 선동하여 좌파가 되게 하고 있다. '해방 전후사의 인식 3권' 에서 황남준은 여수14연대 반란과정에서 김일영 대대장 등 장교 20명과 반란군에 대항한 장병 43명의 죽음에 대하여는 언급도 하지 않았고, 남로당 중앙당이나 전남도당, 심지어 '여수 남로당 지도부와 연계된 흔적이보이지 않는다.' 고 허위주장을 하였는데, 여수인민위원회 소속 23명이 48년 10월 19일 20시 경에 14연대 정문 앞에서 반란이 성공하기만 빌다가 성공했다는 연락을 받자 즉시 부대에 들어가 무장한 것은 여수남로당에서 지령을 내린 증거이다. 그리고 48년 11월 4일 14연대 반란군이 12연대 2대대를 공격하여

국군 12연대 2대대가 대파 당한 것과 반란군이 국군과 경찰을 처절하게 학살한 내용을 빼버리고 거짓선동을 하고 있다.

연세대 박명림 교수는 해방 전후사의 인식 6권에서 여수14연대 반란 사건을 '군인 봉기가 민중들의 광범한 가세로 거대한 민중봉기로 발전한 사건' 이라고 하면서 14연대 반란군을 봉기군이라고 허위주장을 하고 있다. 특히 소설 태백산맥의 일부 내용이 그러하며, 해방 전후사의 인식이 그러하며, 순천역 광고판에 게시하였고, 순천 공설운동장에도 게시되어 있다. 그리고 전남 벌교에는 태백산맥 테마공원까지 만들어 역사를 파괴 선동하고 있으며, 2009년 10월 19일 국군이 여순 양민 400여 명을 학살하였다고 팔마체육관 옆에 기념공원도 건립하고 기념식도 하였다.

제주4.3폭동의 날과 10월 19일 여수 14연대 반란의 날을 기념하는 것은 대한민국이 좌경화 되었다는 증거이다. 어떻게 좌익들의 폭동과 반란의 날을 대한민국에서 기념하는가! 이는 대한민국이 망해가고 공산화가 되어가고 있다는 증거이다.

10. 반민법 폐기 및 보안법 선포

1) 48년 9월 22일 친일파를 숙청하기 위해 '반민족 행위 처벌 특별법' 이 국회를 통과 박흥식 외 7,000여 명의 명단이 작성되어 이들을 체포 조사 기소하여 재판 중이었다. 총 조사 682건 중 영장발부 408건, 검거 305건, 재판부 송치 570건, 실형선고 12명이었다. 그러나 제주4.3폭동과 14연대 반란, 대구 6연대 반란, 해주 인민유격대 180명이 남파되어 오대산에서 국군과 격전하는 등, 국군 안과 사회에 큰 혼란이 발생하여 공산 좌익들의 진압 때문에 경찰과 국군의 친일파를 숙청하면 폭동과 반란을 진압할 수 없어 대한민국이 전복된다고 이승만 대통령이 국

회의원들을 설득하자 국회에서는 49년 2월 24일 특별법을 폐기하였다. 그 후에 북한 해주 인민유격대가 10차례에 걸쳐 38선을 넘어 오대산과 태백산에서 전투가 벌어졌고, 6.25동란으로 친일파를 숙청하지 못하고 현재에 이르렀다.(2009년 11월 4,000여명의 친일파 명단을 공개하였다.)

남로당 폭동과 반란 때문에 친일파를 숙청하지 못했지만, 국군과 경찰을 제외한 을사 5적과 을미7적, 경술국치 9적 송병준, 이용구,노덕술, 이완용, 윤덕영, 유길준 등과 이병도 ,이기백, 일본이 미군과 싸워 이기게 해달라고 미군 타도를 외친 전필순, 정춘수, 양주삼, 홍택기, 갈홍기, 이명직 목사 등 친일파 핵심은 반드시 광화문에서 국민이 보는 데서 처단했어야 했는데 친일파를 숙청하지 못한 것은 두고두고 문제이고, 도저히 있을 수 없는 우리들의 부끄러운 역사이다. 이승만 대통령은 법을 세우고 민족정기를 세우고, 국민들에게 애국심을 길러주어 대한민국의 건국의 초석을 세웠어야 하는데, 국민의 사상적인 것을 정립하지 못하였다.

2) 정부에서는 제주 9연대 장 박진경 대령 암살과 9연대 반란음모사건, 14연대 반란, 4연대 일부 반란, 마산 15연대장 최남근이 반란에 가담, 진압군 작전참모 보좌관 박정희 대위가 반란에 가담, 대구 6연대가 3차에 걸쳐 반란을 일으키자, 48년 12월 1일 국군 안의 좌익을 뿌리 뽑지 않으면 반란을 진압하지 못할 뿐만 아니라 좌파 군인들의 반란 때문에 정부가 전복되겠다고 판단, 국회에서 보안법을 통과시켜 국군 안의 좌파 남로당원 4,749명을 숙청하자 검거되지 않은 군 안의 5,500여 명의 좌파 국군이 탈영하였다. 또한 보안법에 의해 남로당 등 좌파 단체가 모두 불법 단체가 되어 검거되기 시작하여 이때부터 남로당이 불법단체가 되어 지하에 숨어 있게 되었다. 그 보안법이 현재까지 이른 것이다.

3) 제주 남로당원 중 일부가 전향하자 정부에서는 49년 4월 보도연맹을 조직 전향자들을 가입시키고 관리하였다.

※ 미군정이 이승만을 앞세워 친일파를 숙청하지 않아 우리 민족은 민족정기가 없다는 좌파들의 주장은 왜곡 및 허위주장이며, 남로당 좌파들의 폭동과 반란 때문에 친일파를 숙청하지 못한 것은 민족의 비극이었다.

※ 보안법이 없었으면 대한민국은 벌써 없어졌고 남한은 공산화 되었을 것이다. 좌파들과 북한은 현재도 보안법 철폐를 가장 많이 주장하고 있다.

2012. 4. 11 총선 때 민주통합당 대표 한명숙과 통합진보당 이정희가 합의한 내용이 바로 보안법 폐지였다. 김승교 변호사는 "국가 보안법은 법전에서 찢어 쓰레기통으로 가야할 법이다. 쓰레기 법, 쓰레기 자료에 굴복할 수 없다"고 하였다. 그래서 보안법 철폐를 주장하면 이는 거의 좌파이다. 보안법은 절대 폐기되어서는 안 되며 오히려 보강해야 한다.

11. 국군 2개 대대 월북

1) 육군 장교 안의 좌파는 육사 2기생이 많이 있었고, 또한 많이 체포되어 조사를 받고 있었다. 특히 48년 11월 11일 육사 2기이며 육군 좌파 총책 박정희 대위가 체포되어 조사를 받고 있었다.

춘천의 국군 8연대 1대대 표무원 소령과 2대대 강태무 소령은 육사 2기로 자기들이 좌파 장교인 것이 체포자들에 의해 들통이 나 숙청당할 것이 두려워 49년 5월 5일 360여명의 부하들에게 61밀리 박격포 등으로 완전 무장시킨 후 함께 월북하여 평양에서 시가행진을 하여 김일성으로 하여금 남침의 용기를 얻게 하였다.

2) 이상과 같이 김일성은 제주4.3폭동, 여수 14연대 반란, 대구 6연대

반란, 춘천 8연대 2개 대대 월북사건을 보고 남침하면 남한을 완전히 점령할 수 있다는 자신감을 갖고 남침하였다.

48년 8월 15일 대한민국 정부가 건국되자 미군은 고문관 480명만 남겨두고 49년 6월 남한에서 철수하자 50년 6월 25일 북한 인민군은 남침하였다.

3) 48년 9월 10일 김일성은 북한 정부 8개 강령을 발표하였다.

"평화적 수단이 통일의 방법에서 배제되고 오직 군사적 수단에 의해서만 조국 통일은 가능하다. 우리의 수도는 서울이다."(48년 9월 9일)라고 하였는데, 이는 인민군이 남침하여 남한을 점령할 것을 사실상 선포한 내용이었다.

※ ① 박헌영과 남한 좌파들이 38선을 넘어 48년 8. 25 해주대회에 참석한 좌파 1,000여 명의 대표들은 "제주도와 남한 각지에서 해방투쟁을 하고 있는데 북한 인민군은 보고만 있을 것인가? 인민군이 38선만 넘으면 남로당원 20만 명이 봉기하여 남한을 해방시킬 것"이라고 박헌영 등이 선동, 김일성의 강령이 선포된 것이며, 김일성이 남침을 결정하게 된 것이다. 제주도 폭도들과 좌파들은 김일성의 북한 인민군이 38선을 넘어 남침, 점령하기를 두 손 모아 기다렸다.

② 지금도 좌파들은 미군이 철수하고 북한 인민군이 남침해서 남한을 점령하기를 학수고대하고 있다. 2008년 6월 촛불 시위 때 촛불 시위자들은 대한민국이 전복되고 인민군이 38선을 넘어 남침할 줄 알았다고 한다. 즉 7.4 공동선언과 6.15 공동선언과 10.4 실천이며, 적화통일이다.

③ 1950년 1월 12일 미 국무장관 애치슨이 미국의 극동방위선에서 대만과 한국을 포함시키지 않은 것을 가지고 좌파들은 '인민군이 남한을 공격하도록 유인하였다'고 남침 유인설을 주장하며 '함정을 팠다'고 주장하고 있으나, 김일성의 남침은 48년 9월 9일 선포한 것이고, 제주

4.3폭동과 여수14연대 반란과 국군 춘천 8연대 2개 대대가 월북한 것을 보고 남한 점령의 자신감을 얻었고, 박헌영이 인민군이 38선만 넘으면 남한의 남로당원 20만 명이 폭동을 일으켜 대한민국을 완전히 점령할 수 있다고 선동하여 48년 12월부터 김일성은 남침 준비를 해서 1950년 6월 25일 북한 인민군이 남침한 것이다.

12. 남로당원 33만 명 전향하여 보도연맹에 가입

1) 49년 9월 특별수사본부 오제도 검사(기독교 장로)가 49년 9월 서울시를 불바다로 만들기 위해 준비를 한 좌파 남로당 서울시 인민위원장 홍민표를 체포 전향시켰다.

2) 홍민표가 전향하여 남로당 서울시당 간부 16명을 모두 전향시켰다.

3) 남로당 서울시당 간부 16명이 전향하여 전국 남로당원들을 전향시켰다. 1949년 10월부터 12월까지 남로당 전향자는 모두 33만 명이었다. 전향자들은 동아일보에 광고하였다. 이로 인해 전국 남로당은 붕괴되었다. 이상 전향자 33만 명을 보도연맹에 가입시켜 별도 관리를 하였다. (그런데 6.25때 학살당했다고 하는 4,000여명의 보도연맹원이 현재 문제가 되고 있고, 울산 보도연맹 가족들이 소송을 하여 승소하였다.)

4) 1950년 3월 27일 남로당 중앙당 책임자 김삼룡, 이주하, 김수임, 정태식, 성시백 등 간부 200여 명이 체포되어 남로당이 붕괴되었다.

5) 북한 인민군이 50년 6월 28일 11시 30분 서울을 점령한 후 3일 동안 4.3폭동과 14연대 반란 같은 폭동을 기다렸으나 이상과 같이 김삼룡, 이주하, 성시백 같은 남로당 간부와 당원 33만 명이 전향하여 폭동을 일으키지 못하였고, 인민군이 마산 앞 진동과 영산까지 점령하였어도 결정적일 때 한 건의 폭동도 일으키지 못하여 인민군이 남한을 점령하지 못하고 참패하게 되었다.

※ ① 박헌영은 북한의 인민군이 38선을 넘어 서울만 점령하면 남한 남로당원 20만 명이 봉기하여 남한을 완전히 해방시킨다고 김일성에게 선동, 장담하였으나 이상과 같이 남로당이 붕괴되어 한 건의 폭동도 일어나지 않자 김일성은 분노하였다. 이 책임을 물어 1953년 박헌영과 남로당원 5만 명이 북한에서 김일성에 의해 숙청되었다.

② 1949년 9월 17일 홍민표가 체포되어 오제도 검사(장로)가 직접 조사하였다. 홍민표는 오제도 검사의 정직한 생활에 감동받아 전향하였다(두 번째).

홍민표는 좌파 대표 김삼룡에게 남로당이 합법적인 정당이기 때문에 48년 5.10선거를 반대하지 말고 남로당에서 적극 참여하여 국회를 장악하자고 건의하였으나 묵살 당하고 5.10선거 반대 폭력투쟁을 하면서 많은 사람들이 죽고, 경북 · 서울 · 강원 · 제주 · 전남 · 전북 도당의 붕괴와, 국군 안의 좌파의 뿌리가 뽑히고, 남로당이 불법정당이 되고, 남한 국민들로 하여금 규탄을 받자 공산당을 포기하고 전향한 것이다. 홍민표는 이런 사실을 남로당 서울시 간부들을 서울 시경에 모아놓고 2시간 이상 설득하여 16명 전원 전향시켰다. 서울시 간부들은 자기들의 하부 조직인 전국 남로당 좌파들에게 이를 설명하여 33만 명을 전향시켰다. 그리고 홍민표가 김삼룡, 이주하, 성시백을 검거하는데 결정적인 역할을 하였고, 남로당 간부 200여명을 신고하고 체포하게 하여 남한의 좌파 공산당이 붕괴되어 오늘의 대한민국이 있게 하였다.(세 번째) 그런데 현재 좌파들은 5.10선거는 분단선거라고 하면서 이를 분단세력이라고 규탄하고 있다.

③ 특무대 김창룡 대위는 국군 안에 있는 좌파 남로당원을 체포 조사하여 좌파를 뿌리 뽑는데 결정적인 역할을 하였다.

④ 이승만 대통령은 48년 12월 1일 보안법을 국회를 통과시켜 제주 4.3폭동, 여수 14연대 반란, 대구 6연대 3차례의 반란을 진압하고, 북한

해주 인민유격대의 10차례 걸쳐 남침한 사건을 진압하고, 국군 안의 좌파와 좌파 시민단체를 거의 뿌리 뽑아 오늘의 대한민국이 있게 하였다 (네 번째).

이승만 대통령의 반공정신이 아니었으면 좌파들이 대한민국을 전복하려고 일으킨 1948년 반란과 폭동에서 49년 9월 서울 불바다 계획으로 이미 대한민국은 좌파 남로당에 의해서 공산화 되었을 지도 모른다. 그리고 좌파들을 숙청하지 않았으면 인민군이 남침했을 때 좌파들의 폭동 때문에 국군과 미군은 전쟁을 계속할 수 없어 미군이 참전했다 해도 대한민국은 벌써 없어졌고, 반공법이 아니었으면 지금까지 대한민국을 지켜주기 힘들었을 것이다. 그래서 이승만은 공산주의자들의 폭동과 반란을 진압하고 국가를 위기에서 구했다고 건국대통령이라고 한다.

13. 좌파 남로당 인민유격대

좌파 남로당(조선공산당) 연락부장 이현상은 14연대 반란군이 지리산으로 잠입하고 지리산 근방의 야산대를 규합 강화하여 무장투쟁을 하기 위해 48년 11월 지리산에 입산하였다.

1949년 3월 좌파 남로당은 태백산지구에 제1병 단장 이호재, 보현산지구에 제3병 단장 김달삼(제주4.3폭동 주동자), 지리산지구에 제2병 단장 이현상 등이 남한을 점령하기 위해 무장투쟁을 하고 있었다. 이들은 49년 7월과 9월 총공세를 하고 있었다. 이현상 부대는 광양읍 초등학교에 주둔하고 있는 국군 15연대 1대대를 공격하여 수십 명을 죽이거나 부상을 입히고 포로로 잡았다. 대대장 윤춘근 중령은 이 전투 패배로 인하여 해임되었다.

나주의 20연대장 위대선 중령은 이들과 전투 중 전사하였고, 진압군 5사단장이었던 백선엽 사단장도 죽음 직전 겨우 살아났다. 진압군은 49

년 12월까지 이현상 부대를 진압하여 100여 명이 남았고, 49년부터 50
년 3월까지 10차례에 걸쳐 해주 인민유격대 2,400여 명이 38선을 넘어
오대산과 태백산맥에 침투하였으나 국군이 이들 모두를 소탕하여 살아
서 북으로 간 자는 김달삼 외 400여 명 정도로 태백산과 보현산의 좌파
유격대도 국군에 의해 진압되었다.

　1949년 6월 30일까지 미군은 고문관 486명만 남기고 남한에서 완전
히 철수하였다. 이승만 대통령이 전차를 주고 가라고 사정해도 미군은
전차 한 대도 주지 않았을 뿐더러, 대전차지뢰도 한 개도 주지 않고 떠
났다. 너무 야속하였다. 그래서 우리 국방은 우리가 지켜야지 미국에 의
지한다는 것은 참으로 어리석은 일이다. 미군이 남한에서 떠난 것은,

① 미 국회에서 국방예산 절감과 동시 병력을 대폭 축소하기로 결의
　하였기 때문이고

② 국방성에서 남한에 대한 전략적 가치가 없다고 판단하였고,

③ 북한에서 소련이 철수하기 때문에 미군이 남한에 있을 명분이 없
　었기 때문이다.

14. 북한 인민군의 남침 6.25 한국전쟁

　1) 50. 6. 28 북한 인민군 서울 점령, 남한을 완전히 점령할 수 있었다.
　① 1950년 6월 25일 새벽 4시 인민군 11만 대병은 240대의 전차를 앞
세워 38선 전역에서 일제히 남침하였다. 인민군 1사단은 9시 30분 개성
을 점령하고, 오후 3시 임진강까지 점령하였으며, 인민군 3사단은 11시
포천을 점령, 오후 6시 송우리까지 점령하였다. 이것이 국군이 북침하
지 않고 북한 인민군이 남침하였다는 확실한 증거이다. 그리고 전차가
없는 국군은 북한 인민군 전차 때문에 북침을 할 수 없었다.
　② 50년 6월 26일 오후 1시 인민군 3사단은 의정부를 점령하였고, 27

일에는 방학동 · 수유리를, 28일 11시 30분 서울을 점령하여 국군 8개 사단 가운데 6개 사단 44,000여 명을 죽이거나 포로로 잡아 국군은 재기불능 상태에 빠졌다. 우리는 50.6.28 국군 4만 4천여 명의 비참한 죽음을 잊어서는 안 된다.

③ 만약 인민군이 공격을 멈추지 않고 계속 남진하였다면, 당시 대한민국에는 강릉 8사단과 춘천 6사단 등 2개 사단 뿐이었으므로 인민군의 11만 대병과 240대의 전차를 막을 수 없을 뿐만 아니라 미군이 참전할 만한 시간적 여유가 없어 7월 10일까지는 인민군은 부산과 목포까지 남한 전 지역을 완전히 점령할 수 있었다.

④ 그러나 서울을 점령한 인민군이 6월 28일부터 30일까지 3일 동안 천금같이 귀한 시간에 서울에서 먹고 자고 놀면서 「제주도 4.3폭동」과 「여수 14연대 반란」 같은 폭동을 기다리고 있었다. 이 때문에 북한과 좌파들이 주장하는 소위 '민족해방전쟁'은 실패하게 된 것이다.

⑤ 50년 6월 28일 오전 11시 30분 서울을 완전히 점령한 인민군은 오후 3시경 절단되지 않은 하행선 철교에 목판을 깔고 전차가 한강을 도강 영등포를 점령할 수 있었다. 국군은 춘천 6사단과 강릉 8사단과 삼척 23연대 외에는 모두 전멸되어 인민군 전차가 부산 목포까지 내려가도 저지할 국군도 없고 미군도 없어 남한을 완전히 점령할 수 있었다.

⑥ 50년 6월 29일 평택 점령.

⑦ 50년 6월 30일 조치원 점령.

⑧ 50년 7월 1일 대전 점령.

⑨ 50년 7월 2일 김천 점령.

⑩ 50년 7월 3일 대구 점령.

⑪ 50년 7월 4일 밀양 점령.

⑫ 50년 7월 5일 부산 점령.

⑬ 늦어도 50년 7월 10일까지는 목포, 부산까지 완전히 점령할 수 있었다. 인민군 T34전차의 최대 속도는 시속 40킬로미터, 평균 속도는 시

속 20킬로미터이다. 그러므로 하루 10시간을 공격하면 200킬로미터는 갈 수 있어 서울에서 부산은 400킬로미터로 2일이면 도착할 수 있었다. 소련제 T34 전차는 미군 M1 아브라함 전차보다도 독일의 타이거 전차보다 성능이 좋은 세계 제1의 전차이다. 이 T34 전차에 의해 히틀러 타이거 전차가 1943년 완패하였다.

⑭ 7월 4일 미24사단 스미스부대 406명 부산에 도착,

7월 5일 미군24사단 34연대가 부산에 도착하였으나, 인민군 2개 사단이 부산에 도착하였다면 미군 34연대는 부산에 상륙도 못하고 6.25 한국전은 인민군의 완승으로 끝났을 것이다.

※ ① 인민군이 50년 6월 28일 서울을 점령한 후 28일~30일 3일 동안 쉬지 않고 공격하였으면 미군이 부산에 상륙하기 전 인민군은 남한을 완전 점령할 수 있었다.

② 그러므로 동국대 전 교수 강정구 같은 좌파 학자들과 북한이 '미군 때문에 인민군이 해방전쟁(침략전쟁)에 실패하고 전쟁이 확대되고 한반도가 초토화 되고 분단되었다' 고 주장하는 것은 허위주장이다.

③ 북한과 좌파들은 국군이 북침하였는데 인민군이 반격하여 6.25 한국전쟁이 발생하였다고 학생들을 왜곡 선동하고 있으나 이상과 같이 이들의 주장은 허위주장이다. 공산주의자들은 혁명을 위해서는 인간을 혁명의 도구로 사용하고 있다. 하물며 역사와 인간의 양심과 거짓말도 혁명의 도구로 사용하고 있기 때문에 역사를 왜곡하는 것을 그들은 조금도 양심에 꺼려하지 않는다. 좌파들의 특성은 거짓선동의 전문가들이다. 젊은이들은 여기에 다 속고 있다.

④ 연세대 박명림 교수는 북한 인민군이 서울을 점령한 후 남한 정부와 국회의원들과 평화적으로 통일을 협상하려 하였는데 정부와 국회의원들이 다 도망쳐서 7월 1일 한강을 넘었다고 허위 주장을 하고 있다. 이것이 허위라는 증거는 이미 4일 만에 국군 44,000여명을 죽여 놓고

무슨 평화 협상인가?

⑤ 고려대 최장집 교수는 〈해방 전후사의 인식 4권〉에서 '한국전쟁은 옹진반도에서 시작되어 점차 동쪽으로 확대되면서 개성, 춘천, 동해안으로 이어져 나갔다'고 주장하고 있으나 이는 허위주장이다. 인민군은 6.25 때 11만 대병으로 240대의 전차를 앞세워 새벽 4시 240Km 38선전 지역에서 동시에 일제히 남침하였다. 그리고 서울을 점령한 후 3일을 머물렀다.

⑥ ⑦ 〈해방 전후사의 인식 4권〉에서 김명섭은 '남북 협상파의 평화통일 노력이 좌절되어 결국 6.25 한국전쟁을 일으켰다'고 북한에서 주장하는 내용 그대로 주장하고 있다.

▲ 1950. 6.25 240대의 전차를 앞세우고
인민군 11만 대병이 남침함

북한은 남침 준비를 완료해 놓고 50년 6월 7일 조통위원장 김달현이 평화통일을 제안하였다. 그러면서 "조국 평화적 통일을 방해하였거나 이승만, 이범석, 김성수, 신성모, 조병옥, 장택상, 배성옥, 윤치영 등 반역자들은 이 회담에서 제외 된다"고 하였다. 그러면 남한 정부 대표 이승만 대통령을 반역자라고 하면서 누구와 무슨 회담을 하겠다고 하는 것이며, 남한 누구하고 회담을 하자고 한 것인가? 그 후 이 회담이 결렬되어 6.25전쟁이 발생하였다고 허위주장을 하였다. 북한의 이와 같은 제안은 남한을 방심하게 해놓고 뒤통수를 치기 위한 기만전술이었다.

'북한군은 6월 28일 서울 점령이라는 제한적 목표를 달성하였으나 남북한 국회를 합동 소집하여 통일국가를 선포하지 못하였다' 하고 있는데, 인민군 11만 대병과 전차 240대를 앞세워 남침 4일 만에 서울을 점령하고 국군 44,000여명을 죽이거나 포로를 한 상태인데, 언제 어떻게 대한민국 국회를 소집해서 남북한 국회를 합동 소집하는데 실패했다고 주장을 하는가?

ⓛ '300만 명의 청년방위대 조직을 개편하여 연고지 방위에 종사케 하였다' 고 하였는데, 전혀 있지도 않은 내용을 검증도 없이 허위주장을 하고 있다.

ⓒ 거제수용소에서 포로들이 도드 수용소 소장을 인질로 잡고 폭동을 일으켜서 진압과정에 장갑차를 동원하여 진압하였다. 그런데 진압과정에서 미 공군의 무차별 폭격이 있었다는 허위 주장을 하여 역사를 왜곡하고 있다.

ⓔ 한국전쟁을 통일을 위한 기초 작업이라는 것이다. 인민군이 남침하여 국군이 27만여 명이 죽고, 민간인 100만여 명이 죽었고 한반도가 초토화 되었는데 이것이 통일의 기초 작업인가?

ⓜ 전쟁 책임은 김일성의 남침이다. 그런데 이상하게 글을 쓰면서 책임을 엉뚱한 데 두고 있다.

⑦ 연세대 박명림 교수는 〈해방 전후사의 인식 6권〉에서

㉠ 한국전쟁 발발 원인에 대하여 "평화통일 방안을 제시하였고 이것이 거부될 것에 대비하여 지속적으로 추구해오던 통일전선 전술에 입각해 이승만 세력을 제거시키고 남북한 통일세력끼리 연합하여 통일정부를 수립하기 위한 작업을 구체화 시켰다. 정규군 남하가 그것이었다."고 허위주장을 하고 있다.

평화통일 제안은 북한 인민군이 남침 준비를 완료해놓고 남한 정부를 방심하게 한 후 뒤통수를 치기 위한 위장기만전술 작전이었다. 증거는 이승만 대통령을 반역자라고 하면서 회담에서 제외한다고 한 것이다. 그러면 누구와 회담을 한다는 것인가? 이러한 북한의 기만전술을 그

대로 주장하면서 북한의 남침을 옹호하고 있다.

ⓛ "우리는 남침이냐 북침이냐 하는 이론적으로나 역사적으로 별로 중요하지도 않은 문제에 대한 논란을 수십 년간 거듭했다."고 하였다. 그러면 남침이냐 북침이냐가 별로 중요하지 않으면 무엇이 중요한가? 또한 "사실상 1950년 6월 25일의 사건에서 최초의 총성이 어느 쪽으로 부터 울렸느냐 는 것은 중요하지도 않지만 알 수도 없다."고 하였는데, 240킬로의 38선 전역에서 잠자고 있던 남한 국군을 향해 122밀리 곡사 포로 포탄을 30분간 소나기같이 퍼부어 천지가 진동하여 천하가 다 아 는 사실을 남침의 총소리를 알 수 없다고 허위주장을 하고 있다. 그리고 전차 240대가 38선을 넘어 국군을 기습하여 국군이 숨을 쉴 사이도 없 이 공격을 받아 국군이 25일 하루 만에 개성과 포천을 빼앗기고, 4일 만 에 44,000여명이 죽거나 포로가 되고 서울이 점령되었는데 왜 중요하지 않은가? "최초의 총을 누가 쏘았는지 알 수 없다"하며 인민군의 공격을 비호하며 도저히 상상도 할 수 없는 허위주장을 하고 있다.

1950년 6월 25일 새벽4시 의정부 7사단 9연대 2대대장 전순기 소령은 포천 위 만세교 대대본부에서 잠을 자고 있다가 인민군의 소나기 같은 포 공격을 받고 정신을 차릴 수 없어 한 시간도 못되어 거의 전멸되다시 피 하여 포천 위 탄장으로 필사적으로 후퇴하였다.

해방 전후사의 인식은 1990년대에 많은 학생들과 젊은이들이 교과서 같이 읽은 책이다. 현재 40대와 50대와 젊은이들이 이 책을 읽고 좌파사 상을 갖게 하였다.

ⓒ "국회 소집과 통일정부 수립을 위해 서울에서 며칠간 머물렀다." 고 주장하는데, 인민군이 4일 만에 서울을 점령하고 국군 44,000여 명 을 죽이거나 포로로 잡아놓고 무슨 국회 소집을 하겠는가? 소집은 그만 두고 피난하지 못하여 북으로 끌려간 국회의원 48명 중 안재홍과 조소 앙은 좌파다. 회담은 그만두고 이들까지 끌고 북으로 가 죽였는데 무슨 회담인가? 교수가 어떻게 이런 허위주장을 하고 있는가? 또한 "우선 이

것은 최초에 제한적 국지전으로 시작된 전쟁을 미군이 참전함으로 전면화 시켰다."라고 하였는데, 인민군 11만 대군이 240대의 전차를 앞세워 38선 240킬로 전 지역에서 남침하여 4일 만에 서울을 점령한 것이 어찌 국지전인가? 그리고 만주 폭격은 한 일이 없는데 만주에 폭격을 하였다고 허위 주장을 하며 역사를 왜곡하여 학생들을 선동하고 좌파를 만들고 있는가! 6.25 인민군이 남침한 것은 인민해방전쟁이 아니라 이상과 같이 북한 인민군 남침전쟁이요, 민족 학살전쟁이었다.

좌파들은 38선에서 국군과 인민군이 서로 다투다 벌어진 전투가 확대되어 한국전이 벌어졌다고 하면서, 6.25 한국전은 인민군의 침략전쟁이 아니라 내전이었다고 주장하는데, 노무현 대통령이 이를 주장하고 있었으나 동두천과 포천에서는 국군과 인민군이 한 번도 다툰 일이 없어 이는 허위주장이다.

통진당 대표 이정희는 "6.25 전쟁이 북침인지 남침인지 잘 모르겠다."고 하였고, 국회 답변에서 "6.25가 남침인지, 북침인지는 나중에 답하겠다." 할 정도였다. 그리고 그의 남편인 심재환 변호사는 "북한의 무력남침, 적화통일론은 아무런 사실적 기초가 없는 그릇된 논리다"라고 주장하고 있다.

소설가 황석영은 "김일성은 이순신, 세종대왕과 같은 위인이라"고 하였고, 문정현 신부는 "김일성 장군 조금만 오래 사시지 아쉽다."

오종렬은 "김일성은 자주와 평화통일을 위해 살아왔다."

한홍구는 "김일성은 민족의 영웅이다."라고 할 정도가 되었다.

2) 육군 참모총장 좌파 채병덕 소장의 간첩 행위

1950년 6월 26일 육군 2사단장 이형근 소장은 의정부에서 포천 방면의 인민군 3사단을 방어하고 있었는데 5연대 16연대가 탄약이 없어 참패한 장군으로 그는 평생 이 참패에 대해 가슴을 치고 참패의 의문을 가지고 살았다.

육군 참모총장을 지낸 이형근 장군(예비역 대장,국군 군번 1번)은 그가 살아생전에 다음과 같은 6.25 한국전쟁 10대 불가사의를 제시했다. 즉,

** 6.25한국전쟁 10대 불가사의 **

1. 일선 부대의 남침징후 보고를 군 수뇌부에서 묵살내지 무시
2. 6.25 발발 2주전 단행된 각급 주요지휘관의 대규모 인사이동
3. 6월13~20일간에 단행된 전후방 부대의 대대적 교체
4. 6월 11일부터 발령되었던 비상 경계령이 6월 24일 0시에 해제
5. 육본 비상경계령 해제와 함께 전 장병의 1/2에게 휴가, 외출 외박 허용
6. 6월 24일 개최된 육군 장교클럽 댄스파티
7. 서울 북방으로의 축차적 병력 투입으로 불필요한 희생 발생
8. 6월 25~27일 국군의 반격, 북진 통일 중임을 허위 보도한 중앙방송
9. 한강교의 조기 폭파
10. 한강교를 폭파한 공병감 최창식 대령의 조기 사형 집행 등.

그리고 그는 6.25가 일어나서 왜 무고한 국민들이 속수무책으로 죽어 갔는가? 그리고 전쟁 초기 왜 대한민국 정부가 손 쓸 틈 없이, 기묘하게 한국군이 참패해 갔는가? 그는 살아생전 밝히지 못했고 훗날 후배들이 이상의 이유를 꼭 밝혀주기를 바라며 세상을 떠났다.

① 50년 6월 15일 전방사단장과 육본 작전과 인사이동
• 의정부 7사단, 춘천 6사단, 강릉 8사단 등 전방 사단장들을 인사이 동 시켜 사단장들이 부대 파악을 못한 채 인민군의 남침을 당하여 작전 을 수행하는데 지장을 줌. 육본에서 가장 중요한 작전국장과 과장을 교 체하여 작전을 못하게 하였다.
② 50년 6월 10일부터 군 부대 이동

• 의정부 7사단 25연대는 온양에서 이동 명령을 받고 의정부에 도착하기 전 인민군의 남침을 당하여 의정부 7사단은 예비연대가 없어 병력이 부족하여 개전 2일 만인 26일 1시에 북한의 인민군 3사단이 의정부를 점령하게 하였고,

• 수도사단 8연대는 홍천에서 이동명령을 받고 서울에 도착하기 전에 인민군 남침을 당하여 서울 수도사단은 예비연대가 없어 초전에 방학동, 수유리를 방어하지 못하고 대패하게 하였다.

③ 1950년 6월 24일 인민군 남침 하루 전 전군의 1/3을 휴가 외출을 보내 6월 25일 인민군이 남침했을 때 부대 안에 병력이 부족하고 또한 혼성부대가 되어 초전에 국군이 손발이 안 맞아 전투력이 없어 개전 4일 만에 서울이 점령되고 참패하게 하였다.

육군본부 정보국장 장도영 대령은 6월 24일 전군 장병 휴가 · 외출을 적극 반대하였으나 채병덕 참모총장이 강제 명령하였고, 군 경계령도 채병덕 참모총장이 강제로 해제하여 인민군 공격을 막지 못하였다.

④ 의정부 7사단과 수도사단이 탄약을 비축하지 않은 데다, 6월 26일 국군 2사단 5연대와 16연대가 의정부 위 축석령 밑에서 인민군 3사단을 방어하는데 탄약을 공급해주지 않아 국군 2사단 5연대와 16연대가 축석령 밑에서 후퇴하였다. 그러자 인민군 3사단을 막지 못하여 개전 2일 만인 26일 1시에 인민군이 의정부를 점령하였다. 그렇게 되자 동두천에서 잘 싸우고 있던 1연대와 18연대가 포위되면서 국군 7사단, 수도사단, 2사단 등 26일 하루 만에 3개 사단이 붕괴되어 국군이 수습할 수 없는 대 혼란이 오게 하였다. 실탄을 공급하지 못한 책임을 채병덕, 유재홍 양국진 등은 책임을 면할 길이 없다.

⑤ 1950년 6월 27일 문산의 국군 1사단에 후퇴명령을 내리지 않고 50년 6월 28일 새벽 2시 30분 한강교를 폭파하여 국군 1사단이 후퇴할 수 없어 전멸되게 하였고, 한강을 건너다 3,400여 명이 익사하였다.

문산 국군 1사단장 백선엽 대령에게 전쟁지도위원 김홍일 소장이 27

일 오후3시경 백선엽사단장에게 수유리 방면의 전쟁 상황을 설명하면서 27일 밤을 기해 철수할 것을 권고하였으나 백선엽 사단장은 이를 거절하였을 뿐만 아니라, 오히려 28일 오전 10시경 반격하다 후퇴를 못하고 1사단이 전멸되었다. 27일 밤을 기해 후퇴하였으면 곡사포 105밀리 15문, 81밀리 박격포 36문, 대전차포 18문, 바주카포 192문 등이 있어 국군 1사단이 한강에서 방어하였다면 북한 인민군이 쉽게 한강을 건너지 못했을 것이고, 그 많은 장병들이 죽지 않았을 것이며, 국군의 자존심을 세웠을 것이다. 그런데 백선엽 1사단장이 후퇴준비를 하지 않고 오히려 반격하다 국군1사단이 전멸된 것은 크게 잘못한 작전이다. 백선엽 장군도 이 책임을 면할 길이 없다.

좌파 채병덕 참모총장은 미아리고개에서 싸우고 있던 국군 주력과 한강 북쪽의 국군, 105밀리 곡사포 40여문, 박격포, 대전차포, 바주카포 등 수백 문과 차량, 부상병 등 모든 군수물자를 송요찬 헌병사령관에게 한강 이남으로 한 대도 철수시키지 못하게 하여 국군 6개 사단을 인민군에 의해 전멸되게 하여 개전 4일 만에 서울이 점령되고, 국군 8개 사단 중 국군 6개 사단이 전멸되어 44,000여 명이 포로가 되든가 죽게 하였다. 또한 차량과 곡사포와 박격포 등 모든 군수물자를 서울에 두고 한강교를 폭파하여 천연요새인 한강방어를 못하게 되고 국군을 재기불능 상태가 되게 하여 대한민국을 너무도 처참하게 망하게 하였다. 좌파 참모총장 채병덕은 이 책임을 절대 면할 수 없다.

그런데 한강 인도교는 폭파되었으나 철교 2개 중 1개가 폭파되지 않아 인민군은 폭파되지 않은 철교를 통해 전차와 병력과 군수품을 수송하여 낙동강전선까지 보급하였다. 끊어지지 않은 이 철교를 인민군이 서울을 점령하고 3일 동안 쉬고 있을 때 노량진 쪽에서 폭파시켰다면 한국전의 양상은 많이 달라졌을 것이다.

결국 한강교 폭파는 국군에게는 치명적이었으나 인민군은 아무런 영향을 받지 않았다. 인민군 전차 때문에 초전에 국군이 참패하였다는 주장은 허위 주장이다.

채병덕 참모총장이 이상 간첩행위를 한 것은 부관 라엄광 중위가 육군 병적에도 없는, 즉 육군 장교가 아닌 간첩으로, 부관 라엄광에 의해 이상과 같이 공작을 당하였기 때문이다. 그래서 가장 큰 적은 외부에 있는 것이 아니라 내부에 있는 적이다. 백제도 내부의 적 예식진 장군 때문이었고, 고구려도 연개소문 장남이 당나라에 투항하고 고구려 내부의 적 때문에 망한 것이다. 대한제국이 망한 것도 송병준 외 친일파 등 내부의 적 때문이다. 현재도 마찬가지이다. 가장 무서운 단체는 최장집, 박명림, 강정구 등 대학 좌파 교수들과 전교조와 민주노총, 200만 명이 지지하는 통합진보당 등 1,840여개의 좌파단체이며, 100만여 명의 반미 친북 좌파들이고, 국민의 30%가 좌파를 지지하며, 인터넷 네티즌 34,000여명이다.

※ 의정부 7사단 8포병대의 105밀리 곡사포 15문은 탄약이 없어 고철이 되었고, 2사단에 실탄을 공급해 주지 않아 2사단 포병대 105밀리 곡사포 4문도 쓸 데 없는 병기가 되었고 포병학교 교도대 105밀리 4문도 실탄이 없어 의정부 위 자일리에서 고철이 되는 등 105밀리 곡사포 23문이 고철이 되어 인민군 3사단을 막지 못하여 국가가 망하게 한 것은 세계 전쟁 역사에 없는 일로서 이는 용서받을 수 없는 간첩행위이다.

부평 병기창에서 의정부까지는 2시간이면 충분히 수송할 수 있고, 차량도 많이 있어 얼마든지 탄약을 공급해 줄 수 있었다. 급하면 수색에 1사단의 탄약고에는 포탄이 얼마든지 있었다. 그런데 탄약을 공급해주지 않아 26일 하루 동안 국군 3개 사단이 붕괴되어 국군이 초전에 참패하여 육군을 재기 불능 상태로 만들었다.

그런데 이 일에 대해 60년이 지난 지금까지 누구도 말하는 사람도 책임을 진 사람도 없이 6.25 한국전쟁 행사를 하고 있어 탄식이 저절로 나온다. 현재 채병덕 총장의 기념비가 하동에 세워져 있고, 동작동 국군묘지 장군묘역에 안장되어 있다. 하동에 세워진 기념비도 철거해야 하고, 동작동 장군묘지에서도 이장해야 할 것이다. 군수국장 양국진과 육본 참모부장 김백일 등의 책임도 반드시 물어야 한다. 과거사위원회에서는 지금이라도 한국전 패전 책임자를 찾아 책임을 물어야 한다.

매년 6.25 한국전쟁 기념일이 돌아오면 언론사나 정부는 너무 형식적으로 행사를 한다. 2010년은 6.25 한국전쟁 60주년이 되는 해로 한국전쟁 기념행사를 하였는데 이때 왜 국군이 4일 만에 인민군에 참패하였는지 확실하게 규명하고 책임을 물었어야 했는데, 우리는 친일파 척결 문제도 그냥 넘어가고, 6.25 한국전 패전 책임도 규명 없이 또 넘어갔다. 선진국과 후진국의 차이는 선진국은 역사에 책임을 지나 후진국은 역사에 책임을 지지 않는 일이다. 독일은 과거의 잘못에 대한 책임을 진다고 베를린 광장에 조형물 수백 개를 세워 국민들에게 보여주고 있다.

특별수사본부 오제도 검사는 채병덕 참모총장이 간첩이므로 체포해서 조사를 해야 한다고 이승만 대통령에게 건의하였으나, 이승만 대통령이 이 건의를 무시하고 1950년 4월 채병덕을 두 번 째 육군참모총장에 임명하려고 하였다. 그러자 임영신 등이 강력히 반대하였으나 이승만 대통령은 이를 무시하고 좌파 채병덕을 두 번째 육군참모총장에 임명하여 국군이 참패하고 국군 44,000여명을 죽게 하였다. 이에 대한 책임을 이승만 대통령도 면할 수 없다.

3) 국군은 인민군을 막을 수 있었다.

① 1950년 3월부터 북한의 인민군이 곧 남침할 것이라는 말이 체포되어 감옥에 가는 성시백 등 좌파들의 입을 통해 온 국민들에 퍼져 공포분위기가 조성되었으나 정부에서는 유언비어라고 무시하였다.

② 육군본부 정보국에서도 북한의 인민군 남침이 임박했다고 채병덕 육군참모총장에게 여러 번 보고해도 "북한은 남한을 침략할 만한 능력이 없다. 그리고 같은 민족끼리 설마 전쟁을 하겠는가?" 하고 무

시하였다.

③ 제주도 좌파들도 제주도에 조선민주주의 인민공화국을 세우겠다고 선전포고를 하였고, 여수 14연대, 대구 6연대도 대한민국을 타도하고 공산국가를 세우겠다고 반란을 일으키고, 해주 인민유격대가 10차례 걸쳐 38선을 넘어 침투하였고, 남로당은 9월 서울을 불바다로 만들어 남한을 점령하겠다고 하는데 북한 인민군이 가만히 보고만 있겠는가? 북한 인민군의 남침은 기정사실이었다.

이범석 초대 국방부장관은 "북한 인민군은 반드시 남침할 것"이라고 하면서 진지를 구축하고 호국군(예비군) 4만여 명을 양성하였는데, 이승만 대통령은 사회를 불안하게 하는 장관이라고 해임시키고 전쟁 경험이 없는 선장출신 신성모를 국방부장관으로 임명하여 패전을 자초하였다 그런데 신성모 국방부장관은 예비군을 해체시켜 인민군이 남침했을 때 후방에 병력이 없어 낙동강까지 순식간에 후퇴하게 되었다. 패전의 책임과 신성모의 호국군 폐지는 간첩행위로 신성모 국방부장관도 책임을 면할 길이 없다.

중앙대학교 설립자 임영신(교회 권사)이 사비 60만원을 털어 북한에 정보원을 보내 정보 수집을 한 결과 인민군이 곧 남침한다는 것을 알고 이승만 대통령에게 보고하였으나 이승만 대통령과 신성모 국방부장관, 채병덕 참모총장이 묵살하여 인민군의 남침을 막을 준비를 하지 않았다.

④ 문산의 국군 1사단, 춘천의 6사단, 강릉의 8사단 등은 방어진지를 잘 만들어 놓았고, 탄약도 충분히 비축하였다. 그런데 서울 방어에 가장 중요한 의정부 7사단과 서울의 수도사단은 동두천에서 의정부와 서울까지, 양문에서 포천, 의정부, 서울까지 방어진지를 한 군데도 만들어놓지 않았고, 탄약은 기본실탄 외에 전혀 비축해놓지 않고 있었으며, 다른 사단은 공병대가 다이너마이트 등 폭약도 비축을 잘 해놓았는데 의정부 7사단은 비축을 전혀 해놓지 않아 양문 밑 만세교, 포천교, 자일리

교, 백석천교, 방학교, 우이교 등 한 군데도 교량을 폭파하지 못하여 인
민군 3사단이 만세를 부르며 4일 만에 서울을 점령하게 하였다. 대한민
국 수도 서울의 성문을 활짝 열어놓고 인민군이 대한민국 목을 한 칼에
쳐서 대한민국 숨통을 끊게 하였다. 1949년 이준식 7사단장과 1950년 6
월 10일 부임한 유재홍 7사단장도 반드시 6.25 한국전 패전에 대해 책
임을 면할 길이 없다. 그리고 7사단 9연대장 윤춘근이 포천에서 무단이
탈한 것과 3연대장 이상근이 축석령에서 무단이탈하여 인민군 3사단이
26일 1시에 의정부를 점령하게 하여 국군이 참패한 책임을 면할 수 없
다. 이들은 현장에서 즉결처형 감인데 윤춘근은 육군 소장까지 진급하
였다.

⑤ 채병덕 육군참모총장이 의정부 7사단에 방어진지를 잘 구축하게
하고, 폭약을 비축하여 후퇴하면서 교량을 즉시 파괴할 수 있게 하고,
탄약을 비축하고, 6월 24일에 장병들을 휴가와 외출을 보내지 않고 국
군 7사단은 동두천, 국군 2사단은 포천, 수도사단은 수유리에서 인민군
2개 사단을 방어하였다면 국군은 인민군을 충분히 방어할 수 있었다.

⑥ 그 증거로 문산의 국군 1사단은 인민군 1사단과 6사단의 공격을
잘 방어하였고, 춘천의 국군 6사단은 인민군 2사단과 7사단의 공격을
잘 방어하였으며, 강릉의 8사단도 인민군 5사단과 766부대를 잘 방어하
고 있었다. 특히 홍천 위 철정에서 인민군 7사단이 전차 10대를 앞세워
공격하는 것을 국군 2연대와 19연대가 전차 10대를 파괴하고 인민군 7
사단의 공격을 저지하였고, 인민군 2사단이 춘천 위 소양강에서 춘천을
향해 공격할 때 국군 7연대와 16포병대가 인민군 2사단 전사 4,000여명
을 죽이거나 부상을 입힐 정도로 잘 싸워 인민군 2사단이 25일 안으로
춘천을 점령하려는 작전이 실패할 정도였다. 김성 소령의 16포병대의
명중률은 신들린 정도였으며, 105밀리 포탄 5,000발을 가지고 잘 싸웠
고, 차량도 충분히 준비하였다.(현재 전승기념비가 홍천 위 76사단 부
대 안에 세워져 있어 어느 누구도 이때의 전승 사실을 알 지 못하여 3기

갑여단장 최화식 장군이 기념비를 밖으로 이전하려 노력하고 있다. 그런데 6.25 때 6사단 7연대의 전승기념비가 춘천 2군단 안에 있어 필자가 찾아가 전승기념비를 보게 해 달라고 사정을 해도 거절당하였다. 참으로 한심한 일이다.)

▲1950년 6월 28일 아침 8시경 홍천 북방 한계리 말고개에서 6사단 2연대 소속 김학두 하사와 6사단 19연대 조달진 외 10명이 육탄으로 전차 10대를 파괴하여 전적비를 건립하였다. 이곳은 부대가 있어 민간인 출입이 통제되고 있다.

⑦ 국군 7사단이 인민군 4사단의 공격에 반격하여 동두천에서 잘 싸우고 있었기 때문에 국군 2사단이 24일 휴가와 외출을 보내지 않고, 탄약만 충분하여 축석령에서 인민군 3사단만 방어해주고, 수도사단이 의정부 밑에서 잘 방어해주었다면 국군은 절대 4일 만에 서울이 점령되고 6개 사단이 전멸되고 그토록 참패하지는 않았다. 국군이 북한 인민군을 막지 못한 것은 내부의 적인 좌파 채병덕 참모총장 때문이었다.

⑧ 1950년 6월 26일 국군 2사단 25연대는 의정부 남쪽 호원동 백석천교에서 방어를 하고 있었다. 라희필 대위는 대대장이 행방불명되어 대대장 대리 근무를 하면서 26일 오후 2시 30분 인민군 3사단이 전차 100대를 앞세워 서울을 향해 공격해 오는 것을 백석천 다리 위에서 선두 전차를 파괴하자 인민군 3사단과 전차는 허겁지겁 의정부역으로 후퇴하고 공격해오지 않았다.

6월 27일 새벽 4시 인민군 2개 사단이 150대의 전차를 앞세우고 다시 공격을 하였으나 25연대는 탄약이 없어 호원동에서 후퇴하였다. 이때 김병휘 연대장은 50년 6월 26일부터 27일 새벽까지 채병덕 참모총장에게 탄약을 보내 달라, 백석천교를 폭파해달라고 애원하였을 때 부평 병기창에서 얼마든지 보내줄 수 있는데 끝내 탄약을 보내주지 않았다. 라희필 대위는 인민군 2개 사단과 전차 150대를 13시간 저지하였고, 실탄이 없어 통곡하면서 후퇴하였다.

미 트루먼 대통령은 27일 12시 미 공군과 해군만이 한국전에 참전한다고 각료회의에서 결정하였다. 만일 26일 오후 3시경 라희필 대대가 인민군 3사단과 4사단, 그리고 전차 150대를 막지 못하고 서울이 점령되었으면 트루먼도 한국전 참전을 포기했을 지도 모른다. 그러므로 라희필 대대장의 25연대는 오늘의 대한민국이 있게 하였다.(다섯 번째) 그런데 이러한 전승지역에 전승기념비 하나 없고, 판교전투에서 25연대가 전멸되자 해체되었는데 지금까지 25연대를 부활시키지 않고 있다. 국군 7사단장은 25연대를 부활시켜 부대 전통을 살리고 장병의 사기를 높여야 할 것이다.

⑨ 국군은 이처럼 전투를 잘하였다. 채병덕 참모총장이 간첩행위만 하지 않았다면 미군의 보병을 한국전에 참전해 달라고 이승만 대통령이 요청을 하지 않아도 되었고, 작전권을 미군에 넘겨주지 않아도 되었다. 또한 휴전과 포로교환 때 그토록 천대받지도 않았을 것이다. 다만 미 전차와 3.5인치 로켓포와 해군과 공군의 협조를 요청하여 도움을 받았다면 국군은 인민군을 충분히 막을 수 있었다.

⑩ 그러나 채병덕 육군참모총장의 간첩행위가 대한민국이 재기할 수 없도록 참패하게 하였다. 이렇듯 고위층 몇 사람의 좌파가 국가의 운명을 좌우하였는데 현재 대한민국의 중요 부서를 좌파가 장악하고 있다. 학교는 전교조와 좌파 교수가, 기업은 민주노총이, 국가는 공무원 노조와 법원 노조, 선관위 노조가 장악하고 있고, 국회는 통진당 이석기, 김재연, 정진후 등 좌파 국회의원들이 많다. 공무원 노조가 민주노총에 가입한 사건은 보통 일이 아니다. 대한민국이 좌파에 10년 동안 넘어갔다가 겨우 우파로 넘어왔지만 대한민국이 북한에 넘어가지 않은 것이 천

만다행이다. 주한 미군이 없었다면 남한은 벌써 북한이 점령했을 것이다. 북한 인민군이 남침한다면 대한민국은 남한의 좌파들 때문에 북한 인민군을 도저히 막을 수 없어 점령되고 말 것이다. 우리는 지금 꿈속에서 살고 있다.

⑪ 1950년 7월 14일 이승만 대통령은 국군통수권(작전지휘권)을 유엔 통합사령관 맥아더 장군에게 위임하였다. 이 작전권이 60년이 지난 2012년 4월 17일(거꾸로 읽으면 7월 14일) 한미연합사가 해체되면서 62년 만에 국군에게 넘어올 예정이었으나, 북한에 의한 천안함 피폭사건으로 말미암아 2015년 12월 1일로 미루어졌다.

미군이 한국전에 참전하지 않았으면 대한민국은 완전히 패망하고 사라졌을 것이다.(여섯 번째) 그런데 2015년 한미연합사가 해체되고 전시작전 통제권이 한국군에 이양될 경우 과연 북한의 핵과 미사일과 사이버공격과 방사포공격을 방어할 수 있을까? 그리고 2015년부터 미군은 점차 해외 육군 병력을 줄이려 하고 있다. 미국은 경제가 어려워 해외 주둔군을 줄여나가지 않으면 안 될 사정이다. 미국의 16개시가 부도 위기에 있을 정도이고, 빚이 16조 달러이며, 12년 안에 4조 달러를 줄인다고 하는데 여기에는 군사비가 3/4을 차지할 것이라고 하고 있다.

2011년 미국 예산중에서 국방비를 감축해야 한다고 국회와 오바마 대통령이 강력히 주장하고 있다. 특히 한국 주둔군을 해체시켜 국방비를 감축해야 한다고 처음으로 미국 국회에서 강력히 주장하고 있다. 만일 미국 경제가 어려워 미군이 철수한다면 대한민국은 한 달도 가지 못하고 북한 인민군이 남한을 점령할 것이다. 우리는 미군 철수에 대한 준비하지 않으면 6.25 때와 같은 인민군 남침을 당할 것이다.

2012년 6월부터 미2사단을 평택 근방으로 이전할 계획을, 인민군의 노골적인 도발에 대처하기 위해 미2사단의 포병부대가 한강 이남의 이전을 다시 고려하고 있다.

4) 인민군 영천 점령

① 50년 7월 1일, 3일 동안 남한에서 폭동을 기다려도 제주4.3폭동이나 여수 14연대, 대구 6연대 반란 같은 사건이 한 건도 없자 김일성은 초조하여 인민군에게 한강을 도강하여 8월 15일까지 부산을 점령하라고 명령하였다. 인민군은 1사단, 6사단, 4사단, 3사단 등 4개 사단과 전차 180여대가 일제히 한강도하작전을 하였다.

② 김홍일 장군의 국군 패잔병 8,000여 명은 김포에서 천호동까지 한강 남쪽에서 소총만 가지고 3일을 방어하였으나 곡사포나 박격포가 없고, 소총만 가지고는 인민군의 한강 도하를 막을 수 없어, 대한민국 방어의 최대의 요새인 한강방어가 실패하여, 50년 7월 3일 오전 10시 인민군 4사단의 전차가 한강을 건너 노량진을 점령하였다. 인민군은 총 6일간의 천금같이 귀한 시간을 허비하였다. 이것이 북한 인민군의 남침전쟁이 참패한 결정적인 원인이다.

③ 50년 7월 4일 인민군은 안양에서 국군 패잔병과 1시간 정도 전투를 하여 대승하고, 수원까지 점령하고 또 공격을 멈추었다. 이때 8,000명이었던 국군은 모두 도망쳐 없었고, 인민군이 금강을 도강할 부교를 소지하고 있지 않았기 때문에 미군이 본격적으로 한국전에 참여하기 전 인민군이 평택·조치원·대전까지 쉬지 않고 밤낮으로 진격하여 금강을 건너 대전을 점령했어야 했다.

④ 50년 7월 5일 수원 죽미령에서 미 24사단 소속 스미스부대 400여 명과 첫 교전 전투한 지 1시간 후 완승하고 또 공격을 멈춤.

⑤ 50년 7월 6일 오전 8시경 인민군은 안성에서 미 34연대를 1시간 만에 대파하고 안성과 평택을 점령한 후 또 공격을 멈추었다. 이때 인민군이 쉬지 않고 공격해서 낙동강을 건너 대구까지 공격을 했어야 했다. 미군 스미스부대나 미34연대 정도는 인민군의 적수가 되지 못하였다. 시간이 지나면서 미군이 부산에 본격적으로 상륙하고 태평양 근방에 있는 미군기가 일본기지에 집합하여 미 항공기가 출격하기 때문에 초

를 다투어 부산을 먼저 점령하여 미군의 상륙을 막았어야 했다.

⑥ 50년 7월 7일 인민군 천안 점령. 미 공군에 의해 많은 전차와 수송 차량이 파괴됨. 인민군이 미 공군 때문에 공격을 마음대로 하지 못하여 낮보다 밤에만 공격하게 되어 이때부터 공격 속도를 내지 못함.

⑦ 50년 7월 20일 인민군 대전 점령. 미 3.5인치 로켓포로 (한국전에 처음 사용) 인민군 T34 전차가 파괴됨. 이전까지는 국군과 미군에 인민군 T34 전차의 3cm 두께 철판을 파괴할 만한 무기도 대전차지뢰도 없었다. 그런데 이제는 로켓포로 인해 인민군 전차가 파괴되어 마음대로 공격을 못함. 인민군이 한강을 도강한 후, 서부전선 남쪽에는 소총 한 자루씩 갖고 있는 국군 패잔병뿐이므로, 인민군은 7월 4일 대전을 점령하고 7월 5일 부산을 점령해야 하는데, 노량진에서 천안까지 6일 동안 시간을 허비하고 남침 25일 만에 대전을 점령하는 등 전격작전을 하지 않은 것이 패전의 두 번째 원인이다. 전쟁은 전격작전 즉 숨 쉴 사이 없이 상대방을 몰아붙여야 대승할 수 있다.

⑧ 50년 7월 25일 인민군 3사단 김천 · 영동 점령.

⑨ 50년 8월 6일부터 인민군 3사단이 왜관 위 양목에서, 그리고 인민군 전군이 낙동강을 건너지 못하고 시간을 허비.

⑩ 50년 8월 31일 인민군 6사단은 서울에서부터 인민군 3사단과 4사단 뒤에서 천안까지 따라오다가 충남 온양, 예산, 장항을 거쳐 군산을 점령하였는데 충남에는 국군이 전혀 없었다. 군산을 점령한 인민군 6사단은 이리를 점령한 후 일부는 광주 · 목포 · 순천으로, 일부는 남원 · 구례 · 하동을 거쳐 진주까지 점령하였지만, 국군은 패잔병과 학도병뿐으로 이들은 인민군의 상대거리가 안되었다. 인민군은 8월 31일 진주를 점령하였다. 진주에서 부산까지는 국군은 없고 미군은 패잔병뿐이므로 3일이면 부산을 점령할 수 있었다. 인민군은 여기서 모험을 했어야 했다. 그런데 인민군 6사단은 진주에서 3일 동안 또 먹고 자고 놀았다. 이 것이 인민군이 참패한 세 번째 원인이다.

인민군 6사단이 3일 동안 쉬지 않고 마산·창원·김해를 거쳐 부산을 공격하였다면 국군과 미군에 대 혼란이 왔을 것이다. 국군과 미군은 인민군이 3일 동안 공격하지 않는 틈을 타 전차와 중포와 병력을 낙동강전선에서 빼내어 마산에 배치하여 인민군 6사단을 막게 하여 한 달 넘게 혈전을 벌였다. 그 후 인민군 6사단과 7사단은 맥아더 장군의 인천상륙작전 때 포위되어 전사들이 포로가 되었거나 거의 죽었고, 일부는 지리산에 들어갔다. 방호산 사단장 등 사단 지휘부만 38선을 넘었다.

인민군 4사단은 전북, 경북을 휩쓸고 영산을 점령한 후 밀양을 공격하며 부산을 위협하고 있었다. 이때 인민군 4사단이 밀양을 점령 부산에서 대구 전방으로 가는 미군 군수품 보급을 차단하고 병력이동을 막으려고 애를 썼으나 실패하였다. 이때 좌파 남로당원들이 46년 4만여 명의 철도 노조가 파업을 하듯 밀양 근방의 철로만 파괴하였어도 인민군 6사단은 부산을 점령했을 지도 모른다. 그러나 인민군 4사단은 밀양을 점령하지 못하였고 결정적일 때 좌파 남로당원은 폭동은 그만두고 후방교란도 못하였다.

14연대 반란으로 숙청한 국군 안의 남로당원 4,749명과 국군 안에 잠복하고 있던 남로당원 5,500여 명이 탈영하지 않고 있다가 6.25 때 군 안에서 남로당원들이 동시에 반기를 들었다면 미군이 참전해도 절대 인민군을 이길 수 없었다.

인민군은 중부전선에 너무 많은 병력을 집중하였는데, 특히 대구 위 다부동에 인민군 3개 사단을 집중한 것은 큰 실책이었다. 문산을 공격한 인민군 1사단이 중부 산악지역으로 이동하지 않고 6사단과 같이 진주를 점령하고, 이들 2개 사단으로 부산을 공격 하였다면 국군과 미군이 이들 2개 사단을 방어하기는 너무 어려웠다. 북한 인민군에는 남한을 점령할 만한 보·전·포의 11만 대병과 전차 240대를 지휘할만한 경험 있는 작전가가 없었고 전략가가 없었다. 김일성, 김책, 최용건, 김웅 등은 빨치산 출신으로 중대급만 지휘했던 자들이다. 만일 김책 대신 모택동 밑에서 포병사령관을 하고 전투경험이 많고 저돌적인 김무정이 전선사령관이 되었으면 한국전 양상은 달라졌을지 모른다. 전쟁은 사람이 하지 무기가 하는 것이 아니다.

히틀러 나치 군대가 프랑스 마지노선을 공격할 때 숨 쉴 사이 없이 38시간 만에 바람 같이 공격하였고, 프랑스 군대를 일주일 만에 참패시켰다. 그리고 1941년 6월 20일 독일 구테리안 장군은 소련을 공격할 때 하루에 60km씩 진격하여 소련군 150만 명을 포로로 잡았다. 이와 같이 현대전은 순식간에 끝내야 한다. 전쟁은 예나 지금이나 전격작전을 해야 승리한다.

⑪ 50년 9월 4일 인민군 15사단 영천 점령.
- 인민군은 포항에 있는 영일비행장을 점령하여 국군과 미군의 군수품 보급을 차단하려고 전력을 다함.
- 마산, 영산, 다부동, 영천, 안강, 포항 등이 위험에 빠짐. 대한민국 최대 위기에 처함.
- 맥아더 장군 영천을 인민군이 점령하자 9월 15일 인천상륙작전에 대해 고심.
- 국군과 대한민국 정부 요인 10만 명 괌으로 철수 계획.(첫 번째 철수 계획)

⑫ 50년 9월 11일 국군 8사단 영천 탈환.
- 대한민국 위기에서 탈출.
- 맥아더 인천상륙작전 진행.

⑬ 50년 9월 4일 인민군 15사단이 영천을 점령하여 대한민국에는 최대 위기였다. 그러나 국군 8사단 21연대 김용배 대령은 인민군 15사단 45연대와 73연대의 공격을 받고 영천 위 자천에서 사단 사령부와 통신이 두절된 상태에서 5일 동안 군수보급을 받지 못하고 혈전을 하면서 후퇴하지 않고 인민군을 방어하자, 인민군 15사단 50, 56연대가 영천 밑 이화고개에서 경주를 공격할 때 연결이 차단되어 50, 56연대가 국군

에 의해 자동 포위되면서 보급이 차단되어 이성가 8사단장이 9월 11일 영천을 재탈환 할 수 있었다. 국군 8사단 21연대 연대장 김용배 대령(전 참모총장), 1대대장 채명신 중령(전 주월사령관)을 비롯한 21연대 장병들의 전멸도 불사한 혈전으로 말미암아 오늘의 대한민국이 있게 되었다.(일곱 번째)

5) 맥아더 장군 인천상륙작전
① 1950년 9월 13일 일본 사세보항과 부산항에서 유엔군 군함 260척과 76,000명의 병력이 제주 남해와 서해를 거쳐 인천을 향해 항진.
② 50년 9월 13일 수원의 인민군 18사단은 인천과 서울을 방어하는 사단으로 유엔군 인천 상륙을 막을 수 있는 유일한 사단이었는데 김일성은 왜관으로 이동시켜 인민군은 유엔군의 인천상륙을 막지 못함. 인민군 18사단을 왜관으로 이동한 것은 김일성의 결정적인 작전 실패로 인민군이 대패한 네 번째 원인이 된다.

김일성은 이 작전을 은폐하기 위해 박헌영과 남로당원 5만 명을 숙청하였고, 6.25 참전 이영호 3사단장 외 연대장급 이상 75명을 숙청

하였다. 그러고는 김일성은 6.25 한국전쟁을 승리하였다고 허위주장을 하면서 남반부 인민해방전쟁을 승리로 이끌었다고 북한 주민을 선동하고 있다.(북한은 6.25 한국전쟁을 남반부

▲ 인천상륙작전 광경

인민해방전쟁이라고 하는데, 이것은 인민군이 스스로 남침한 것을 증명하고 있다.)

③ 50. 9. 15 유엔군 인천상륙 시 인천 월미도에서 인민군 400여명이 저항하고 있었으나 국군과 미군의 상륙을 막을 수 없어 국군과 미군은 쉽게 인천에 상륙.

2005년 6월 강희남 외 좌파 수백 명이 '맥아더 장군의 인천상륙작전으로 낙동강에서 싸우고 있던 인민군이 많이 죽고 인민군이 남한을 점령하지 못하고 인민군 남침전쟁이 실패하였기 때문' 이라는 이유로 인천 자유시에 있는 맥아더 장군 동상을 헐려고 동아줄로 묶고 있었다. 그러나 맥아더 장군의 인천상륙작전 성공은 김일성이 수원에서 방어하고 있던 인민군 18사단을 50. 9. 13 수원에서 왜관으로 이동시켜 인천을 방어할 병력이 없어 맥아더 장군이 인천상륙작전에 성공하였다. 만일 인민군 18사단을 왜관으로 이동시키지 않고 즉시 인천으로 이동시켜 국군과 미군의 이천상륙을 막았다면 국군과 미군의 인천상륙은 어려웠을 것으로 본다. 이유는 인민군 18사단은 전차가 20대나 있고, 122밀리 곡사포도 수(數)문이 있고, 간만의 차이가 심해 썰물이 되면 국군과 미군은 육지에 상륙할 수 없기 때문이다. 그러기 때문에 강희남 외 좌파들은 패전의 책임을 물어 남한의 맥아더장군의 동상이 아닌 평양에 있는 김일성 동상을 동아줄로 묶어 끌어내렸어야 했다.

④ 50. 9. 28 미군 서울 탈환.

⑤ 50. 9. 28 미군 7사단은 서울 · 수원 · 용인 · 이천을, 해병사단은 여주 · 원주 · 대관령 · 강릉에서 낙동강의 인민군 패잔병 북상을 막아 포위하여 인민군을 전멸시키고, 미8군은 서부전선으로, 미10군단은 김화를 거쳐 원산으로 북진했어야 하는데, 인민군 패잔병의 북상을 막지 않고 퇴로를 열어주어 인민군 패잔병 3만여 명이 38선 이북으로 탈출하게 하였다.

⑥ 미군은 38선에서 머물고 있고 국군만 북진을 시켰어야 했다. 국군

3사단은 동해안에서 원산 · 나진을 향해 북진하고 있었고, 수도사단은 중부전선에서 인민군 패잔병을 소탕하면서 원산 혜산진으로 북진 중이었으며, 국군 6사단은 중부전선에서 평양 동쪽을 지나 압록강 초산을, 국군 8사단도 중부전선에서 평양 북쪽과 강동 쪽을 지나 강계로, 국군 1사단은 서부전선 신의주로, 국군 7사단은 중부전선에 벽동을 향해 총 6개 사단으로 북진 중이므로 국군만 북진해서 인민군 패잔병을 소탕하여 통일을 시켰어야 했다. 다만 미군이 국군에게 전차와 항공기와 해군만 지원해주어도 북한에 있는 인민군과 패잔병 3만 여명은 국군이 충분히 소탕할 수 있어 통일시킬 수 있었다.

만일 중공군이 압록강을 건너 한국전에 참전하면 이때 만주와 북경을 폭격하면서 미군이 38선을 넘어 중공군을 공격하였으면 한반도는 통일이 되었다.

이 문제를 이승만 대통령과 신성모 국방부장관이나 정일권 참모총장이 맥아더 사령관에게 강력히 권고했어야 하는데 그러한 권고한 흔적이 없다. 이들이 사대주의에 젖어 미군만 의지하고 있다가 통일의 꿈이 산산조각 나고 말았다. 그래서 사대주의는 국가를 망하게 한다.

⑦ 미군이 인민군 패잔병 3만여 명을 소탕하려고 유엔군 23만 명을 동원하고 650대의 전차와 1,000대의 항공기와 함대를 가지고 북진하자 모택동은 혹시 미군이 만주까지 진격할지 모른다고 판단, 한국전에 참전.

⑧ 50. 10. 19 중공군 20만 명이 압록강을 건너 1차 전투에 참전. 50년 10월 26일 국군 6사단 7연대가 압록강 초산에 도착하여 대한민국 온 국민은 꿈에도 그리던 통일이 되는 줄 알고 만세를 불렀다. 그런데 10월 29일부터 국군 7연대는 중공군에게 완전히 포위되어 2,677명이 희생되었고, 미 기병사단 8연대는 10월 30일 운산 북쪽에서 중공군에 완전히 포위되어 8연대 3대대 800여명이 거의 전멸될 정도였다. 1차 전투에서 이렇게 처참하게 참패하였다. 이처럼 중공군이 참전한 것이 확실한 데도 맥아더 장군은 중공군이 참전한 것을 끝까지 무시하고 50년 11월 24

일 종전 총 진격명령을 내렸다.

　⑨ 50년 11월 6일~20일 중공군 20만 명이 2차로 압록강을 건너 2차 전투에 참여. 합 40만 명이 압록강을 건너 북한 산악지역에서 매복하고 국군과 미군의 북진을 기다리고 있었는데 미군은 이를 전혀 몰랐다. 중공군은 인민군 3만 명 합 43만 명이 미군과 유엔군과 국군 23만 명을 포위, 50. 11. 28 덕천에서 전차가 없고 화력이 약한 국군 7사단과 · 8사단을 공격하여 국군이 3일 만에 포위되어 참패하면서 이때 국군의 전선이 뚫려 이곳으로 중공군이 홍수같이 내려와 미군 후방에서 공격하자 미군 2만 명은 현대무기를 가지고도 싸움 한 번 해보지 못 하고 청천강에서 후퇴하였다. 모택동의 작전은 기가 막힐 정도였다. 이때 국군8사단 10연대장 고근홍 대령 외 3,000여 명이 포로가 되어 510여 명이 현재까지 포로로 북한에 생존해 있으며, 현재 확인된 국군 포로가 69명이며, 2만여 명의 국군 포로들이 소련으로 끌려가 노예 생활을 하고 있었고, 나머지 5만여 명은 북한에서 죽거나 비참하게 살고 있다. 미2사단이 덕천 옆 삼소리에서 4,000여 명의 사상자를 내자 트루먼 미 대통령은 "만주에 원자폭탄을 투하 하겠다"고 고함을 치며 성명을 발표하였다.(미2사단은 한국전에서 사망 7,094명, 부상 16,237명, 실종 186명, 포로 1,516명이었다. 현재 한국에 있는 사단) 그러자 영국, 인도 등이 반대하여 투하하지 못하고 미군은 비참하게 북한 땅에서 철수하였다.

　중공군 40만이 압록강을 건너 북한의 산악지역에서 매복하고 있는 것을 맥아더 장군과 정일권 육군참모총장은 모르고 미군과 국군이 압록강을 향해 북진할 때 중공군의 매복에 걸려 대패하여 포위 직전 비참하게 철수하는 것에 대해, 미 트루먼 대통령과 미국 국민들은 통탄하였다. 그래서 맥아더 장군은 51년 3월 해임되었다.

　미군은 국군 6개 사단에 전차 1개 중대 12대씩 지원해 주어 전차를 앞세워 진격해야 하는데, 국군 1사단 외에는 전차를 전혀 지원해 주지 않았다. 팽덕회는 50년 11월 24일 전차가 없이 덕천에서 회천을 향해 진

격 중인 국군 7사단을 포위하여 공격하자 7사단은 덕천으로 후퇴하였
으나 이미 중공군이 덕천을 점령하여 7사단은 붕괴되었다. 이때 덕천
위 영원에서 북진 중이던 국군 8사단의 퇴로가 자동으로 차단되어 국군
8사단도 포위가 되면서 덕천과 맹산에서 중공군이 홍수같이 밀려 내려
와 개천에 있는 국군과 미군을 후방에서 포위하려고 삼소리에서 미 2사
단을 공격하여 대파하자 미군은 즉시 후퇴하였다. 이것으로 북한 땅에
서 싸움 한 번 해보지 못하고 통일의 꿈은 산산조각이 나고 말았다.

  6) 50년 11월 28일부터 미군 처절하게 북한에서 철수
  ① 국군 북진 중 50년 10월 26일 국군 6사단 7연대 1대대는 압록강 초
산 도착. 10월 29일부터 국군 7연대가 중공군에 포위됨. 1차 전투에서
국군과 미군 참패함.
  ② 50년 11월 24일 맥아더 장군 유엔군 종전 총공격 중 11월 29일 중
공군의 매복 포위망에 걸려 공격 6일 만에 2차 전투에서도 참패. 청천강
에서 총퇴각.
  ③ 50년 12월 4일 평양, 12월 15일 38선까지 포기, 철수.
  ④ 51년 1월 4일 서울 철수. 중공군은 총 한 방 쏘지 않고 평양과 서울
을 점령하였다. 이를 1.4후퇴라고 한다. 이때 북한 전 지역과 흥남에서
피난민이 남하하여 천만 이산가족을 낳았다.
  ⑤ 51년 2월 평택까지 철수. 미군 한반도에서 완전 철수하려고 준비
중이었다.(2차 철수계획) 이 때 모택동은 부산까지 점령하라고 명령하
였지만 이를 거부 팽덕회는 중공군 공격 정지명령을 내렸다.
  ⑥ 50년 12월 미 워커 8군사령관이 의정부에서 교통사고로 사망하자
리지웨이 장군이 미8군사령관으로 부임. 리지웨이 장군 중공군 반격.
  ⑦ 51년 3월 15일 국군과 미군 서울 탈환.
  ⑧ 51년 4월 국군과 미군 38선 이북으로 인민군과 중공군을 몰아냄.
맥아더 장군 사임.

⑨ 51년 6월부터 휴전회담 논의. 판문점에서 6월부터 휴전회담을 하면서 3년을 끌며 휴전회담 장소는 서로가 공격하지 않기로 합의를 보았다. 그런데 중부전선과 동부전선에서 국군이 원산까지 북진할 수 있었으나 이 합의로 인해 국군과 미군은 판문점과 그 이상 공격하지 못해 발이 묶여 사리원과 평양을 공격하지 못하게 되어 고성, 철원에서 북진을 못하고 휴전이 되어 개성이 북한 땅이 되었다.

▲ 중공군의 정월공세 직전에 붙잡혀 집단수용소로 인도되고 있는 유엔군 포로

⑩ 1953년 휴전회담 때에는 중공군과 북한은 항공모함도 없고, 해군 전투함도 없었고, 항공기가 없어 미군의 해군 전투함이 평양 앞바다까지 가서 위협해도 대응을 못하였다. 그래서 미군과 한국 해병은 연평도, 백령도, 초도, 석도, 신미도까지 점령하여 평양을 위협하였다. 그러나 휴전 때에는 한국 해병이 점령한 38도선 북쪽의 섬은 북한에 넘겨주고 철수하였다. 그리고 1992년 남북 합의서에도 서해 NLL을 서로 인정하였다. 그런데 북한에서는 오늘날에 이르러 이 백령도와 연평도 NLL을 미군이 마음대로 선을 그었다고 인정을 못한다고 은혜를 모르는 억지주장을 하며 천안함 피폭사건을 일으켰다.

⑪ 53년 7월 27일 휴전회담 성립. 현재에 이름.

⑫ 6.25 한국전쟁의 피해
 • 미군 및 유엔군 전사 : 33,629명, 부상 : 103,284명
 • 한국군 전사 : 237,686명, 부상 : 717,083명, 행방불명 : 43,572명,

국군포로 : 82,000여명.
- 한국 민간인 학살 : 128,936명, 사망 : 244,663명, 납치 : 84,532명
행방불명 : 303,212명, 부상자 : 229,625명
이상의 귀한 생명, 특히 16세 이상의 소년병들이 만 명 이상 참전
하고 희생자들이 있었기에 오늘의 대한민국이 있게 되었다.
(여덟 번째)
- 인민군이 남한을 점령했을 때 남한 거주자가 인민군에 편입 된
의용군 400,000명.
이상의 인명손실을 보고도 통일이 되지 못하였다. 자유는 저절로 오
는 것이 아니며, 좌파를 이기는 데도 싸우지 않고는 이길 수 없다.

※ ① 연세대 박명림 교수 외 좌파학자들은 휴전 협상이 북한의 양보
로 되었다고 허위주장을 하고 있다. 그 허위주장의 증거로 중공군과 인
민군 포로가 13만 6천여 명이다. 그러나 미군과 국군과 연합군 포로는
82,000여 명인데 실제 북한이 제시한 포로는 11,559명이다. 그중 미군
이 3,198명이어서 미군은 남은 53,000여 명을 내놓으라고 3년을 요구해
도 북한은 듣지 않았다. 그리고 중공군과 인민군 13만 6천명 전원을 북
한으로 보내 주어야 미군 3,198명을 보내 주겠다고 계속 주장하면서 3
년을 끌자 미군은 지쳐서 그렇게 하기로 합의를 보았다. 그런데 13만 6
천 명 중 반공 포로가 3만이 넘게 있어 이승만 대통령이 강제로 27,000
여 명을 석방하였고, 이때 석방되지 못한 8,000여명은 남한으로나 북한
으로도 못 가고 중립국으로 보내지는 비참한 일이 있었다. 포로 교환은
국군과 유엔군 8,343명이었다. 이럴 진데 북한이 양보해서 휴전 협상이
이루어졌다는 박명림 교수 외 좌파교수들의 주장은 허위주장이다.
② 유엔군 북진 중 참패한 원인은 맥아더 장군이 중공군을 너무 무
시한 결과이다. 중공군은 전차도 항공기도 곡사포도 없이 5명에 소총
한 자루와 1인당 수류탄 5발과 박격포가 주 무기로 전투에 임하였는

데, 중공군은 이러한 무기를 가지고 북한 땅에서 매복과 야간 공격과 접근전과 후방 교란작전으로 국군과 미군을 처절하게 참패시켰다. 미군은 막강한 전차와 포병과 항공기를 가지고도 이처럼 상상도 할 수 없는 무기를 가진 중공군에 처절하리만큼 참패하였다. 즉 소총이 전차를 이긴 것이다.

　③ 맥아더 장군의 교만과 국방장관 신성모, 육군 참모총장 정일권의 미군만 의지하는 사대주의에 의한 무능으로 통일의 꿈을 산산조각 나게 하여 현재에 이른 것이다. 이승만 대통령이 6.25 초전에 국방부장관을 이범석 장관에서 신성모 장관으로 교체하지 말고, 또한 정일권 대신 김홍일 장군이 참모총장이 되었으면 혹시 통일이 되었을 지도 몰랐다. 전쟁은 사람들이 하는 것이지 무기가 하는 것이 아니다. 어떤 사람들은 중공군의 인해전술 때문에 유엔군이 참패하였다고 하지만, 중공군과 인민군 43만 명, 국군과 미군 23만 명으로 국군과 미군은 화력이 막강했기 때문에 중공군 43만은 적수가 되지 못하였다. 그 증거는,

　51년 2월 12일 중공군 39군 소속 115사단과 116사단과 117사단의 3만여 명이 양평 옆 지평리의 미 2사단 소속 23연대를 밤에 포위 공격해 왔다. 후리면 미 23연대장도 진지를 튼튼하게 준비하고 철저히 방어준비를 하고 있다 중공군 3만여 명이 벌떼공격을 해왔을 때 밤이 새도록 잘 방어하였다. 2월 13일 아침이 되자 중공군은 미23연대 진지 한 군데도 돌파하지 못하고 수천 명의 시체를 남기고 잠적하였다.

　2월 14일 밤이 되자 중공군 3만여 명은 피리를 불고 꽹과리를 치면서 자살특공대가 만세공격을 밤새도록 하였으나 미 23연대도 밤이 새도록 잘 방어하여 진지가 한 군데도 중공군에 돌파 당하지 않았다. 그러자 중공군 군단장 등화는 공격을 포기하고 51년 2월 15일 수많은 시체를 남기고 철수하였다. 이 전투로 말미암아 중공군은 전투력이 처음 노출되어 팽덕회는 남진을 못하게 되었다. 리지웨이 장군은 미군과 국군을 놀라게 한 중공군의 작전이 바람몰이 허풍작전이라는 것을 알고 반격을

하여 중공군을 38선 이북으로 몰아내게 되었다.

51년 5월 26일 국군 6사단은 중공군을 용문에서 양평 · 청평 · 가평까지 추격하였다. 중공군 제2군 · 15군 · 27군 · 60군 · 63군 등을 화천저수지로 추격하였다. 국군 6사단은 후퇴하는 중공군이 화천저수지 근방으로 도망치는 퇴로를 차단하고 섬멸전에 들어갔다. 중공군은 실탄이 떨어지고 먹을 것도 떨어져 죽음 직전이었다. 이러한 중공군 5개 군을 죽이는 것은 식은 죽 먹기였다. 국군 6사단은 중공군 5개 군을 포위 섬멸한다는 것은 상상도 못한 일이었다. 이 전투에서 중공군은 29,156명이 죽고, 3,252명이 포로가 되었다. 중공군 60군 소속 180사단은 가평 북배산에서 전멸되고 사단장만 살아서 도망갈 정도였다. 국군은 전사 107명, 부상 494명, 실종 33명으로 완승하였다. 이승만 대통령은 전승기념으로 화천저수지를 파로호라고 명명하였고, 중공군 50군이 미 포

▲ 유엔군 부상포로들이 판문점에서 자유의 집에 도착, 앰블런스에서 내리고 있음

병의 지원사격에 박살나며 미 포병의 위력이 나타나기 시작하였다. 미군이 정신을 차리고 보니 청천강에서 서울까지 어떻게 저렇게 약세인 중공군에 밀려 후퇴하였는지 이해할 수 없었다. 국군 6사단은 압록강 초산에서 중공군에게 당한 것에 대한 복수를 시원하게 하였다. 그러므로 중공군의 인해전술 때문이라는 주장은 전사를 모르는 자들의 주장이며, 맥아더 장군의 교만 때문에 북진 때 참패한 것이다.

15. 남한의 독재정부와 부정부패

1) 휴전된 지 7년 만인 1960년 4월 19일 자유당 정부의 만행과 3.15 부정선거에 항거하는 학생들 186명이 죽음으로 이승만 정부가 무너졌다.

1961년 5월 16일 장면 총리의 무능과 분열과 육군참모총장 장도영의 배신과 무능으로 박정희의 군사정변이 성공하여 장면 정부가 찬탈 당하였다.

2) 1972년 박정희와 유신 독재

1979. 10.26 - 중앙정보부장 김재규에 의해 박정희가 살해되어 18년간의 군부(유신)독재가 끝나는 것 같았다.

1961년 5월 18일 0시 연천의 국군 5사단장 채명신 장군은 5사단 35연대와 36연대를 이끌고 서울로 향하여 중랑천에 도착함으로 박정의 5.16 쿠데타가 성공하는데 결정적인 역할을 하였다. 위기에 처해 있던 박정희는 군대를 이끌고 온 채명신 장군을 보고 '이제는 살았다' 하며 쌍수를 들어 환영하였다. 채명신 장군(교회 장로)이 파월 사령관으로 부임하여 펼친 유격전 작전으로 두코작전, 맹호 5 · 6작전, 혼바산 소탕작전, 오작교작전, 암행어사작전 등은 세계인을 놀라게 할 정도였다. 1966년 런던타임스는 연일 특집기사와 미국 각 언론사도 특집기사로 극찬하였다. 박정희 대통령이 외국 차관을 얻으려고 아무리 노력해도 안 되는 것을 채명신 장로로 인해 세계 11개국 금융기관에서 26억불을 차관해주어 이 돈과 일본에서 받은 보상금 6억 달러와 월남에서 벌어들인 돈으로 1968년 경부고속도로, 거제조선소, 포항제철, 창원, 구미, 울산 공단을 시작하여 오늘의 세계 10대 경제 대국이 되었다.

1969년 5월 채명신 장군은 대구 2군사령관에 부임하였다. 1972년 5월 박정희는 채명신 장군을 만나 "정권을 연장하겠다(유신을 하겠다)."라고 할 때 채명신 장군은 "정권 연장은 안 됩니다(유신은 안 됩니다.)."라고 정권 연장을 반대하면서 "정권을 연장하면 각하의 생명이 끊어집니다."라고 하자 1972년 5월 30일 채명신 장군을 예편시켜 외국 대사(귀양)로 보내고 72년 10월 유신을 하였다.

채명신 장군이 유신을 지지하였으면 대장으로 진급되어 참모총장을 하고 국방부장관도 할 수 있어 출세도 할 수 있었지만, 유신만은 안 된다고 하여 그는 중장으로 예편되었다. 그는 정직하고 훌륭한 장군으로 대한민국이 경제대국이 되게 한 기독교 장로이다.

유신헌법은 박정희 대통령이 죽을 때까지 종신토록 대통령을 할 수 있도록 만든 법으로 국민 거의가 반대하였다. 김재규 · 채명신 장군은 유신을 반대한 장군이었다.

1973년 박정희의 측근인 수도방위사령관 윤필용 장군도 "이제 박정희도 물러나야 한다."고 유신을 반대한 것이 윤필용 사건이다.

1974년 전국 민주청년 학생 총연맹(민청학련) 이철 외 12명이 유신을 반대하다 사형 등 중형을 받았다. 박형규 목사 외 다수의 목사도 유신 반대를 외쳤다. 고은 · 김지하 시인은 유신 반대를 하면서 김지하 시인은 유신을 5적이라는 시로 표현하여 감옥에 갔다. 이 시를 보도하였다고 사상계도 폐간되고, 사상계 사장 장준하도 유신을 반대하다 1975년 8월 의문사를 당하였다. 당시에는 추락사라고 하였으나 그가 죽은 지 37년 만에 검시한 결과 두개골에 5~6cm 크기의 구멍과 금이 간 흔적이 남아 있어 타살인지 추락사인지 논란이 일고 있다. 이만섭도 유신을 반대하여 국회의원이 되지 못하였다. 부산 출신이며 공화당 사무총장을 지낸 예춘호는 1969년 박정희의 3선 개헌에 반대, 박정희 군부 독재에 정면으로 반대투쟁에 앞장섰다. 공화당 원로 정구영 씨도 3선 개헌을 반대하였다. 김상현도 3선 개헌 반대와 유신 반대를 하다 5.18 때 안기부에 끌려가 인간으로서 견디기 힘든 고문을 당하였다. 유신반대를 한 사람을 어찌 다 기록하겠는가? 그 당시 종로5가 기독교방송 앞 광일다방에서 "유신헌법도 법이냐?" 했다가 감옥에 간 목사가 여러 명 있었다.

유신헌법이란 대통령을 선출하는데 국회에서 선출하는 간접선거도 아니고, 국민이 선출하는 직접선거가 아니라, 장충체육관에서 전국대의원 2525명이 모여 박정희 외 후보 없이, 대통령 후보의 정견발표도 없이 대통령을 선출하는 방법으로, 박정희가 죽을 때까지 대통령을 하는 종신대통령제를 유신이라고 한다. 이 유신 지지자들은 이 법을 한국적 민주주의라고 외쳤다. 이들을 어용주의자라고 한다. 사대주의와 어용주의는 국가를 망친다.

3) 1979년 12.12 전두환과 하나회의 쿠데타

박정희 시해 사건 후 노재현 국방부장관과 정승화 육군 참모총장이 하나회 출신 장교를 수도권에서 외곽으로 배치해 나가자 하나회 출신 장교들이 뭉쳐 정승화 총장에게 반격을 준비하였다. 이들은 군 안에서 기득권 상실과 유신체제의 급속한 붕괴를 우려 결국 12.12 구데타를 일으켰다.

① 보안사령관 전두한 육군 소장이 박정희 시해 사건을 조사하면서 권력이 집중되자 그는 보안사 요원과 하나회 요원과 육사 선후배를 총동원, 박정희 밑에서 배운 쿠데타를 일으켰다.

1979년 12월 9일 정승화 육군 참모총장은 전두환 보안사령관이 하나회 조직을 갖고 있고, 보안사령관이라는 막강한 군의 힘을 갖고 있으며, 박정희 시해사건을 조사하는 도중 제멋대로 하는 일이 많아 그냥 두면 문제가 있을 것 같아, 노재현 국방부장관에게 전두환 보안사령관을 속초 동해안 경비사령관으로 전보를 건의했으나 묵살 당하였다. 그런데 노재현 국방부장관이 이 내용을 국방부차관 김용휴에게 말하자 김용휴는 즉시 전두환에게 알려주어 준비하게 하였다. 그리고 김용휴는 육본 지휘부를 설득하여 약화시켰다. 김용휴는 이 사실을 전두환에게 알려준 대가로 1979년 12월 14일 개각 때 총무처장관이 되었다.

1979년 12월 10일 정승화 계엄사령관은 최규하 대통령에게 전두환 보안사령관 전보 인사를 올렸으나 아무런 조처 없이 지났다. 그리고 이 정보가 새어나가 전두환이 알게 되었다.

1979년 11월 말 주한 미군사령관 위컴이 노재현 국방부장관에게 전두환이 위험하다고 알려주었고, 유병현 연합부사령관에게도 알려주었으나 이들은 위컴의 정보를 무시하였다. 정승화 계엄사령관 주위에서도 많이 권고하였으나 무시하고 준비를 하지 않았다. 반면, 전두환 보안사령관은 철저한 준비를 하고 있었다.

② 1979년 12월 12일 오후6시 전두환은 경복궁의 수경사 30경비단 하나회 장세동 대령 사무실로 국방부 군수차관보 유학성 중장, 1군단장 황영시 중장, 수도군단장 차규헌 중장, 하나회 9사단장 노태우 소장, 20사단장 하나회 박준병 소장, 71방위사단장 하나회 백운택 준장, 1공수여단장 하나회 박희도 준장, 3공수여단장 하나회 최세창 준장, 5공수여단장 장기오 준장, 30경비단장 하나회 장세동 대령, 수경사 33경비단장 하나회 김진영 대령 등이 모여 12.12를 의논하였다. 이들이 12.12 지휘부이다.

③ 1979년 12월 12일 6시 30분 전두환 소장은 보안사 이학봉 중령과 같이 정승화 계엄사령관을 체포하기 위해 삼청동 최규하 대통령 총리공관으로 결재를 받으러 갔으나 최규하 대통령은 "노재현 국방부장관을 모시고 같이 오라"고 하며 한 시간이 넘게 전두환의 요구에 거절하고 있었다.

④ 전두환 소장은 만일을 대비하여 자기를 반대하는 특전사 정병주 사령관, 수경사 장태완 소장, 김진기 헌병감을 수경사 헌병단장 조홍 대령과 보안사 참모장 우국일 준장 등에게 연희동 요정 집에 초청하여 대접하게 하여 술을 먹인 후 부대지휘를 못하게 하고 있었다.

⑤ 전두환 보안사령관은 "정승화 계엄사령관은 박정희 시해사건에 전혀 관계가 없다."고 기자회견 장에서 국민들에게 선포해놓고, 육군

참모총장 정승화 육군 대장을 박정희 시해 사건에 관련이 있다고 주장을 하면서 체포하기 위하여 육군 범죄수사단장 우경윤 대령, 보안사 인사처장 허삼수 대령, 헌병감실 기획과장 성환옥 대령, 33헌병대장 최석립 중령과 그의 부하 1개 소대 60명, 육본 헌병대장 이종민 중령 등이 출동하였다. 이들은 모두 하나회 회원이다. 이종민 중령은 육본 헌병대장으로 육군참모총장 공관 경비책임자이다. 보안사 요원 8명, 이들은 승합차 2대와 버스에 승차하여 헌병 백차가 안내를 하여 한남동 총장 공관으로 향하고 있었다. 우경윤 대령은 정승화 총장이 가장 신임하는 군인이었다.

이종민 참모총장 경비대장이 공관에 들어서자 경비병들은 이들을 제지하는 것이 아니라 경례를 하고 부동자세로 있었다. 우경윤과 허삼수가 정승화 총장 공관에 들어가고, 성환옥, 최석립, 이종민은 공관 마당에 있고, 뒤에는 버스 안에 60명이 있었다.

우경윤과 허삼수는 총장 공관 응접실에서 정승화 총장에게 "총장님! 김재규로부터 돈을 많이 받으셨더군요! 그래서 총장님의 진술서를 받기 위해 녹음을 해야겠습니다." 하자 정 총장이 녹음기를 가져오게 하여 "그런 일이 없다."고 녹음을 하려고 하니 "여기 말고 녹음기가 있는 곳으로 가셔야 하겠습니다!" 하고 우경윤과 허삼수가 정승화 총장의 양쪽 팔을 잡고 끌고 나갔다. 이때 정승화 총장이 "헌병! 헌병!" 하고 부르자 우경윤이 "예! 제가 헌병입니다! 여기는 다 제 말을 듣습니다." 하자 정승화 총장은 기가 막혔다. 이때 정승화 수행부관 이재천 소령이 총을 맞고 쓰러졌고, 총장 경호장교 김인선 대위도 총을 맞고 쓰러졌으나 죽지는 않았다. 이때 최석립 중령이 M16 총으로 정승화 대장을 겨누면서 "빨리 따라갈 것이지 무얼 꾸물대!" 하면서 총 개머리판으로 정승화 대장을 꾹꾹 찔렀다. 결국 정승화 대장은 서빙고 보안사 분실로 끌려가 일등병으로 강등되고 인간이 참기 힘든 수모를 당하면서 수사를 받았다. 우경윤도 오인사격으로 총을 맞아 하반신을 쓰지 못하고 있다.

총장 공관 단지 경비대장 황인주 소령과 총장 관리장교 반일부 준위 등은 영문도 모르고 33 헌병들에게 총 개머리판과 군화발로 전신이 마비될 정도로 폭행을 당하고 감금되었다.

⑥ 최규하 대통령 경호는 구정길 중령이 헌병 20명으로 경계하고 있었다. 전두환 소장과 이학봉 중령이 최규하 대통령 방으로 들어간 후 김진기 헌병감이 구정길 중위에게 "지금 전두환을 체포할 수 있는가?" 하고 물었다. "예! 할 수 있습니다!" 라고 대답한 후 전두환과 이학봉을 체포하려고 준비를 다해놓고 아무리 기다려도 체포명령이 없었다.

최규하 대통령은 한 시간이 넘게 정승화 총장 체포를 결제해달라는 전두환 소장의 요구를 들어주지 않고 있고, 구정길 중령은 빤히 보고 있었는데도 전두환을 체포할 수 있는 절호의 기회를 명령이 없어 놓치고 말았다.

전두환 소장의 명령을 받은 청와대 경호실 작전담당관 고명승 대령은 즉시 무장을 하고 부하들을 데리고 총리공관에 도착하였다. 고명승 대령이 최영덕 총경과 권중원 소령에게 구정길 중령을 무장해제하고 그 부하들도 무장해제 시키고 총장 공관을 우리가 경계한다고 명령하자, 권중원 소령이 구정길 중령을 권총으로 위협 무장해제 시키고, 그 부하들도 무장해제 시키고 사무실에 감금하였다. 그리고 고명승 대령 부하들로 공관을 경계하고 아무도 들어가지 못하게 하고 총리공관에서 아무도 나가지 못하게 하여 최규하 대통령을 고립시켰다. 이는 친위쿠데타이다.

⑦ 3공수부대 최세창 준장은 15대대장 박종규 중령에게 "특전사령부를 평정한다!" 라고 하자 15대대 공수부대원들은 자기 상관을 체포하려고 사령관실로 진격하였다. 이때 참모장 하나회 회원인 신우식 대령과 경비책임자 등 누구도 정병주 사령관을 보호하려고 나서는 사람이 없었다. 오직 김오랑 소령이 권총을 들고 진격해오는 공수대원들에게 권총을 쏘아 박종규와 다른 병사가 손에 관통상을 입자 이들도 M16을 쏘

아 김오랑 소령은 그 자리에서 즉사하였고 정병주 사령관은 팔에 관통상을 입고 부하들에 의해 서빙고 보안사 분실로 끌려가 조사를 받았다.

⑧ 공수 1여단장 하나회 회원 박희도 준장은 전두환 소장의 명령으로 육본과 국방부를 점령하기 위해 부대를 출발하였다.

1979년 12월 13일 새벽 1시 35분 1`2대대는 육본, 5`6대대는 국방부를 점령하였다. 5대대장 박덕화 중령이 국방부장관 실로 진입 "손들어!" 하고 총을 겨누자 한미연합 부사령관 유병현 대장, 합참의장 김종환 대장, 김용금 중장, 방산 차관보 이범준 중장 등 10여 명의 장성이 30여명의 헌병의 경호를 받고 있었으나 박희도 1공수부대에 의해 제압당하였다.

노재현 국방부장관이 공수부대에 의해 총리 공관으로 가서 최규하 대통령을 만났다. 9시간 만이었다. 노재현 장관도 눈치나 보고 진압하려고 하지 않았다.

⑨ 육군본부에는 윤성민 참모차장, 김종환 합참의장, 유병현 한미연합사 부사령관, 문홍구 합참본부장, 김용휴 국방부차관, 하소곤 육본 작전참모부장, 안종근 군수참모부장이 있었다. 윤성민 참모차장은 눈치만 보고 있지 끝까지 반란군을 진압하려 하지 않았다. 그리고 육군 벙커에서 수경사로 옮겼는데 이는 큰 실수였다. 그래서 공수 1여단 5`6대대는 큰 저항 없이 육본을 쉽게 점령하였다.

⑩ 수경사 장태완 소장이 전차 1개 중대(12대)에 출동명령을 내려 주둔지 독립문 부근에서 필동 수경사를 가는 도중이었다. 전차 대대장 차기준 중령이 광화문 쪽에 도착했을 때 33경비단장 하나회원 김진영 대령이 차기준 중령에게 전차 앞을 가로막고 간절히 부탁을 해서 차기준 중령은 주둔지 독립문으로 되돌아갔다.

전두환은 수경사 헌병부단장 신윤희 중령에게 장태완 수경사 소장을 체포하라고 명령하였다. 신윤희 중령은 헌병 40명을 인솔하여 "지금부터 수도방위사령부를 평정한다. 전두환 보안사령관의 지시다!" 라고 하면서 완전무장하고 수경사 사령부에 쳐들어갔다. M16 총을 겨누고 사령부에 진입하자 방어하려고 총으로 손이 가는 하소곤 장군에게 총을 쏘았다. 하소곤 장군은 그 자리에서 쓰러졌다. 이때 장태완 소장은 자기 부하에게 체포되어 서빙고 보안사 분실로 끌려가 조사를 받았다.

노재현 국방부장관, 윤성민 참모차장, 수경사령관 장태완 소장 등은 12.12 반란을 얼마든지 진압할 수 있었는데 진압하지 못하고 오히려 당하고 말았다.

반란을 진압하라고 조직한 보안사가 반란을 주도하였고, 군 안의 사조직은 있을 수 없는데 전두환은 군 안의 사족직 하나회를 총동원하여 반란에 성공하였다. 노재현, 윤성민, 정승화 등의 무능에 의해 다시 유신 군부독재가 계속 되었다.

김오랑 소령의 사망 소식에 충격을 받고 부인은 시신경 마비증세로 실명하였고, 그 후 추락사 하였으며,

정병주 사령관은 정성을 다해 돌봐준 최세창 등 부하들에게 체포되어 서빙고 분실에서 조사받은 것이 너무 기가 막혀하다 1989년 3월 송추에서 자살하였고,

장태완 소장 부친은 아들의 체포 소식에 충격으로 사망하였으며, 서울대 자연계 수석으로 입학한 아들은 1982년 경북 칠곡 인동 장씨 재실 앞에서 숨진 채 발견되었다. 그리고 2010년 7월 장태완 소장이 지병으로 타계한 후 우울증을 앓던 부인은 2012년 1월 투신자살을 하였다.

평소 장태완 소장은 윤성민 육군참모차장의 배신으로 전두환 중심의 하나회 신군부 쿠데타를 막지 못했다고 탄식하고 세상을 떠났다.

전두환의 12.12 반란은 북한의 남침도, 내란도 전혀 고려하지 않고 자기들의 안위와 출세를 위해 반란을 일으켜 법과 윤리와 도덕을 이 땅에서 파괴하여 비참한 국가가 되게 하였다.

장태완 수경사령관을 체포한 신윤희 헌병부단장의 저서 「12.12는 반란인가」에서 '장태완은 군 내부를 임의적으로 적과 아군으로 나눠 사

살명령을 내리고 경복궁과 청와대에 대한 포격을 준비시켰다' 고 체포 이유를 설명하고 있는데, 그러면 장태완 소장을 체포하는데 국방부장 관의 명령인가? 아니면 육군참모총장의 명령인가?

신윤희 중령은 "전두환 보안사령관의 지시다."라고 하면서 장태완 수경사령관을 체포하였다. 어떻게 전두환 소장의 명령으로 수경사령관 육군 소장을 체포할 수 있는가? 그래서 12.12는 반란이라는 것이다.

1997년 대법원 판결문에 전두환은 12.12 반란 및 내란 수괴, 상관 살 해 미수, 5.18 내란 목적 살인 등이 인정되어 무기징역을 선고 받았으 며, "1979년 12월 12일부터 1981년 1월 비상계엄 해제까지"의 행위는 "헌정질서 파괴행위에 해당된다."라고 12.12를 반란으로 판결을 받고 전두한은 8개월 복역 후 김영삼 대통령의 특별사면으로 석방되었다.

군 안의 사조직인 하나회는 군 안에서는 있을 수 없는 조직이다. 이 하나회 사조직은 박정희 후원으로 전두환이 대표였고, 전두환은 이 사 조직인 하나회를 동원 12.12 반란을 일으켜 군을 먼저 장악하였다. 이를 신군부라고 한다. 이 하나회를 김영삼 대통령이 해산시켰다. 우리 사회 는 친일세력, 유신세력, 하나회 신군부세력, 좌파세력 등이 장악하고 있 다. 여기에 반대세력은 너무도 약하다.

4) 광주 5.18사건

1980. 5. 15 - 전교사(송정리 전투교육사령부)의 전통에 의하여 전남 31사단은 17일까지 광주의 대학과 신문사 방송국을 점령하라고 명령하 였고, 전북 익산 금마에 주둔하고 있던 7공수 33 · 35대대가 5월 15일 31사에 배속되었다. 박정희의 살해사건으로 제주도를 제외한 전국에 계엄령을 선포하였는데, 5.17 전두환 신군부는 명분이 없는 두 번째 계 엄령을 제주도까지 포함하여 확대 선포하고, 국회를 해산하고, 각 급 학 교에 휴교조치를 취한다고 선포하였다.

80. 5.18 일요일 1일째

1980. 5.18 - 전북 익산 금마에 주둔한 신우식 준장의 7공수 33대대의 권성만 중령은 전남대학교에, 35대대의 김일옥 중령은 조선대학교에 새벽 1시에 각각 도착 점령하여 전남대학교에서 학생 69명 체포, 조선 대학교에서 43명 체포, 6시경 31사단 헌병대에 인계하였다. (95. 7.28 검사 5.18 수사자료 참고) 오전 9시 전남대학교 학생들이 학교 안에 들어가려고 하자 33공수부대가 무장을 하고 정문에서 학생들이 학교에 들어가는 것을 막고 있었다. 이때부터 학생들과 공수부대의 싸움이 시작되었다. 학생들은 "왜 일반군인이 아닌 공수부대가 학교 안에 주둔하고 공부하려는 학생들을 무슨 이유로 막는가?" 하고 항의시위를 하기 시작하였다.

전남 광주에서 학생들이 데모를 해서 공수부대가 출동한 것이 아니라 국회를 해산시키면서 계엄이 확대되고 각 대학에 휴교령을 내리면서 공수부대가 학교를 점령한 것이다.

전남대학교 정문 앞에 학생들이 하나 둘씩 모여들었다. 그런데 공수대원이 못 들어가게 하여 자연 기다리다보니 오전 10시경에는 200여명이 모였다. 사람 수가 많아지니 학생들의 입에서는 불평이 하나 둘 나오기 시작하여 나중에는 "계엄령 해제하라!" "전두환 물러가라!" "계엄군 물러가라!" "휴교령 철폐하라!"는 구호를 외쳤다. 이때 공수부대원은 "학교에 들어갈 수 없으니 각자 집으로 돌아가라!"고 권고하였으나 학생들은 "왜 공수부대가 학교를 점령하고 들어가지 못 하게 하느냐!" 하며 항의하였다.

오전 10시 정각 공수부대 지휘자가 핸드마이크로 학생들을 향하여 "즉시 해산하라! 만일 해산하지 않으면 무력으로 해산시키겠다.!"고 말한 후 5분을 기다려도 해산하지 않자 "앞으로 돌격!" 하는 명령을 내려 5.18이 시작되었다고 한다.(1982년 계엄사 134쪽 참고)

명령이 떨어지자 공수부대원들은 진압봉으로 학생들을 사정없이 후

려쳐 여기저기에서 "어이쿠" 하는 학생들의 신음소리가 들렸다. 순식간에 학교 앞은 수라장이 되었다. 갑자스럽게 공수부대원들의 잔인한 진압봉세례를 받은 학생들은 부상자가 속출하였고, 일부는 놀라 정신이 나가버릴 정도였다. 친구가 공수대원들에게 구타를 당한 학생들은 놀란 가슴으로 여기저기에 알려 조금 후에는 많은 학생들이 학교 앞에 모이게 되었고, 학생들은 돌을 공수대원들을 향해 던졌으나 공수대원들은 돌을 피하지 않고 돌을 던지는 학생을 끝까지 쫓아가 붙잡아 난타한 후 질질 끌고 학교로 와 운동장에 무릎을 꿇어앉혔다.

학생들은 공수대원들이 4.19 때의 군인들과는 전혀 다르다는 것을 알고 학교 앞에서 도망친 학생들이 광주시내로 들어가 학생들과 젊은 이들에게 이 사실을 알려 광주역 광장에 500여명이 모여 "공수부대 물러가라! 계엄령 해제하라! 전두환 물러가라!' 하며 시외버스 공용버스터미널을 지나 가톨릭센터 앞 그리고 도청 앞, 금남로에서 데모를 하여 5.18사건이 벌어진 것이다.

오전 10시 40분 경 전남대학교 앞에서 공수대원들에 쫓긴 학생들이 하나 둘씩 금남로에 모이기 시작하여 수백 명이 되자 구호를 외치며 시위를 하자 경찰들이 시위를 진압하고 있었다.

오후 1시경 수창국민학교에 군 트럭 20여대에 분승한 공수대원들이 집결하고 있었다. 이들은 완전무장을 하고 철망을 부착한 투석방어용 철모를 쓰고, 총을 엇비슷하게 메고, 총에는 대검을 꽂고, 한 손에는 물푸레나무 진압봉을 들었다. 이 부대는 전북 익산 금마에 있는 7공수부대이며, 여단장은 신우식 준장이었다. 이 부대원들은 오후 2시부터 수

창초등학교 부근에 있는 학생 60여명이 "계엄령 해제하라!"고 외치자 공수부대가 순식간에 "돌격 앞으로!" 하자 무자비하게 진압봉으로 구타하자 학생들 일부는 공수대원에 붙잡히고 일부는 도망쳤다.

광주 시외버스터미널에서부터 젊은 사람들을 보기만 하면 무조건 잡아 진압봉으로 두들겨 팼다. 이것을 목격한 학생들과 젊은이들은 치를 떨고 광주 시내를 돌아다니며 사직공원으로 모이라 하여 짧은 시간 안에 1,000여명의 젊은 사람들이 공원에 몰려들었다. 잠시 후에는 2,000여명이 되었다.

오후 4시 40분 공수부대는 사직공원에 있는 시위대를 포위하고 공격하기 시작하였다. 공수대원들은 시위대를 붙잡으면 진압봉으로 두들겨 패고 군 트럭에 싣고 향토사단인 31사단과 상무대와 광주교도소로 끌고 갔다.

택시 한 대가 진압 현장을 지나가자 공수대원이 택시를 제지하고 택시에 타고 있던 손님을 내리게 한 다음 남자를 진압봉으로 무조건 두들겨 패자 같이 타고 있던 부인이 놀라 말리니 이 부인도 진압봉으로 두들겨 팼다.

북한 특수군 600명이 광주시민을 선동하였다면 위의 사진과 같이 죽든가 부상당하거나 속옷만 입고 잡혀 조사를 받았을 것이다. 그런데 사망자나 부상자나 체포되어 조사받은 자

▲ 북한 특수군 600명이 광주시민을 선동하였다면 위의 사진과 같이 죽든가 부상당하거나 속옷만 입고 잡혀 조사를 받았을 것이다. 그런데 사망자나 부상자나 체포되어 조사받은 자들 중 북한 특수군은 한 사람도 없어 지만원 씨와 일부 우익들이 북한 특수군 600명이 5.18에 참여하였다고 한 것은 거짓말이다.

들 중 북한 특수군은 한 사람도 없어 지만원 씨와 일부 우익들이 북한 특수군 600명이 5.18에 참여하였다고 한 것은 거짓말이다.

이때 길을 가는 22세정도의 처녀를 공수대원이 무조건 붙잡아다 진압봉으로 두들겨 패고 겉옷을 찢고 팬티만 걸친 알몸을 만들어 세워두자 이 광경을 본 서석병원장 김상수 박사가 사무장을 시켜 병원 가운을 입혀주라고 하였는데, 공수대원은 가운을 가지고 간 사무장에게 누가 옷을 가져다주라 했느냐고 사무장마저 두들겨 팼다. 이 광경을 본 광주시민들은 분노하였다. 이 사건이 광주시민들을 참을 수 없게 하였고, 이때부터 시민들이 시위에 가담하여 공수부대와 싸우게 된 원인이 되었다.

공수대원의 만행을 보다 못한 김상수 박사가 직접 장교를 만나 사정하여 두들겨 맞고 트럭에 실려 있는 중환자들을 치료해주겠다고 하여 22명을 병원으로 옮겨 20일을 응급치료와 무료치료를 하여 생명을 건졌다. 김상수 서석병원장은 5.18사건 기간 동안 280여명의 중환자를 무료치료를

하여 생명을 살렸다.(김영택 저 10일간의 취재수첩 23쪽 참고)

　1980. 5. 18 오후 3시 30분 유동 삼거리 횡단보도와 북동 180번지, 누문동 62번지에서 군 트럭 11대에서 하차한 공수대원이 "거리에 있는 시민들은 빨리 집으로 돌아가십시오!" 한 후 1분정도 지나자 "거리에 있는 사람 전원 체포하라!"는 명령이 6.25동란 후 최대의 비극이 시작되었다. 공수대원들의 진압봉 세례에 현장은 순식간에 아비규환이 되었다. 영문도 모르고 갑자기 두들겨 맞는 시민들은 골목으로 가게로 집으로 들어가 숨었다.

　공수대원들은 주택이고, 건물이고, 상점까지 들어가 젊은이가 있으면 무조건 진압봉으로 두들겨 패 끌고 나가 군 트럭에 태우거나 손을 뒤로 묶어 도로에 꿇어앉혀놓았다가 군 트럭에 싣고 갔다.

　5.18 오후4시 북동 276번지 횡단보도 앞에서도 이유 없는 공수부대원들의 광주시민 체포가 시작되었다. 동아일보 지국 2층 건물까지 공수부대가 들이닥쳐 기자와 사무원을 닥치는 대로 두들겨 팼다.

　오후 5시 청산학원 앞에서 지나가는 청년들은 물론, 상점, 다방, 이발소, 음식점, 사무실, 가정집, 당구장 할 것 없이 들어가서 젊은 사람들은 무조건 잡아서 진압봉으로 두들겨 팬 후 군 차량에 싣고 31사단과 상무대와 광주교도소로 옮겼다.

　오후 7시 광주고등학교 방송통신고에서 수업 받고 있는 학생들에게도 들이닥쳐 진압봉으로 학생들을 두들겨 패자 학생들은 국군인 공수부대가 왜 이러는지 알 수 없었다. 여기에는 육군 중사 현역도 있었다. 육군 중사는 깜짝 놀라 학교 교실 밖으로 도망쳤고, 학생들은 두들겨 맞은 후 끌려가 군 차량에 실렸다. 부근에서 길을 가던 청년들과 학생 수십 명을 포위 무조건 잡아 진압봉으로 구타하였다.

　광주시민들은 공수대원들이 데모하는 학생들이나 데모를 하지 않는 일반인이나 남녀노소를 구분하지 않고 막무가내로 구타하고 끌고 가는지 이해할 수 없었다. 정신병자가 아니고는 저런 비참한 사건을 벌일 수 없다고 이구동성으로 탄식하였다. 공수부대원들의 무자비한 행동은 상상할 수 없을 정도였다. 18일 하루 동안 24명이 사망하였고, 대학생 114명, 전문대학생 35명, 고등학생 6명, 재수생 66명, 일반시민 184명 합 405명이며, 68명 두부 외상, 타박상, 자상(대검에 의한 부상)이고, 12명이 중태이다.

통행금지가 밤 9시부터 새벽 4시까지이며, 농사일이나 상업을 하는 부득이한 사람은 팔목에 도장을 찍어주어 통행하게 하였고, 계엄군은 도로를 철저하게 지키고 있어서 북한 특수군 600명은 광주시내에 들어올 수 없었다.

공수대원은 젊은 여자들의 가슴을 칼로 내려치고 찔렀다.(전옥주 본명 전춘심 씨가 민화위 참고인으로 나와 한 증언)

광주시 젊은이들은 우리가 이렇게 아무 이유도 없이 공수부대에 의해 바보같이 맞아 죽을 수는 없다하고 그때부터 방어할 무기로 쇠파이프, 각목 식칼 등을 소지하게 되었다.

※ 지만원 씨는 2013년 7월 18일 오후2시~6시 프레스센터 20층에서 소책자를 나누어 주었는데, 그 소책자 내용 중 5.18 진실 알리기 4쪽에서 "계엄군을 먼저 공격한 측도 시위대요, 살인행위를 먼저 자행한 쪽도 시위대요, 광주 시위대의 핵심 공격수들은 광주에서도 천대받던 최하위 계층의 양아치, 구두닦이, 목공, 철공, 석공 등 59종의 직업에 종사하는 막노동꾼들로 구성되었다"고 주장 매도하지만, 5.18 사건은 위에서 보는 바와 같이 지만원 씨의 주장은 모두 거짓주장이다.

80. 5.19. 월요일 2일 째

강원도 화천에 있는 11공수여단장 최웅 준장의 61대대(대대장 안부웅 중령), 62대대(대대장 이재원 중령), 63대대(대대장 조창구 중령) 등 1,200여 명이 5월 18일 광주 출동 명령을 받고 수송기 5대에 탑승하여 오후6시 30분 조선대학교 운동장에 도착하였다.

특전사령관 정호용 소장, 7공수여단장 신우식 준장, 11공수여단장 최웅 준장 등은 31사단에 배속되었기 때문에 31사단장의 명령을 들어야 하고 전남북계엄 분소장이 윤흥정 중장이므로 전남북 계엄소장의 명령을 따라야 하는데 공수부대는 이들의 명령을 따르지 않았다.

학생과 젊은이들의 부모들은 "밖에 나가지 말라! 나가면 죽는다" 하며 자식들에게 애원을 하고 문을 잠그고 지키고 있었다.

이 날 대부분의 상가가 문을 닫았다. 어제 사건이 입을 통하여 광주시민들에게 알려지자 광주시민들은 분노를 참을 수 없었다.

오전 10시가 되자 금남로에 4,000여명의 학생들과 젊은이들, 중년의 시민들이 모였다. 공수부대는 확성기를 통해 "해산하라!"고 명령하였으나 해산하는 사람은 없었다.

10시 40분경 경찰들이 시위자들에게 최루탄을 쏘면서 "해산하라! 공수대원에게 걸리면 죽는다!"라고 하였지만 시위자들은 각목, 쇠파이프 화염병을 가지고 공수부대와 맞섰다.

도청 앞에 군 트럭 30대가 정지하고 공수대원들을 쏟아냈다. 이들은 시위 군중을 포위하고 진압봉으로 두들겨 패기 시작하였다. 비명소리와 함께 시위현장은 아수라장이 되었다. 시위대들은 흩어져 도망쳐 숨었으나 공수대원들은 시위대들을 끝까지 추적하여 붙잡아 두들겨 팬 후 질질 끌고 군 트럭 있는 곳으로 와서 옷을 벗기고 팬티만 입혀 손을 뒤로 묶고 땅에 엎드려 있게 하였다. 여자들도 사정 봐주는 것이 없이 두들겨 팬 다음 옷을 찢고 군 차량에 짐승 싣듯 실었다. 이런 광경을 보는 광주시민들은 분노를 참을 수 없었다. 광주시민들은 폭행을 당하고 차에 실려 가는 사람들을 보며 가슴을 치고 발을 동동 굴렀다. 어떤 사람들은 땅을 치며 통곡을 하는 사람들도 있었다. 7공수와 11공수 는 국군이라고는 도저히 상상도 할 수 없는 잔인하게 진압하였다.

이 광경을 보고 있던 무등고시학원 학생들이 "우-"하고 야유를 보내자 공수대원들은 무등고시학원에 올라가 수강생 50여명을 진압봉으로 두들겨 팬 후 층계를 질질 끌고 내려와 길바닥에 엎드려 있게 하였다.

수창초등학교 앞에서 공수대원이 청년을 붙잡아 진압봉으로 두들겨 팬 후 옷을 벗기고 전봇대에 거꾸로 매달아놓고 다시 진압봉으로 두들겨 패는 것을 보고 광주시민들은 공수부대에 치를 떨었다. 이 일이 광주시민들이 공수부대에 죽기 아니면 살기로 대든 두 번째 원인이 되었다.

부상자가 속출하자 택시기사들이 부상자를 병원으로 옮기려고 택시에 싣자 공수대원이 "택시기사가 폭도들을 숨겨주려 하였다"고 택시운전기사를 진압봉으로 후려치자 광주시내 기사들이 벌떼같이 일어나 다음 날 200여대의 택시가 시위에 참여하는 원인이 되었다.

오전 11시경 YMCA쪽에서 젊은 여인과 40대 여인이 무등고시학원 쪽

으로 걸어가고 있었다. 이때 공수대원이 젊은 여자를 잡고 진압봉으로
가격하자 나이 먹은 여인이 "왜 무고한 사람들을 군인이 때리느냐?"고
항의하자 이 부인도 두들겨 팼다.

경찰들도 부상자들을
병원으로 옮기려고 경
찰차에 태우면 공수대
원들은 "경찰이 폭도들
을 숨기려 한다고 폭력
을 가하여 경찰들은 죽
어가는 시민들을 버려
둘 수도 없고, 구조하면

공수대원들에 맞아 죽게 생겨 이러지도 저러지도 못하고 넋이 나갈 지
경이 되었다. 그런데 공수부대 대대장이 전남도경 작전과장 안영택 총
경에게 "부상 폭도들을 빼돌리거나 시위 학생을 피신시키면 너희들도
동조자로 취급하겠다."고 고함치자 안영택 총경은 어안이 벙벙하여 말
을 못하였다. 전남경찰국장 안병하 경무관이 이 광경을 보고 기가 막혀
경찰에게 시위대를 진압하라고 명령할 수도 없고, 도망치라고 명령할
수도 없으며, 공수부대에 "강경진압을 하지 말라"고도 못하고 어떻게
해야 할지 몰랐다. 그런데 계엄 당국에서는 초기 진압작정 때 지휘권을
포기하였다고 5.27 군 수사 당국에 연행되어 조사를 받고 그 후 병이 들
어 세상을 떠났다.

3시 30분경 공수부대는 장갑차에 기관총으로 무장하고 도청 앞에서
금남로 사거리에 있는 시위 군중을 향해 전속력으로 돌진하자 미처 피
하지 못한 시위자가 장갑차에 여러 명이 치어 죽었다. 이 광경을 본 광
주시민들은 더 이상 참을 수가 없었다.

오후 4시경 전남고, 대동고, 중앙여고 등과 광산여고, 조대부고, 정광
여고 등이 시위에 가담하였다.

4시 30분 계림파출소 근처에서 계엄군의 장갑차가 시위대에 포위되자 계엄군은 광주에서 첫 번 째 시민에게 발포하여 조대부고 3학년 김영찬 학생이 사망하였다.

공용터미널 부근에서 공수대원들이 지나가는 시내버스를 모두 정차시켜놓고 차 안을 검문할 때 학생과 젊은이들을 무조건 차에서 끌어내리면서 "광주 놈들은 무조건 죽여 버려야 한다!"고 고함을 쳤다. 또한 공수부대 하사들이 젊은이들을 잡아놓고 "전라도 놈들 씨를 말리겠다!"고 폭언을 하였다. 여기서 광주 시민들은 "고향이 전라도인 군인들은 저런 말을 할 수 없을 것이다!"라고 하면서 "경상도 군인이 광주시민 씨를 말리고 있다!"고 소문이 퍼진 것이다. 그런데 지만원 씨는 이 말을 북한 특수군이 하였다고 거짓 선동을 하고 있다.

광주시내 기관장들이 공수부대 지휘관들에게 "강경진압을 완화해 달라"고 요청하였으나 묵살 당하였다.

전남교육청은 광주시내 37개 고등학교에 휴교령을 내렸다.

오후4시 40분 경 공용터미널에서부터 중년 여성 전옥주(32세 본명 전춘심)이 자동차에 확성기를 설치하고 가두방송을 하면서 "광주시민 여러분! 공수부대와 싸웁시다!"라고 선동하고 다녔다.

오후 6시경 공용터미널 주차장에 7~8구의 시체가 차곡차곡 쌓여 있었고, 무등경기장에는 10구의 시체가 즐비하게 있었다. 18일 사망자는 타살이었으나 19일의 시체는 거의 대검에 찔려 죽었다. 이중에는 여성의 유방이 대검에 찔려 죽은 시체도 있었다. 2일 동안 공수부대에 두들겨 맞고 끌려간 사람들이 1,740여 명이었다.

전남북 계엄분소장 윤홍정 중장(육사 5기)이 "학생들의 데모를 이렇게 강압으로 진압하면 되겠느냐?"하면서 공수부대 지휘관들에게 "강경진압을 중지하라고 하자 해임되고 소준열 소장으로 교체하였다.

광주 향토사단인 31사단 정웅 소장(6.25 때 호국군 출신)이 공수부대 지휘관들에게 "이렇게 강경진압하면 안 된다"고 하면서 강경진압 반대 명령을 내렸으나 공수부대는 이 명령을 듣지 않았다. 7,11공수부대가 31사단에 배속되었기 때문에 2개 공수여단장들은 31사단장 정웅 장군의 명령을 따라야 하나 따르지 않았고, 오히려 정웅 장군은 강경진압을 반대하였다고 80년 6월 4일 보직에서 해임되고 예편되었다.

오후 9시가 넘을 때까지 시위대는 공수부대와 사생결단을 하고 있었다. 31사단이 외곽으로 나가고 있었다. MBC와 KBS 광주 지국들이 시민이 죽어가는 데도 보도를 하지 않자 화가 난 시민들이 불을 질렀다. 대학병원, 종합병원, 개인병원은 환자들로 초만원이었고, 헌혈을 하려는 시민들이 병원마다 줄을 섰다. 이날 사망자는 모두 69명이었다.

※ 공수부대의 부`마시위 때 시위진압

1979. 10.15 부산대 학생들이 유신반대 유인물을 학교와 시내에 뿌렸다.

10.16 부산대 학생들이 유신철폐, 독재 타도를 외치자 오후에는

부산시민이 합세 5만여 명이 시위에 가담하여 적극 협조하였다.
10.17 동아대가 시위에 합세하였다.

10.18 0시 계엄령이 선포되고 서울의 3공수가 부산에 내려가 M16에 대
검을 꼽고 최루가스를 쏘며 진압하였다. 공수부대가 시민을 죽이지 않
아서 시위가 확산되지 않고 진압되었다.

1979. 10.18 마산의 경남대생들이 "부산에서 우리 학우들이 유신독재에
의해 피를 흘리고 있다"라고 외치며 시위를 하였다. 마산시위는 부산보
다 격렬하였다. 여당인 공화당 사무실과 파출소에 불을 질렀다. 박정희
사진을 찢고 짓밟았다. 그러자 정부에서는 10.20 계엄령을 선포하여 공
수부대가 진압하였다. 역시 마산에서도 사람을 죽이지 않았다. 그래서
진압되었다.

부산 105명 연행, 66명 기소

마산 505명 연행, 59명 기소

사망자는 한 명도 없다.

※ 광주에서는 공수부대가 18일, 19일 광주시민 90여명을 죽이고 다
수의 부상자가 속출하자 광주시민들이 분노를 참을 수 없어 시위가 확
대되었다.

광주시민들은 공수부대가 왜
사람들을 남녀노소 구분 없이,
또 시위자나 일반 통행인이나
구분 없이 막무가내로 때려죽이
는지 상상도 할 수 없었다. 광주
시민들은 공수부대에 흥분제를
주었거나 독한 술을 주어 미치
게 하지 않고는 이런 일을 할 수

없다고 판단하였다.

　※ 일베는 "시위대가 먼저 계엄군에게 총격을 가했다. 최초의 사망자
는 경찰이다. 북한군이 광주시민을 선동했다."고 인터넷을 통해 거짓을
선동하였고, 아들이 죽어 울고 있는 어머니 사진을 두고 "홍어 택배"라
고 한 것은 있을 수 없는 일이다.
　지만원 씨는 5.18 반란폭동의 지휘부는 분명 북한 이었다고 주장하나
이상에서 사건을 본 바와 같이 이는 거짓으로 국민을 성동하고 있고, 북
한 특수군이 120% 확실하다고 상상도 할 수 없는 거짓선동을 하고 있다.

　80년 5월 20일 화요일. 3일 째
　80년 5월 19일 오전 6시 30분 서울의 3공수가 광주에 출동하라는
명령을 받고 3공수여단장 최세창 준장의 11대대장 임수원 중령, 12대

대장 김완배 중령, 13대대장
변길남 중령, 15대대장 박종
규 중령 등 1,400여명이 20
일 새벽 1시 열차를 이용하
여 서울역을 출발하여 아침
7시경 광주에 도착하여 이로
서 3공수, 7공수, 11공수 합
3,400여명이 진압에 나섰다.

　새벽 6시, 김안부(36세 월산동)시체가 버려진 채 발견되었다. 이날은
비가 내리고 있었다.
　전남 각지에서 광주시내로 들어가지도 못하고 나오지도 못하게 군경
이 철저히 경계하고 있고, 검문이 철저하였다.
　오전 10시경 대인시장 근방에 1,000여 명이 모여 금남로를 향해 가면

서 "공수부대는 물러가라!"고 구호를 외쳤다.

3공수와 11공수는 7공수대원들과는 달랐다. 그 내용은 M16에 착검을 하지 않았고, 술에 취해 얼굴이 벌건 군인도 없었고, 눈이 충혈 되어 살기가 등등하던 공수대원은 보이지 않았다. 그런데 공용터미널에 있는 공수부대에 어제는 보지 못한 화염방사기를 보고 시위대들은 불안해하였다.

서방 사거리에서 시위대와 공수부대가 맞붙었다. 공수대원들이 시위대에 화염방사기를 발사하자 선두에 서 있던 시위대가 미처 피하지 못하고 타죽어 가는 자가 있었다.

10시 30분 경 금남로 3가에서 30여 명의 남녀가 공수대원에 붙잡혀 속옷만 걸친 채 기압을 받고 있었다.

오후 3시경 금남로에서는 10만여 명이 모여 "우리들을 다 죽여라" 하며 각목, 쇠파이프, 화염병을 가지고 공수부대와 대치하고 있었다. 공수부대는 "즉시 해산하라!"고 고함을 치고, 시위대는 "공수부대는 물러가라!"고 외쳤다. 공수부대가 시위자를 공격하자 현장은 순식간에 수라장이 되었다. 시위자들은 골목으로 도망쳤으나 어제의 7공수대원 같이 뒤를 추격하지는 않았다.

오후 5시 50분 경 공수부대는 전차로 도청을 경계하고 있었다. 시위자들 수만 명이 도청을 향해 "경찰은 비켜라! 우리는 공수부대와 사생결단을 하리라" 하면서 한 발 한 발 앞을 향하였다.

오후7시 유동 쪽에서 수많은 차량이 경적을 울리며 도청을 향해 전진하고 있었다. 대한통운소속 12톤의 대형트럭과 고속버스와 시외버스 11대와 택시 200여 대가 시민들의 박수를 받으며 공수부대와 한판 해보겠다고 전진할 때 그 뒤에 수만 명의 시민들이 따르고 있었다.

공수부대는 이들에게 엄청난 양의 최루탄을 퍼부었다. 시위대원들은 눈을 뜰 수가 없었다. 시위자들이 비실거릴 때 공수부대는 방독면을 쓰고 진압봉으로 시위대원들을 두들겨 팼다. 현장은 순식간에 아수라장이 되었고, 피로 범벅되었다. 시위대들은 운전기사를 살리려고 공수부대에 달려들었으나 역부족으로 피해만 속출하였다.

오후 7시 30분 대형버스 5대가 2열로 공수부대를 향해 전진하였다. 그리고 시위대들은 소방차 3대를 가지고 공수부대에 물을 뿌려 물리치려 하였으나 공수부대는 이들을 장갑차로 밀어버렸다.

오후 8시 고속버스 3대가 시동을 걸고 공수부대를 향해 돌진하면서 공수부대 50미터 앞에서 운전기사는 뛰어내리고 고속버스 2대가 공수부대를 향해 돌진하였다.

그런데 버스가 공수부대가 아닌 경찰을 덮쳐 미처 피하지 못한 강정웅 경장(39세), 박기웅(40세), 이세웅(31세), 정춘길(40세) 등 4명이 깔려 죽고 5명이 부상당하였다. 향토사단인 31사단 국군이 "우리는 공수부대가 아니다. 길을 열어주라!"고 하자 시위군중이 길을 열어주어 11명이 현장을 빠져나갔다.

도청 3층 도지사실에서 장형태 도지사는 상무대로 피신하였고, 시내 곳곳에서 시위대와 공수부대가 치열하게 싸우고 있었다. 이제 공수부대는 시위 군중에 의해 거의 포위되었다.

오후 10시 3일 째 공수부대에 의해 광주시민이 일방적으로 폭력을

당하고 광주시민들이 죽어가고 있는 데도 광주MBC와 광주KBS가 이 사건을 보도하지 않자 광주시민들의 불만이 이만저만 아니었다. 항의해도 아무런 변화가 없자, 사실을 방송도 못하는 방송국이 무슨 소용이 있는가? 하며 시위대들은 두 방송국을 3차례 불질러버렸다.

오후 11시경 시위대들이 광주역 광장에서 차량으로 공수부대를 향해 돌진하자 광주역에서 3공수부대에서 두 번째로 총을 쏘아 시민 2명이 사망하였다.

시위대는 꼬박 날을 새우며 새벽4시까지 도청 앞과 신역에서 공수부대와 싸우고 있었다. 조선대학교 부근에서도 총소리가 났다.

공수부대가 처음으로 견디지 못하고 신역에서 외곽으로 밀려났다. 시위대가 신역과 고속버스 진입로를 장악하면서 공수부대의 보급이 차단되어 공수부대에 위기가 몰려왔다.

시위대는 트럭에 기름을 가득히 넣은 드럼통에 불을 붙여 싣고 공수부대를 향해 돌진하자 드럼통이 터지는 소리와 하늘을 가리는 검은 연기가 전쟁을 방불케 하였다.

시위대는 우리도 총이 있어야 한다고 하며 처음으로 세무서 예비군 무기고에서 칼빈 총을 가지고 와서 공수부대와 싸우려 하였다. 광주시내는 완전히 전쟁터였다. 공수부대는 다른 지역으로 확산되는 것을 막기 위해 광주에서 시외로 통하는 7개 도로를 완전히 차단하여 광주를 고립시켰다.

공수부대 지휘관들은 향토사단인 31사단의 동태가 이상하다고 보았다. 31사단 국군이 광주시민과 합세하여 공수부대를 공격한다면 공수부대에 엄청난 희생이 올 것을 미연에 방지하기 위하여 31사단 국군을 무장 해제시키고 외곽으로 철수시켰다.

20일 오후 신현확 국무총리 이하 국무위원들이 전원 사임하였다.

서울의 방송이나 신문에서는 광주에서의 일이 보도되지 않아 국민들은 이날까지도 모르고 있었다. 이날 사망자는 70여 명이었고, 경찰 4명이었다.

지금까지 광주에서의 공수부대가 해온 명령 수행은 특전사령관 정호용 소장, 광주 505보안부대장, 3공수여단장 최세창 준장, 7공수여단장 신우식 준장, 11공수여단장 최웅 준장 등의 명령에 의해서 진행되고 있었다.

양평의 박준병 소장의 20사단 61연대장 김동진 대령, 62연대장 이병년 대령 등 3,164명이 전차를 몰고 20일 광주에 도착, 보병 2개 사단 공수부대 3개 여단이 광주 시위를 진압하고 있었다.

※ 지만원 씨는 5.18 진실 알리기 4쪽에서 "5.18 사건에 북한 특수군이 절대로 오지 않았다"라고 주장하는 사람이 있다면 그는 북한의 범죄 행위를 적극 옹호하는 존재로 낙인 찍혀 마땅할 것"이라고 국민을 선동하고 있다. 그리고 "총상으로 사망한 시민 중 70%에 해당하는 사망자들

이 광주시민들 손에 쥐어진 총기에 의해 사망한 기막힌 사실이 수사 자료에 명기되었다."라고 주장하나 지금까지 사망자는 타박상과 폭행과 대검에 의해 죽었다

공수부대는 M16을 가지고 있고. 칼빈 총은 소지 않고 있어 칼빈 총에 죽은 사람은 광주시민에 죽은 사람이라고 거짓주장을 하고 있다. 그 거짓 주장의 증거는, 경찰이 M1과 칼빈 총을 가지고 있어 경찰에 죽은 사람이다. 지만원 씨는 이토록 광주시민을 매도하고 거짓으로 우익과 국민을 선동하고 있다. 지만원 씨는 북한의 거짓 선동을 그렇게 진실로 믿는다면 6.25 한국전쟁도 북한에서는 북침하였다고 하는데 국군이 북침하였는가? 김현희가 가짜라고 주장하는데 김현희가 가짜인가! 천안함 사건이 이명박 자작극이라고 하였는데 천안함 사건이 이명박 자작극인가! 북한의 거짓 선동을 믿는 자가 북한 옹호자가 아닌가! 지만원 씨는 5.18 진실 알리기 소책자 71쪽에 조선노동당 출판사의 광주의 분노를 합본해 배포하였는데, 북한의 거짓선동을 국민들에게 알리는 것이 소원인가!

광주시민들은 "전두환, 노태우, 정호용 등 경상도 군인들이 대구시민과 부산시민도 이렇게 죽일 수 있었겠는가?'하면서 전두환의 경상도에 대한 감정이 극에 달하여 오늘의 지역감정이 해결할 수 없게 되었고, 전두환의 민정당이 한나라당과 새누리당의 후신이었기 때문에 무조건 반대하는 원인이 되었다.

지만원 씨는 "참으로 간교한 집단이 5.18 빨갱이 집단이다. 5.18 사기극"이라고 매도하면서 더욱더 지역감정을 부추기고 있다. 그런데 많은 우익들이 지만원 씨의 거짓주장을 믿는 것이 문제이다. 그래서 필자는 5.18을 세밀하게 서술하게 되었다.

80. 5월 21일 수요일 4일 째
오전 8시 20사단이 광주공업단지 입구에서 광주로 진입할 때 시위대

가 공격하여 충돌이 발생, 차량을 시위대가 탈취하였다.

오전 9시 어제 신역에서 공수부대와 싸우다 죽은 공수부대가 미처 치우지 못한 시민의 시체 2구를 시위대가 리어카에 싣고 금남로 도청을 향해 가자 시체를 본 광주시민들은 통곡하였다.

시위대는 광천동에 있는 아세아자동차 공장으로 가서 장갑차 3대, 대형 버스 22대, 군 트럭 33대, 미간 트럭 20대 등 모두 260여대와 시위기간 동안 광주고속버스 180대를 가지고 도청 앞에 있는 공수부대를 향해 진격하였다.

오전 9시 30분 시위대 대표 김범태(27세 조선대 1년)와 전옥주(32세 본명 전춘심)가 전남도지사 장형태를 만나 협상하려 하였으나 도지사가 반대하여 협상이 이루어지지 않았다.

전두환 보안사령관이 서울에서 광주에 직접 K-57 비행장에서(성남 비행장) 광주 상무대 전투병과 교육사령부에 도착하여 사태 진행과정에 대한 보고를 받았다. 그리고 헬기로 광주 일원을 살펴보고 서울로 돌아갔다.

21일 1시의 발포에 대해서는 505 광주 보안대 수사관 허창환이 "모든 문제는 사령관이 진다"라고 말한 바 있어 발포명령을 내린 사람은 전두환으로 보고 있다.

오전 10시 30분 전남 도청에서 서울 내무부에 "우리는 이제 철수한다."라고 보고하였다. 헬리콥터는 도청 지하실에 있는 시체와 진압무기 탄약, 기밀문서 등을 상무대로 옮기고 있었다.

오전 10시 10만여 명의 시위대가 도청 앞 공수부대를 공격하였다. 공수부대는 최루탄이 바닥나 어떻게 해볼 수가 없었다.

　오전 10시 10분 공수대원들에게 1인 당 10발씩, 나중에는 60발씩 실탄을 지급하였다.

▲ 지만원 씨가 대구에서 5.18에 북한 특수군 600명이 왔다고 거짓 강연을 하고 있다.

　계엄사령관 이희성은 정부당국에서는 처음으로 광주사태 담화문을 발표하였다. 내용은 "불순분자 및 간첩들의 파괴, 방화, 선동에 기인한 것이다." 라고 하였다. 광주시민은 누구도 이희성의 담화문을 믿는 사람이 없었다. 그리고 다른 지역 사람들은 광주에서 어떤 일이 일어나고 있는 지 언론을 통제하고 있어서 알 수 없었다.

　전남대 앞에서는 주부 최미애(여 23세, 임신 8개월), 성명불상 2명(운전자와 학생으로 추정)이 총상으로 사망하고, 최성환(남 18세, 대동고 1년. 대퇴부 및 무릎관절 파편상), 양일권(남19세 우측 대퇴부 및 하지 총상), 신상균(남15세 좌측 대퇴부 관통상) 등이 총상을 입었으며, 공수부대에 연행된 안두환(46세), 장방환(남57세)은 5.28 광주교도소에서 타박상 등으로 사망한 시체로 발견되었다.(1995. 7.18 서울지방검찰청 수사기록 96쪽 참고) 임산부가 검찰수사에서 사망한 것을 입증하였다.

　오후1시 정각 도청 옥상에 설치된 스피커에서 갑자기 애국가가 울려퍼졌다. 애국가 소리에 신호를 맞추어 전일빌딩, 상무관, 도청, 수협 전

남도지부 등 옥상에서 공수부대의 일제사격이 시작되었다. 시위대에서
는 갑작스러운 총소리에 놀라 서로 도망치느라 수라장이 되었다. 도청
앞은 피바다가 되었다. 대형화물트럭이 공수부대를 향해 돌진하자 공
수부대는 운전수를 정조준 하여 쏘아 운전수가 죽자 차가 멈추었다. 장
갑차 한 대가 공수부대를 향해 돌진하자 기관총으로 장갑차를 박살내
운전수는 죽었다. 공수대원도 1명 사망, 1명 부상하였다.

대형버스 5대가 동시에 공수부대를 향해 돌진해오자 또 총을 쏘아 버
스는 멈추고 도망친 운전자도 있었지만 거의 모두 죽었다. 버스 지붕위
에서 태극기를 흔들던 청년도 정조준 하여 쏜 총탄에 죽었다. 가톨릭센
터 한국은행 광주지점 부근에서 5~6명이 태극기를 들고 구호를 외치고
나오자 공수부대원들이 이들을 향해 발포(95. 7.18 서울지방검찰청 수
사기록 100쪽 참조)하였다. 태극기를 들고 맨몸으로 구호를 외치는 시
위자들까지 발포하였다. 이렇게 54명이 죽고 500여명이 부상당했다.

시위대는 우리도 총을 갖고 공수부대와 싸우자 하고는 광주시내 전
남방직과 호남전기, 예비군 무기고와 파출소 무기고, 화순, 영산포, 장
성, 영광, 담양, 나주와 금성 등 전남 각 지 파출소에서 칼빈 총을 수천
정을 가지고 무장을 하였는데 거의 예비군들이 총을 들었다. 화순 탄광
에서 엄청난 다이나마이트 폭약도 가지고 왔다.

오후 3시 30분 천 정 이상의 총을 가진 예비군과 청년들이 전남대
의대근방, 노동청 근방, 금남로 등지에서 시민군은 공수부대를 포위
하였다.

오후 5시 광주시민 30만여 명과 수백 대의 차량과 천여 명이 넘는 예
비군과 청년들이 공수부대를 포위하였고, 광주시내 공수부대는 견디지
못하고 모두 철수하고 도청 앞의 공수부대만 남았다.

예비군과 학생, 시위대 중 11명이 기관총 2정을 가지고 전남대 부속
병원 12층 옥상에 기관총을 설치하고 도청 앞 공수부대를 사격하려고
준비를 끝내고 있었다. 도청은 4층 높이이고, 거리는 300m 정도여서 기

관총 사정거리 안에 있어 공수부대는 앞과 옆에서 공격을 받을 수 있어 사격전이 벌어지면 몰살당할 가능성이 있었다. 공수부대는 이 광경을 보고 깜짝 놀라 오후 5시 30분 철수를 하기 시작하였다. 공수부대는 조선대학교 뒷산을 거쳐 중심사 쪽으로 철수하였다. 이들은 얼마나 급했던지 조선대학교 운동장에 저녁식사를 준비했는데 식사도 못하고 취사도구와 천막을 그대로 두고 도망쳤다. 그래서 계엄군은 광주교도소를 제외한 광주시내에서 전원 철수하였다.

경찰들은 경찰복과 전투복을 벗어버리고 일반인들이 입는 옷으로 바꾸어 입고 각자 알아서 광주 시내를 빠져나갔다. 그리고 민가에 사정하여 숨었다. 이날 사망자는 54명이었고, 부상자는 500명 이상이었다. 광주시내 병원은 환자들로 초만원이었고, 피가 모자라 응급환자 수술에 지장을 주었다. 의사와 간호사가 모자라 정신이 없었다. 각 병원마다 헌혈을 하기 위해 가정주부, 아가씨들 할 것 없이 광주시민들이 헌혈을 하기 위해 줄을 서 있었다.

※ 김대령은 "오래 전부터 무기고를 탈취할 계획을 세웠고, 그 계획을 제3세력이 세웠으며, 그 계획은 탈북자들의 증언과 일치 한다"라고 주장하고 있으나 이상에서 본 바와 같이 무기 탈취는 예비군 무기고와 파출소에 가면 있는데 오래 전부터 계획을 세울 것이 없다. 김대령도 거짓으로 국민을 선동하고 있다.

"80. 5.21 시민군으로 위장하고 전남 38개 무기고에서 무기 탈취를 총지휘하였던 북한군 안창식 대위의 내연의 처였던 한 탈북여성은 지하조직 중 전라도 여러 무기고 위치를 파악하고 있던 조직이 〈전남민청협〉이 있으며, 위장 명칭이 〈현대문화연구소〉였다. 그녀는 남파 공작원들이 전남민청협의 협조를 얻어 무기고 위치를 사전 파악하고 있었다고 안창식이 주장했다." 고 그럴싸하게 거짓말로 선동하고 있다. 오래 전부터 무기고를 탈취할 계획을 세울 필요가 없다. 그것은 파출소에

가면 무기가 있기 때문이다. 그래서 탈북자 안창식 대위의 내연녀 주장
은 거짓말이다.

김대령은 최은희가 북한에서 광주사태 생중계를 듣게 되었는데 "지
금 폭도들이 무기고를 부수어 가지고 무기를 들고 서울 쪽으로 향하고
있다."는 뉴스를 열심히 듣고 훗날 탈출한 후 방송에 증언하였다. 5월
21일 오전 9시 시위군중이 아세아 자동차 공업사에서 장갑차와 군 트럭
과 지프차 등 수백 대의 차량을 탈취한 본래의 목적은 광주에서 쓰려던
것이 아니라 먼저 고속도로를 경유하여 서울로 진격하려는 것이다."라
고 주장하고 있으나 이상에서 본 바와 같이 이는 모두 거짓주장이다. 김
대령은 거짓을 가지고 국민을 선동하고 있다. 그러면서 수천 정의 총기
로 무장한 시위대가 서울로 진격하려던 이유가 무엇인가 우리가 물어
보아야 할 것 아닌가? 라고 터무니 없는 거짓으로 선동하고 있다.

"시민군들의 본래 전략은 5월 21일 서울로 진격하는 것이다. 21일
밤 광주역 전투가 그토록 치열하였던 이유는 열차를 확보하려 함이
며, 청와대를 접수하려 함이었다."라고 황당한 거짓으로 선동하고 있
고, "시위대 대부분이 외지인이고 광주시민은 지극히 적었다."라고
하면서 "도대체 외지인은 어디서 온 누구였는가? 정체불명의 외지인
시민군들이 있었다." 라고 상상도 할 수 없는 거짓으로 국민을 선동
하고 있다.

지만원 씨는 "80.5.21 아침에 광주 폭도들은 시민군이 가지고 있던 카
빈총으로 살해된 2구의 시체를 리어카에 끌고나와 시민을 선동하였다.
이처럼 시체 장사는 좌익 폭도들이 늘 사용해오는 판박이 수법이지만
역사를 모르는 국민들은 늘 시체 장사에 놀아나는 폭도 편에 서는 것입
니다." 라고 황당하고 어처구니없는 거짓으로 국민을 선동하고 있다.
시체장사를 하다니 이게 말이 되는가! 지만원과 김대령은 이렇게 매도
하고 있다.

"5월 21일 위에서 밝힌바 모래알과 같은 천민 무식계급의 광주시위

대로서는 도저히 구성할 수 없는 600명의 외지인이 출현하였다. 교도소 수용자들을 해산시키려고 6회씩이나 공격하였다."라고 북한 특수군 600명이 광주에 왔다고 거짓 선동을 하고 있다.

5. 21. 12시~ 오후 1시 도청 앞에서 광주시내버스와 영업용 택시 기사들과 예비군 등 20만 광주시민들과 대치하고 있던 공수대원들의 발포로 54명이 현장에서 죽고 부상자가 속출하자, 이러다가는 광주시민들 다 죽이겠다고 광주시민들은 극도로 흥분하여 "우리에게도 무기가 필요하다"고 하며 청년들이 광주시내의 예비군 무기고와 파출소 무기고와 광

주 인근 도시의 파출소로 총을 구하러 나갔고, 아세아자동차 회사에서 트럭, 장갑차, 그리고 시내버스 등을 끌고 와 공수부대와 정면 대결하였다. 인근 도시로 총을 구하러 간 사람들 중 일부는 돌아왔으나, 일부는 발포 후 광주시 외곽으로 철수하여 외부나 내부 사람들의 광주시내로의 진입을 물샐 틈 없이 지키던 20사단에 의해 살상(殺傷) 당하였다. 지서로 총을 구하러 가면 경찰이 반대하지 않고 협조할 정도였다.

양평 20사단과 익산의 7공수부대가 5월 15일 부대를 출발한 것을 보면 5.18 광주사건은 사전에 계획되었다는 것을 알 수 있다.

80. 5. 22 목요일 5일 째

오후 6시 시위군중은 전옥주(32세 전춘심 조선대학교 무용과 중퇴)가 광주시민들에게 데모에 가담하라고 선동하니 혹시 북한에서 넘어온 간첩이 아닌가하여 군 수사기관에 넘겼다.

군 수사기관에서는 6개월을 조사한 후 간첩이 아닌 것이 밝혀졌으나 데모선동죄로 군법회의에 기소되어 10년 선고를 받고 형집행정지로 81년 4월 석방되었다. 김범해도 같이 군 수사기관에 넘겨져 조사를 받았으나 간첩이 아닌 것이 밝혀져 데모선동죄로 군법회의에 기소되어 10년 선고를 받고 82년 12월 형집행정지로 석방되었다. 북한 특수군 600명이 광주시민을 선동하였다면 광주시민은 전옥주를 신고한 것과 같이 군 수사기관에 600명을 신고했을 것이다. 그러나 두 명 외에는 신고한 일이 없다.

공수부대가 광주시내에서 물러가자 시위군중은 이때서야 흥분이 가라앉자 정신이 들었다. 엄청난 차량의 파괴와 사망자와 부상자를 정리하고 보니 겁이 난 것이다 그리고 살아야겠다는 생각이 들었다. 그래서 시위자들이 복면을 하게 되었다.

80. 5. 23 금요일 6일 째

지원동 주남마을에 주둔한 11공수는 광주에서 화순으로 가던 소형버스 승객 18명에게 집중사격을 하여 15명이 몰살하고 3명이 부상당하였다. 이 부상자는 손수레에 실려 주남마을 뒷산 공수부대 주둔지로 끌려갔는데 이중 2명은 죽었고, 극적으로 살아난 홍금숙이 증언하였고, 7공수 33대대 최영신 중사가 사실을 신고하여 알게 되었다. 그리고 암매장한 것을 동사무소에 신고한 주남마을 청년 임희주에 의해 알게 되었다.

탈북자 이철산은 5.18 탈북자 증언 책에서 '이철산 일행 50명이 5월 23일 오전 10시 광주시내로 들어갔다.' 라고 하였는데 이상에서 본 바와 같이 북한 특수군 50명이 광주시내로 들어갈 수 없으며, 21일 계엄군이 철수하면서 22일부터 26일까지는 광주에서는 시위를 한다든지 공수부대가 시위대를 죽이는 일이 없어 북한 특수군이 있을 필요도 없었다. 그리고 5월 27일 13명이 산속으로 도망치다 계엄군 3명을 죽이고 문경새

재까지 갔다고 하는데 27일 계엄군 3명이 죽은 일이 없다. 그리고 계엄
군 3명이 죽었는데 북한군 나머지가 문경세재까지 도망치게 국군은 절
대 그냥 두지 않는다. 5.18 때 북한 무장공비가 200명이 참여하여 17명
이 살아왔고, 490명이 죽었고, 확인된 자가 354명이 되었고, 미확인이
140명이라고 어느 시민단체가 주장하는데, 광주 5.18사건 때 사망자 명
단과 부상자 명단, 군 수사관에서 조사받은 자 명단에는 600명의 북한
특수군의 명단은 한 명도 없다. 이토록 탈북자와 우익 시민단체는 거짓
선동을 하고 있다.

80. 5. 24 토요일 7일 째
5. 24 오후1시 20분경 11공수여단이 56대의 차량으로 군 트럭에 분승
하여 광주비행장으로 이동하고 있었다. 이동 중 광주 송암동을 지나갈
때 원제마을 앞 저수지에서 목욕하던 전남중학교 1학년 방광범 군과 효
덕초등학교 4학년 전재수 군이 공수부대의 총을 맞고 현장에서 즉사하
였다. 그리고 이 마을 박연옥 아주머니가 반찬거리를 들고 아들 집을 찾
아가다 공수부대 총소리에 놀라 하수구로 피신하였는데 피신한 이 아
주머니까지 총을 쏘아 죽였다. 그리고 이 마을 권근림, 임병철, 김승 후
씨 등이 아무런 이유 없이 공수부대의 총에 맞아 즉사하였다.
공수부대가 지원동에서 송정리 비행장으로 빠져나가면서 송암동 외
곽을 지나고 있었다. 이때 보병학교 국군이 이 공수부대를 시위대인 줄
착각하고 공수부대를 향해 사격하자 공수부대도 즉시 보병학교 국군을
쏘아 서로 사격전이 벌어졌다. 확인해보니 오인사격이었다. 현장을 보
니 국군 21명이 전사하였다. 계엄군은 총 23명이 전사하였다.

80. 5. 27 화요일 10일 째
1) 5월 26일 오후6시 도청에는 윤상원, 박남선, 김종배, 정상용과
예비군 중대장들이 지휘하고 있었다. 이날 도청 안에는 400여명 정도

가 있었다.

오후 5시경 전남부지사 정시채 씨가(교회 장로) 김종배 등 학생들에게 "계엄군이 오늘 늦게 올 테니 도청을 빠져나가라"하여 150여명이 빠져나갔고, 250여명은 여전히 도청에 남았다.

27일 새벽 1시 20사단 전차가 지원동 입구, 서방입구, 한전입구에서 도청을 향해 진격해왔다.

새벽2~3시경 박영순(21세 송원전문대 2년)과 이경희(목포전문대) 등이 차를 타고 확성기를 통해 잠자는 광주시민들에게 "계엄군이 오고 있습니다. 우리를 도와주십시오!'라고 목이 터져라 외쳐도 겁이 난 시민들은 잠자리에서 나오지 않았다.

공수부대는 농성동, 지원동, 서방 3개 방향에서 7공수부대는 광주공원, 3공수여단장 최세창 준장 11대대장 임수원 중령, 1지역대장 편종식 대위 등 부하들은 소총과 수류탄으로 무장하고 도청을 공격하여 점령하였다. 11공수부대는 조선대 뒷산을 거쳐 관광호텔을 공격하여 5시 10분 점령, 18일 화려한 휴가에서 시작하여 27일 충정작전으로 10일간의 광주 진압작전을 마쳤다.

  2) 사망자

이때 도청 안에서 죽은 자는 윤상원외 150여명, 나머지는 손을 들고 자수하여 상무대로 끌려간 사람은 시내 전체 합 약 350여명이었다. 일부는 505보안대로 끌려가 고문을 당하였다. 이들이 당한 혹독한 고문은 상상을 초월하였다.

지금까지 사망자 212(165명)명, 신원 미 확인자 22명, 행방불명자 105명, 부상자 722명, 구속자 421명(1982년 전원 석방), 계엄군 사망자 23명, 경찰 4명, 부상 78명이었다.

5.18 후 상무대 전교사가 해체되고 5.17 주요지휘관 회의록도 파기시켜 5.18을 은폐하였다.

80년 5월 21일부터 6월 26일까지 광주교도소 의무과에서 일반시민 1,496명, 군인 16명이 무료치료를 받았다.

계엄당국에서나 지금까지 시위대들이 광주교도소를 습격하였다고 하고 있으나, 당시 광주교도소장 이었던 한도희 씨는 민화위에 나와 교도소습격사건은 절대 없었다고 설명하였다.

3) 공수부대 포상을 받은 자들.

1980년 6월 20일 5.18진압 지휘관들의 포상과 훈장을 수여하였다.

이 름	계 급	직 위	훈장내용
정호용	육군 소장	특전사령관	충무무공훈장
박준병	육군 소장	20사단장	〃
최세창	육군 준장	3공수여단장	〃
고 차정환	육군 소령	11공수여단	화랑무공훈장
고 변상진	육군 소령	11공수여단	〃
고 최연안	육군 중위	7여단 33대대	〃
조창구	육군 중령	11공수여단 63대대	〃
외 70명이 인헌무공훈장, 보국훈장, 광복장, 대통령표창, 국무총리표창, 무공훈장 등을 받았다.			

4) 행방불명자 명단

번호	이름	주민등록번호	주 소
1	권호영	631117-1552818	동구 계림2동 505-58
2	박후정	640910=2552317	서구 방림1동 391-17
3	양민석	600910-1550811	동구 소태동 518-17
4	장광식	530713-	경남 밀양군 밀양읍 가곡동 470
5	손순열	390407-1345416	동해시 발한리 135
6	김양수	520916-1558211	서구 백운2동 623-28
7	김연임	550112-2650317	영암군 덕진면 장선리 210
8	김순애	490420=2168137	북구 충효동 521
9	김규성	540913-1405615	충남 대전시 중구 유천동 323-2
10	김천중	380601-1002119	서울 종로구 창신동 23-406
11	복병열	561202-1552722	북구 풍향2동 538-05
12	박정훈	640225=1550816	동구 계림3동 122-1
13	박귀순	610421-2552316	서구 방림2동 57-55
14	안운재	610709=1540413	북구 임동 142-4
15	이기환	650223-1551119	동구 지산2동103 1/1
16	박찬옥	420501-1566916	전북 전주시 인후1가 24-1
17	김광복	660360-1560018	북구 유동 103-22
18	최종구	540508-1047916	서울 서대문구 북가좌동 285-2
19	김성기	511211-1006039	서울 서대문구 아현동 130-24
20	한상록	610812-1622518	광산구 금호3동 379
21	김영근	450918-1054513	서울 관악구 신림동 328-230
22	채수길	590310-1559924	북구 두암동 581-3

23	김남석	610408-1552310	서구 주월1동 707-21 대원APT 303
24	이철우	260117-1654816	광산구 우산동 1054-10
25	여봉선	370302-2470710	부산 서구 부용동 2가 93
26	김형옥	351123-1552219	서구 효덕동 6
27	김병군	430714-1552111	동구 학3동 849
28	박규현	740107-1650619	동구 계림동 505-220
29	조영운	711018-1551918	서구 방림2동 1
30	최판술	550304-1657618	서울 종로구 창신동 615
31	김미정	660207-2621613	서구 방림1동 119-50
32	김형덕	390322-1560211	서구 덕흥동 574
33	박영철	530127-1552659	전북 김제군 김제읍 신풍리 212-4
34	김종환	561112-1640517	부산시 남구 용호동 409-6
35	조한열	471205-1533814	전북 순창군 복흥면 어은리 469
36	최복균	450309-1552011	서구 구동 320-2
37	최영찬	301207-1564210	서구 월산3동 272-4
38	신양균	490505-1558624	서우 양동 438-192
39	김경순	540322-2037421	동구 계림2동 322-5
40	유재성	631123-1622515	광산구 금호동 311
41	박경희	551206-2019716	전북 왕궁면 쌍제리 112
42	송화준	480715-1551616	동구 지산동 462-1
43	정병철	530423-1017813	해남군 황산면 교동리 300
44	허덕례	370730-2031512	서울 도봉구 도봉1동 563-16
45	김재영	630327-1641417	북구 북동 88-12

46	김경숙	480411-2651011	목포시 옥암동 980-1
47	조태주	610409-1659017	충북 제천시 청전동 138-1
48	김용범	570421-1552618	수박동 개생원
49	김태호	580520-	나주군 남평면 광이리 279
50	이중영	630810-1644112	장흥군 용산면 인암리 747-4
51	이재윤	650407-1079410	서울 강남구 암사동 228
52	고재덕	660405-1560319	동구 계림동 505-263
53	이상복	510111-1563813	화순군 화순읍 연양리 122
54	송환철	580515-1626617	곡성군 입면 흑석리 193
55	임수남	590706-1648911	서구 월산동 1105
56	김현수	250715-1558811	나주군 노안면 영평리 524
57	정명귀	260225-	서울 강동구 잠실1동 주공APT 54동 407호
58	최봉예	620307-2010016	고창군 부안면 봉암리 8-5
59	염경선	570506-1551316	화순군 이양면 오류리 496
60	이창현	730323-1558418	서구 월산동 351-8
61	문미숙	700211-2642913	화순군 동면 구암리 500
62	김정근	401028-1024631	나주시 이창동 2
63	김용석	580512-1558640	서구 농성1동 303
64	최재창	350428-1661316	동구 서석동 28-8
65	박갑용	141026-1552819	북구 두암동 186 15/4
66	황호준	560620-1643614	서울시 성동구 정능4동 839 1/8
67	정경채	6210-15-1646318	강진군 도암면 만덕리 12-1
68	노광석	580907-1650217	영암군 신북면 행정리 554-1

69	남혜연	560519-2580320	순천시 남정동 91-2
70	김준성	721223-1644613	장흥군 장평면 제산리 621
71	이원숙	671111-2951711	제주도 북제주군 구좌읍 세화리 1228
72	박현숙	570726-2079613	함평군 학교면 마산리 282
73	김준동	630603-1648522	해남군 옥천면 월평리 834
74	최종민	620801-1654234	나주시 송월동 145
75	장연이	660606-2650619	영암군 시종면 와우리356
76	이한용	590925-1668826	신안군 중도면 중동리 589
77	박일봉	490811-1648918	해남군 산이면 부동리 662
78	임소례	230525-2652512	무안군 몽탄면 다산리 282
79	김병균	570406-1652512	〃
80	김병대	660608-1652527	〃
81	박광진	750724-1652811	〃
82	김기창	640627-1624213	담양군 무정면 안평리 195
83	김동수	550728-1629725	광양군 광양읍 우산리 299-4
84	남영임	510813-2655316	나주군 산포면 신도리 756-2
85	양봉열	541225-1641815	화순군 청풍면 백운리 600
86	라광성	681001-1652840	무안군 현경면 현화리 609
87	정정덕	550406-2657517	함평군 나산면 원선리 539
88	김연배	290616-1646113	강진군 칠량면 장계리 630
89	지승호	621215-1634316	승주군 혜룡면 호두리 297
90	강대옥	570808-1637826	고흥군 남양면 남양리 107
91	김성봉	570521-1637022	고흥군 금산면 신전리 711-1

92	옥대진	5708-1-1648319	해남군 송지면 송호리91
93	임옥준	630430-1636410	고흥군 도양읍 봉암리 2108
94	윤순예	621205-2645918	강진군 강진읍 임천리 118
95	최금규	630415-1650817	서구 월산동 201-38
96	김홍호	680815-1622111	전북 정읍군 이평면 창동리 668
97	박인자	621007-2659217	영광군 군서면 남죽리 146
98	김기운	620622-1636811	동구 학동 31번지 13호
99	박상섭	580213-1658821	영광군 영광읍 도동리 308
100	공남옥	330513-1654318	나주시 부덕동 385
101	한강례	340328-2642317	화순군 도곡면 쌍옥리 471
102	정희기	691217-1552314	서울시 구로구 구로동778-91
103	노규섭	800519-1402918	장성군 장성읍 영천리 1369
104	정정숙	470309-	전남 진도군 진도읍 남동리 493-7
105	배순자	550703-2168316	승주군 서면 판교리 356

이상의 행불자들을 계엄군이 죽여 암매장해놓고 지금까지 암매장 장소를 알려주지 않고 있다. 부모들은 이들이 혹시 살아서 돌아올까 하고 문을 열어놓고 30년을 기다리고 있다. 주민등록 번호가 있고, 가족이 신고하여 이중에는 북한 특수군은 한 명도 없다.

5.18 때 사망자들을 청소차에 실어다 매장한 곳을 알고 있던 광주시 구청청소원 기정도 씨를 수사기관에서 아무 이유 없이 연행하여 광주교도에 수감시킨 일도 있다.

전남 무안군 몽탄면 타산리 282의 김금희 씨의 행불자 가족인 어머니 임소례(58세), 동생 김병균(24세), 김병대(15세), 아들 박광진(6세) 네 식구는 경기도 남양주시 미금읍 큰오빠 김철용 씨 집에 가려고 5월 20일 무안에서 출발 광주 고속터미널에서 서울 가는 고속버스를 바꿔 타려다 공수부대에 의해 네 식구가 몰살당하였다. 신고번호는 78번~ 81번이다. 김금희 씨는 지금까지 아들 광진이가 문을 열고 어머니와 함께 오지 않을까 기다리고 있다. 김금희 씨는 차라리 광주 5.18묘역에 잠들어 있는 분들이 부럽기까지 하다고 하였다.

5) 신원 미확인 사망자

번호	나이	사망상태	착복형태
1	17세가량	총상	고교생, 교련복 착용
2	〃	자상	
3	19세가량	총상	
4	20~25세	〃	여자, 밤색 자켓, 보라색 슬리퍼
5	20~25세	〃	군복하의, 감색쉐터, 얼룩무늬 내의
6	20~25세	〃	검은바지, 테니스양말, 흰농구화
7	20~23세	〃	
8	〃	〃	
9	20~30세	〃	장발, 백색 반소매, 검은색농구화
10	22세가량	〃	예비군군복 하의
11	25세가량	〃	키168, 검은 바둑무늬셔츠, 등산화
12	〃	자상	키168, 남색티셔츠, 체크무늬 하의
13	29세가량	총상	키 보통, 검은 체크무늬 점퍼, 오리엔트시계

14	30세가량	"	키171, 얼굴 둥근편, 백색운동화, 흰색작업복
15	35세	"	키180, 대머리, 청회색 신사복, 녹색 와이셔츠
16	40세	"	빨강점퍼, 군복하의
17	23세	자상	외신기자 명함 소지
18	29세	총상	키168, 초록색점퍼, 청색 트레이닝바지, 등산화
19	미상	총상	
20	23~25세	"	
21	23~25세	타박상	
22	23~25세	자상	오리엔트 손목시계

　　지만원 씨와 일부 우익들이 신원 미확인 자가 북한 특수군 일 것이라고 하지만 신원이 확인되지 않은 위의사람 중에 북한 특수군은 한 명도 없다.

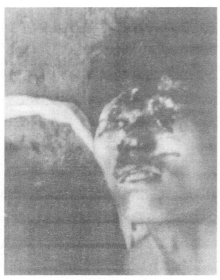

▲ 얼굴이 너무 상하여 신원을 확인할 수 없었다.

　　김대령 씨는 "1개 대대가 해상을 통해 남파되었으며, 2/3가 희생되었고, 나머지는 귀대하였다고 탈북자들에게서 말을 들었다고 하고, 지만원 씨도 북한 특수군이 600명이 5.18에 120%가 관여하였다고 주장한다면 이상에서 본 바와 같이 북한 특수군의 사망자도 있을 것이며, 부상자도 있어야 하고, 구속자도 있어야 하고, 행방불명자도 있어야 하나 이상에서 본 바와 같이 북한 특수군은 한 명도 없다. 그래서 지만원, 김대령, 서석구, 일베의 주장은 모두 거짓 주장이다.

6) 12.12와 5.18에 대한 검사의 조사와 재판

1차 군 수사관 조사

1980.7.30~8.20 계엄사령부 군 검찰 및 헌병대 기무사 조사.
사건 관련자 2,518명 조사.

1차 판결 : 1980. 9.5 군재판
훈방조치 : 1,957명,   검찰송치 :   561명
기   소 :   361명

1980. 10.24 선고 (1심)
사형 : 5명, 무기 : 7명, 실형 : 181명
집행유예 : 2명, 집행면제 : 88명, 가석방 : 168명

1980. 12.29 선고 (2심)
사형 : 3명, 무기 : 7명, 실형 : 71명
집행유예 : 44명, 집행면제 : 24명
집행정지 : 31명, 가석방 : 99명

대법원 상고 : 83명

※ 2,518명을 조사할 때 북한 특수군은 한 명도 없었다.

2차 검찰조사

1993. 7.19 정승화 외 22명. 전두환 · 노태우 반란죄로 고소.

1994. 10.29 서울지방검찰청 12 · 12사건 기소유예

1994. 5.13 5.18피해자 600명 전두환 · 노태우 내란죄로 고소.

1995, 7.28 서울지방검찰청 5.18 공소권 없음.

※ 지만원 씨가 검찰수사 검사기록을 가지고 12.12와 5.18 등 저술에서 2차 수사기록을 가지고 주장하는 내용이 위의 2차 검찰조사 내용이다. 위의 내용은 기소유예나 공소권 없음을 위주로 수사를 했기 때문에 진실과는 멀다.(김영삼 대통령 때 수사한 것이다.)

3차 검찰 조사와 재판

1995. 10.19 박계동 전 의원이 국회에서 노태우 비자금 4,000억 원 폭로(수유리 고향산천 음식점 사장이고 전 영신상호신용금고 사장 김일창 씨 자료제공. 필자가 선동함)

11.16 노태우 수뢰혐의로 구속.(박계동의 비자금 폭로가 아니었으며, 5.18은 사실대로 조사가 불가능하였다.)

11.24 김영삼 대통령 5.18 민주화운동 등에 관한 특별법 제정 공포.

11.30 검찰 12 · 12, 5.18사건 특별수사본부 발족.

12. 3 전두환 · 노태우 반란혐의로 구속.

1996. 1.18 유학성, 황영시, 이학봉 구속.

1.30 정호용, 허삼수, 허화평 구속.

2.22 박준병, 최세창, 장세동 구속.

(박준병 무죄 석방)

1996년 2.28 12 · 12, 5.18사건 수사 종결.(이때 추징금이 부과되어 노태우 씨는 현재 추징금 지불 완납을 약속하였고, 전두환 씨는 추징금 1,600억 원을 미지불하여 현재 환수를 위해 검찰에서 적극적으로 숨겨둔 재산을 조사하고 있다. 심은 대로 거두는 것이다.) (김영삼 대

통령 때 조사)

　※ 지만원 씨는 95. 7.28 12 · 12사건 기소유예와 5.18 공소권 없음의 검찰수사만 옳다하고 검찰 3차 수사와 재판에 대해 1996. 2.28 검찰의 수사와 1997년 대법원 판결을 빨갱이 판사들의 판결이라고 하면서 우익에서 좌익정부로 넘어가면서 좌익이 점령한 대법원은 1997년 5.18을 정면으로 뒤집었다고 매도하고 있다. 김영삼 정부가 2차 조사에서는 공소권 없음을 했다가 3차 조사에서 노태우 비자금 때문에 조사를 하지 않을 수 없어 조사해서 구속을 하니 좌익정부라고 매도하고 있다. 김영삼 정부가 어떻게 좌익 정부인가? 5.18을 공소권 없음 하였다가 1997년 유죄수사를 하니 2차 수사만 믿고 1997년 3차 수사에 대해서는 전혀 언급이 없다. 2013년 7. 18 프레스센터 20층에서 5.18 진실 알리기 소책자를 배포하여 그 내용을 검토해보니, 1995년 7월 2차 검사의 수사기록도 5.18 전남대학교 앞에서 일어난 사건만 공개하고, 가장 중요한 사건인 5.18 점심 후부터 19일, 20일, 21일 오전은 싹 빼버리고, 5월 21일 1시 이후 시위대가 무기 구입하는 내용의 수사기록만 공개하면서 폭도라고 매도하고 있다. 지만원 씨는 왜 5월 18일 점심때부터 5월 21일 오전까지의 검사 수사기록을 공개하지 않고 빼버려 국민을 속이고 있는가? 5.18 진실을 알린다고 하면서 진실을 알리는 것은 그만 두고 이토록 수사기록도 엉터리로 공개하는가!

　지만원 씨는 5.18 진실 알리기 1쪽에서 "1980년의 국가가 역적이 되고 광주 폭동세력이 충신이 되어"라고 하였는데, 1980년 전두환의 신군부세력을 국가 반란자로 보았지 국가로 보지 않았다.

　1996년 2월 28일부터 전두환 외 16명이 기소되어 1심 재판이 시작되어 2심을 거쳐 3심 대법원 판결까지, 그리고 1997년 4월 대법원 판결이 끝날 때까지 변호사들이 온갖 것을 동원해 무죄를 주장할 때 북한 특수군이 5.18을 일으켰다는 말 한 마디 증언한 사람이 없었다. 그러면서 위의 대법원 판사들을 빨갱이로 매도하고 있다. 이러한 지만원 씨의 거짓 주장을 우익들 중에 그대로 믿는 사람이 너무나도 많다는 것이 문제이다.

  1996. 2.28 전두환 외 16명 기소
  사건 : 96도 3376 반란수괴 등
  피고 : 전두환 외 16명

  1996. 3.11 12·12, 5.18사건 1차 공판(지방법원)
  8. 5 27차 결심공판 : 검찰 전두환 사형 구형, 노태우 무기
  8.26 1심 공판 선고 : 전두환 사형, 노태우 징역 22년 6개월 선고
  1996. 10.27 항소심(고등법원) 1차 공판
  11.14 11차 공판 항소심 결심
  12.16 전두환 무기징역, 노태우 17년 선고
  12.26 대법원 상고
  1997. 4.17 대법원 상고심 고등법원과 같다고 선고.

　전두환과 하나회 신군부는 5.18에서 자기들의 무덤을 팠고, 대한민국도 이 무덤에서 나오기가 어려워졌다.

1997년 12·12사건에 대해 전두환 외 16명에 대한

　대법원 판결 내용 요약.
　대법원 판결 내용은 "허삼수가 육군참모총장 정승화 대장을 강제로 끌고 가 보안사 서빙고 분실로 현행 등 12·12는 군 지휘권을 실질적으로 장악하는 것을 지지 내지 동조하는 세력을 규합 확산하고 그에 대한 반대세력을 약화 동요시키기 위한 데에 있었던 사실 등을 인정한 다음, 위와 같은 정승화 총장의 강제연행 행위는 '위법한 체포행위' 라고 판

단 원심 판단은 정당하며 더욱이 체포 당시 시행되고 있던 군법회의법 제 237조 제1항 같은 법제 242조 제1항 제2항에 규정된 체포 절차를 밟지 아니한 것으로서 위법함을 면할 수 없다" 고 하였다.

1997년 5.18에 대해 대법원 판결 내용은,

"전두환 외 16명의 피고인들은 12 · 12 군사반란으로 군의 지휘권과 국가 정보기관을 실질적으로 완전히 장악한 뒤, 정권을 탈취하기 위하여 1980년 5월 초순경부터 비상계엄의 전국 확대, 비상대책기구 설치 등을 골자로 하는 이른바 시국 수습방안 등을 마련하고, 그 계획에 따라 5월 17일 비상계엄을 전국적으로 확대하는 것이 전국지휘관회의에서 결의된 군부의 의견인 것을 내세워 그와 같은 조치를 취하도록 대통령과 국무총리를 강압하고 병기를 휴대한 병력으로 국무회의장을 포위하고 외부와의 연락을 차단하여 국무위원들을 강압 외포시키는 등의 폭력적 불법수단을 동원하여 비상계엄의 전국 확대를 의결 선포하게 함으로써, 국방부장관의 육군참모총장 겸 계엄사령관에 대한 지휘감독권을 배제하였으며, 그 결과로 비상계엄 하에서 국가 행정을 조정하는 일과 같은 중요 국정에 관한 국무총리의 통활권 그리고 국무회의의 심의권을 배제시킨 사실, 5월 27일 그 당시 시행되고 있던 계엄법 제9조 제11조 제12조 및 정부조직법 제5조에 근거하여 국가보위비상대책위원회 및 그 산하의 상임위원회를 설치하고 그 상임위원장에 피고인 전두환이 취임하여 공직자 숙청, 언론인 해직, 언론 통폐합 등 중요한 국가 시책을 결정하고 이를 대통령과 내각에 통보하여 시행하도록 함으로써, 국가보위비상대책 상임위원회가 사실상 국무회의 내지 행정 각 부를 통제하거나 그 기능을 대신하여 헌법기관인 행정 각 부를 통제하거나 그 기능을 대신하여 헌법기관인 행정 각 부와 대통령을 무력화 시킨 사실 등을 국헌 문란에 해당한다."는 원심의 사실 인정 및 판단은 정당하다고 판시하였다.

5.18 시위 진압 행위가 국헌문란에 대해서

"피고 전두환 외 16명은 1980년 5월 17일 24:00을 기하여 비상계엄을 전국적으로 확대하는 등 헌법기관인 대통령 국무위원들에 대하여 강압을 가하고 있는 상태에서, 이에 항의하기 위하여 일어난 광주시민들의 시위는 국헌을 문란하게 하는 내란행위가 아니라 헌정질서를 수호하기 위한 정당한 행위이었음에도 불구하고 이를 난폭하게 진압함으로써 대통령과 국무위원들에게 대하여 보다 강한 위협을 가하여 그들을 외포케 하였다면, 이 사건 시위진압행위는 피고인들이 헌법기관인 대통령과 국무위원들을 강압하여 그 권능 행사를 불가능하게 한 것으로 보아야 함으로 국헌 문란에 해당하고, 이는 피고인들이 국헌 문란의 목적을 달성하기 위한 직접적인 수단이었다는 취지의 원심의 사실 인정 및 가정작인 판단은 정당하다"고 판단하였다.

1980. 5.27 계엄군 도청 재점령에 대하여

"광주 재 진압작전을 실시하여 전남 도청 등을 다시 장악하려면 무장을 하고 있는 시위대를 제압하여야 하며, 그 과정에서 이미 저항하는 시위대와의 교전이 불가피하여 필연적으로 사상자가 생기게 됨으로, 피고인 전두환 등이 이러한 사정을 알면서 재진압작전의 실시를 강행하기로 하고 이를 명령한 데에는 그와 같은 살상행위를 지시 내지 용인하는 의사가 있었음이 분명하고, 재진입 작전명령은 시위대의 무장상태 그리고 그 작전의 목표에 그 작전의 목표에 비추어볼 때, 시위대에 대한 사격을 전제하지 아니하고는 수행할 수 없는 성질의 것이므로, 그 실시 명령에는 그 작전의 범위 내에서는 사람을 살해하여도 좋다는 발포명령이 들어 있었음이 분명하며, 당시 위 피고인들이 처하여 있는 상황은 광주시위를 조속히 제압하여 시위가 다른 곳으로 확산되는 것을 막지 아니하면 내란의 목적을 달성할 수 없는, 바꾸어 말하면 집권에 성공할 수 없는 중요한 상황이었으므로 광주 재 진압작전을 실시하는 데에 저항 내지 장애가 되는 범위의 사람들을 살상하는 것은 내란의 목적을 달성하기 위하여 직접 필요한 수단이었다고 할 것이어서, 피고인 정호용 등은 피고인 전두환과 공동하여 내란 목적 살인의 책임을 져야 한다고 판단한 원심의 살인 인정 및 판단은 정당하다."고 판시하였다.

전두환의 내란 종료에 대하여

"위 비상계엄의 전국 확대로 인한 폭동행위와 함께 단일한 내란 혐의를 이룬다고 봄이 상당함으로 비상계엄의 전국 확대를 포함한 일련의 내란행위는 비상계엄이 해제된 1981년 1월 24일에 비로소 종료되었다고 할 것이다."라고 판시하였다.

5.18 내란 등 사건 중 원심이 무죄로 판단한 부분에 대하여

"공소사실 ① 1980.5.17 비상계엄 전국 확대를 전후하여 학생, 정치인, 재야인사 등을 체포한 사실 ② 1980.5.17 저녁 피고 노태우가 피고 전두환과 공모하여 비상계엄의 전국 확대 문제를 논의하기 위한 임시 국무회의장에 소총 등으로 무장한 수경사의 병력을 배치한 사실 ③ 1980. 5.17 저녁 무렵부터 5.18새벽까지 전국의 주요 보안 목표에 무장한 계엄군을 배치한 사실 ④ 1980. 5.18 07:20경 피고 노태우가 김영삼 당시 신민당 총재의 가택에 소총을 휴대한 수경사의 헌병들을 배치하여 포위 봉쇄한 사실 ⑤ 1980. 5.18 01:45 경부터 무장한 제33사단 병력이 계엄군으로 국회의사당에 배치되어 이를 점거하면서 국회의원들의 출입을 통제하고 5월 20일경 일부 국회의원들의 출입을 저지한 사실 ⑥ 광주에서의 시위 진압하기 위하여 1980. 5.18경부터 무장한 계엄군 투입 증파하여 시위를 진압하고 광주시 외곽을 봉쇄한 후 광주재진입작전을 실시하여 도청을 점령한 사실 중 원심이 이희성, 주영복을 제외한 나머지 피고들의 위 ②, ⑤의 반란사실에 대하여는 유죄로 인정하면서도 위 ①, ③, ④, ⑥의 사실에 대하여는 당시 최규하 대통령의 재가나

승인 혹은 묵인 아래 이루어진 것이어서 당시 국방부장관이었던 피고 주영복과 육참총장 겸 계엄사령관인 피고 이희성이 이 사건 내란과 반란에 참여하였다고 하더라도 대통령 최규하의 군통수권에 반항하는 행위였다고 볼 수는 없다"는 이유에서, 피고인들에 대하여 무죄로 판단한 원심의 조치를 정당한 것으로 보았다.

5. 31. 국보위(국가보위 비상대책위원회)가 발표되었다. 상임위원장 - 전두환 소장, 당연직 - 박충훈 외 11명 장관, 임명직 - 유학성 중장, 윤성민 중장, 황영시 중장, 차규헌 중장, 노태우 소장, 정호용 소장.(전두환, 유학성, 황영시, 노태우는 12.12 주역이다.) 전두환은 국회를 해산하고 국보위를 통해 국회 기능을 하게하고 권력을 장악하였다.

5.18 때 학생들의 시위가 없는데 31사단과 7공수여단을 광주에 투입한 자체는 사회가 불안하다, 국민들로 하여금 군부의 정치 개입을 당연한 것으로 받아들이게 하는 방법이었다. 그 증거가 바로 국보위 조직이다. 경찰만으로 시위를 진압하다 안 되면 군이 투입되어야 했다. 5.18은 공수특전단의 과잉진압의 결과이다. 국가가 전쟁으로 위험에 빠졌을 때에나 출동시킬 특수진압부대를 평온한 도시에 출동시켜 경찰이 진압해도 될 소소한 학생 시위를 과잉진압으로 큰 시위를 유발시키고, 이를 관망하는 무방비 시민들을 시위대로 몰아 몽둥이와 칼로 잔인하게 진압한 것이 5.18의 원인이다.

5. 26 필자가 "왜 공수부대가 광주에서 이토록 사람을 많이 죽이느냐?" 했다가 끌려가 죽음 직전 고등학교 동창인 보안사령부 변형명 소령과 국방부소속 특수부대장 정청 중령의 도움으로 죽음 직전 10일 만에 석방되었고,

6. 7 부산의 감리교회 임기운 목사도 똑 같은 말을 하고 부산 보안사에 끌려가 일주일 만에 시체로 나왔다.

8. 6 서울 롯데호텔에서 보안사령부 문만필 군목(성결교회 목사)의

사회와 영락교회 한경직 목사의 설교, 신촌성결교회 정진경 목사의 기도 순서로 기독교 대표 21명의 목사들이 참석하여 국가조찬예배를 드렸다. 최규하 대통령은 참석하지도 않았고, 전두환 육군 소장이 국가 대표자로 참석하였다. 이 조찬기도회는 TV방송국에서 아침 7시 한 시간 동안 생중계하였고, 12시, 오후 9시 하루 세 번 이 내용을 반복하여 한 시간씩 방영하였으며, 이 조찬예배 내용을 각 신문 머리기사로 다루어 전두환을 부각시켜 대통령이 되게 하였다. 이것을 본 송영길(현 인천시장) 등 젊은 기독교인들이 교회를 떠났고 이때부터 교회는 독재자의 앞잡이요 국가의 암적 존재로 전락하여 젊은 청년들과 국민들의 규탄을 받아 교회는 부흥이 되지 않고 있다.

8. 21. 최규하 대통령 하야.

8. 27. 장충체육관투표에서 2,525명 대의원 참석 중 2,524명이 찬성하여 전두환이 11대 대한민국 대통령이 되어 최규하 대통령을 밀어내고 권력을 찬탈, 12.12 반란에서 시작하여 9개월 만에 가장 긴 반란에 성공하였다. 군부가 또 권력을 장악 군부독재유신을 연장하고 있었다.

서울대 연세대 고려대 등 대학생들은 "전두환 물러가라!"고 7년 동안 쉬지 않고 데모를 하였다. 이때 학생들은 전대협을 조직하여 조직적으로 전두환에게 항거하였다. 이때 학생들에게 좌파가 침투 주체사상을 선동하여 젊은이들에게 좌파가 급성장하게 되었고, 전대협 후에 한총련, 그리고 전교조가 조직되고, 민주노총이 조직되어 좌파가 급성장하여 오늘에 이른 것이다.

※ ① 5.18 광주사건은 북한의 무장간첩이 광주시민들에게 만행을 하여 일어난 사건이라고 탈북자들이 2006년부터 주장하고 있으나, 그 탈북자들이 쓴 책을 보면 직접 참여하였다는 것이 아니고 북한에서 들었다는 식으로 증언을 기록하고 있고, 증언자의 확실한 인적사항도 기록

하지 않고 특수부대가 어떻게 침투하여 광주시민을 무참히 죽였다고
구체적인 기록이 없다. 이는 허위주장이다.

북한의 특수부대 무장간첩이 나타나 광주 시민을 무참히 살해하거나
선동하여 5.18사건이 발생하였다면 각 언론사는 대서특필하고 대한민
국은 난리가 났을 것이며 전면전이 벌어졌을 것이다.

동아일보 기자 김영택은 5.18사건이 난 10일 동안 샅샅이 취재하여
책으로 펴낸 일이 있다. 여기에도 북한 무장간첩에 대한 것은 전혀 없
다. 중앙일보 장재열(52년생 서울 출생) 5.18 현장 취재기자도 특파원리
포트 책에서 북한 특수군 이야기는 전혀 없었다. 김양우(41년생. 경남
거제 출신) 국제신문기자로 5.18 현장취재 기사를 특파원리포트에 기고
하였는데 북한 특수군에 대해서는 말 한 마디 없으며, 유중환(40년생,
부산 출생) 부산일보 5.18 현장취재 기자로서 광주에서 참혹한 현장은
보았으나 북한 특수군 600명에 대해서는 전혀 언급이 없다.

김충근(51년생, 경남 함안 출생) 동아일보 5.18 현장 취재기자가 부마
와 5.18 차이에서

"부마사태는 위수군이(3공수) 위협적이고 거칠긴 했지만 그런 모든
행동이 시위를 진압`해산하는데 목적이 있음을 분명히 알 수 있었다. (3
공수) 진압은 도심의 중요 길목을 차단 확보해서 군중 진입을 저지하거
나 모인 군중을 향해 위협을 가해 내쫓는 해산의 형태였다. 그러나 5.18
은 달랐다.

계엄군(공수부대)은 나타나면 도청 앞에서 일단 정렬한 뒤 바로 앞
금남로에서 벌어지고 있는 시위대에는 아랑곳없이 오와 열을 제대로
갖춘 다음 한동안 우렁찬 구호로 총검술 훈련을 했다. 그런 다음 군인들
은 한 팔 또는 양팔 간격으로 대열을 지어 질서 정연하게 군가를 부르며
시위대를 향해 행진했다. 시위대가 돌을 던지거나 화염병을 던져 소매
에 불이 붙었는데도 전혀 대오는 흐트러짐이 없이 군중 속으로 행진했
다… 바로 그때 명령이 떨어졌다. 그러면 군인들은 일제히 대오를 풀고

사방을 에워싼 시위 군중을 향해 쏜살같이 달려 나가 인육살상과 같은 무자비한 공격을 가하는 것이다…선두는 모두 중위급 장교였으며, 또 대오의 맨 뒷줄은 헌병 완장을 찬 군인이 저격용 총으로 무장하고 있었고, 그 총구는 바로 자신들의 대열을 향했다는 점이다. 장교가 각 열의 진두에서 지휘하고, 만약 이탈자가 있다면 배후의 헌병이 처단하겠다는 그런 의사표시가 담긴 대오였던 것이다." (5.18특파원 리포트 222쪽)

그리고 5.18사건이 이들 북한 무장간첩에 의해 일어났다면 국군 31사단과 7공수여단은 만행을 저지른 북한 무장간첩과 교전하여 즉시 사살하거나 생포했을 것이다. 그리고 북한의 무장간첩이 광주에서 만행을 저질렀다면 그 무장간첩이 어떻게 살아서 북으로 넘어갔겠는가? 또한 31사단이나 20사단이나 7공수, 3공수, 11공수여단은 북한의 무장공비들과 교전하였을 것이다. 그런데 사살한 시체가 한 구도 없으며, 포로도 없다. 또한 무장공비를 붙잡았다는 증언자도 없고 기사가 없다. 1988년 12월 5.18 청문회 때도 정호용, 신우식, 최세창, 권성만 등 공수부대 지휘자들도 북한의 무장공비가 참여하였다고 증언한 일이 없으며, 북한의 무장공비가 참여하였다면 전두환이 백담사로 가지 않았을 것이며, 유죄를 받을 이유가 없다.

국군 보안사령부 대공처장 이학봉은 "사태를 진정시키기 위해 고정간첩이 소요를 일으켰다."고 성명을 발표하고, 이 내용에 대해 계엄사령관 이희성 육군참모총장은 "당시 그런 의심이 있었을 뿐이다."라고 하여 북한 무장공비가 5.18을 일으켰다는 주장은 허위이다.

김대령 씨가 쓴 「역사로서의 5.18」에서 전남대 총학생회장 박관현이 여수 돌산을 가고 있는데 누군가 「박관현이 죽었다!」고 외친 거짓선동으로 5.18이 시작되었다고 주장하나, 이미 5.18 새벽 1시 공수부대가 조선대와 전남대를 점령한 상태였다. 5월 19일 공수부대가 광주시민을 무참히 진압하자 전남도경 경비과장이 공수부대 장교에게 불만을 나타내고 부상당한 학생들을 병원으로 경찰이 이송하려 하자 "경찰이 학생들을 도우면 학생 동조자로 취급하겠다" 하면서 공수부대 대위가 경비과장에게 폭언하여 경찰이 시민 편에 섰다. 그래서 파출소에 무기를 가지러 가면 오히려 경찰이 환영할 정도였다.

5월 21일 전남도청 앞 광장에 모인 사람들은 광주시민이 아닌 탈취한 차량으로 외부에서 실어온 사람들이라고 주장하는데, 20만 명, 30만 명 가까운 사람들을 무슨 차량으로 실어오는가? 이와 같은 주장은 있을 수 없는 허위주장이다.

② 지만원 씨도 12.12와 5.18에서 무기고 탈취, 장갑차 운전, 교도소 습격, 신원이 확인되지 않은 묘 등을 제시 북한 특수부대 무장공비의 작전이라고 주장하나 이는 허위주장이다.

무기고 탈취는 80. 5.21 12시경 도청 앞 광장에서 공수부대의 발포로 광주시민 54명이 현장에서 죽자 흥분한 시민들이 "우리도 방어할 무기가 있어야 한다"고 하며 시민들도 4일이 지난 후 무기가 있는 예비군 무기고와 파출소에 갔고,

장갑차 운전은 20여만 명의 시위대 가운데는 전차병이나 장갑부대에서 근무한 예비군도 있으며, 광주시내버스 기사들이 많이 참여하여 장갑차를 운전하는 것은 그리 어렵지 않으며, 교도소 습격은 교도 소장 한도희 씨는 "교도소 습격은 없었다."고 하였다.

지만원 씨는 5.18사건은 제주4.3사건의 연장이라고 하지만 이는 허위주장이다. 그 증거는 제주4.3사건은 제주 좌파 남로당원 400여명이 총과 죽창과 철창으로 무장하고 제주 11개 지서를 습격하여 경찰과 우익을 죽이면서 사건이 발생하였으나, 5.18 사건은 좌파 남로당원과 같은 조직이 없고, 무장을 하지 않았을 뿐더러, 우익을 한 명도 죽인 일이 없다. 그리고 광주시내에서 금융사고가 한 건도 없었다. 그래서 제주 4.3 사건과 광주 5.18은 같을 수가 없다.

2013년 1월 지만원 씨의 5.18 민주화운동에 관한 재판에서 "사실과 다른 내용으로 타인의 명예를 훼손하고 있다"라고 대법원은 판시하

였다. 역사는 왜곡 없이 사실대로 기록해야 한다. 역사 기록은 진실이 생명이다.

조문숙 씨도 그의 저서에서 이상의 사건을 기록하고 이것은 여·순 반란과의 성격과 가까운 특성을 지녔다고 해석, 빨치산의 활동이었다고 주장하고 있는데 이도 또한 허위주장이다.

서석구 변호사 등 많은 우익들이 5.18사건은 600여명의 북한 무장간첩 소행이라고 상상도 할 수 없는 주장을 하고 많은 사람 앞에서 연설을 하고 있으나 이는 모두 허위주장이다.

③ 어떤 분들은 김대중이 정동년을 선동하고, 광주에서 윤상원이 학생들을 선동하여, 500여명의 학생들이 공수부대원들에게 돌을 던지게 하고 유언비어를 퍼트려 광주시민을 흥분하게 하여 데모를 선동해서 폭동이 일어났다고 하는데, 80. 5. 18 전남대학교 앞 200명의 시위를 진압 못하여 엄청난 사건이 발생하였다는 것은 허위주장이다.

31사단과 7공수부대는 광주시내 학생들이 데모를 하기도 전 새벽 1시 각 대학을 장악하고 도서관에서 공부하고 있는 학생들까지 체포하여 연행해 갔다. 학생들이 데모를 해서 이를 진압하기 위해 공수부대가 출동한 것이 아니라, 공수부대가 광주시내 학교를 점령, 학생들이 학교에 들어가려고 하나 공수부대가 학교를 못 들어가게 해서 사건이 벌어진 것이다. 학생들이 관공서를 습격한 일도 없고, 광주시민을 죽인 일도 없으며, 몇 만 명이 모여 데모한 일도 없다. 200여명 되는 학생들 데모를 진압하기 위해서 육군 2개 사단 3개 공수여단을 출동해서 전차로 진압하였다는 주장은 있을 수 없는 허위주장이다. 그 이유는,

86년 연세대 사건은 9일간, 건국대학교 사건은 4일 동안 학생 수만 명이 모여 데모를 해도 경찰들이 잘 진압을 하였고, 87년 6. 10 항쟁 때도 하루에 100만 이상의 넥타이부대와 학생들이 서울역과 종로에서 데모를 해도 군인이 아닌 경찰이 진압을 잘하였으며, 2008. 6.10 100만 명 이상이 한 달 넘게 한 시청 앞의 소고기파동 촛불데모도 경

찰이 광화문 앞에서 컨테이너박스로 막아가면서 공수부대가 아닌 경찰이 진압을 잘 하였다.

좌파는 한국 현대사를 왜곡하여 자기네들 유리하게 주장하고, 우익도 역사를 왜곡하여 자기들 유리하게 주장하는 한심한 나라가 되었다.

④ 전두환 신군부는 80. 5. 17 아무런 명분도 없는데 계엄령을 2번이나 선포하고 5.18 국회를 해산하였다. 5.18 광주에 공수부대를 투입하여 학생들과 시민들을 가혹하게 진압봉과 대검으로 가격하여 데모를 유발시킨 것은 국회 해산과 야당을 탄압하기 위한 명분을 찾기 위한 방법이었고, 최규하 대통령을 몰아내고 전두환이 정권을 강탈하기 위한 명분이었다.

⑤ 61년 5월 16일 전두환 대위는 노태우 대위와 같이 박정희에게 "육사생도들의 혁명지지 시가행진을 시키겠습니다." 하고 육사생도들이 행진하게 하여 5.16에 참여 최고회의 민원 수석비서관으로 근무하였으며, 중앙정보부 7국 인사과장으로 근무하였다. 그는 5.16 때 군 쿠데타에 대해 잘 배웠다. 국민들은 박정희 군부독재 18년으로 족하였는데, 군 안의 사조직인 하나회와 보안사가 중심이 되어 전두환 중심의 신군부 독재가 시작되자 학생들은 하루도 쉴 날 없이 7년을 고대, 연세대, 서울대 등 각 대학에서 데모를 하였고, 이때 좌파들은 학생들을 선동하여 주사파가 대학을 완전히 장악 386세대를 낳게 되었다. 이렇듯 군부독재는 좌파를 낳게 하였다. 공산주의는 군부독재와 부정부패를 먹고 성장한다. 부정부패가 없는 정직한 사회만이 공산주의와 싸워서 이길 수 있다. 월남 패망의 원인은 부정부패에 항의하는 데모 때문이었다. 장개석 국부군도 부패 때문에 모택동에게 참패하여 대만으로 탈출하였다. 좌파보다 더 무서운 적은 부정부패 군부독재이다. 부정부패는 나라를 망하게 하고 만다.

박정희의 특별 배려로 군 핵심부서에 근무하기 시작한 오성회 회원들이 1962년 하나회를 조직하였다. 하나회 후원자는 진종채, 차규헌, 유학성, 황영시 등이었고, 이들이 12.12 주역들이고, 신군부 실세였다. 하나회는 육사 10기에서부터 약 200여명이었다. 윤필용과 서종철, 박종규가 하나회를 적극 도왔다.

1950년 12월 국민방위군 사건 때 부정부패로 굶어서 죽은 장병이 20만이었다. 이럴진대 국군이 어떻게 인민군을 이기겠는가? 자유당은 전쟁을 하고 있는 상태인데도 부정부패가 더 심하였고, 6.25한국전쟁 후 지금까지 조금도 변하지 않고 오히려 극에 달하고 있다. 특히 군납 비리는 말할 것도 없고, 청와대 뒷산에 있는 대공포가 불량이라니 더 말할 필요가 있겠는가! 그리고 저축은행 사건과 벤츠 여검사 사건과 원자력발전소 비리사건은 우리나라가 얼마나 부패했는가를 잘 보여준 사건이다.

박정희는 5.16 군사 쿠데타로 장면 정권을 찬탈하였고, 69년 3선 개헌을 하였으며, 72년 10월 유신을 하여 이 땅에 법과 질서와 정의를 파괴하였다.

전두환을 중심한 하나회 신군부는 79년 12.12사건과 80년 5월 17일 국회를 해산하고 최규하 대통령 정권을 찬탈하고 대통령이 되어 이 땅에 법과 정의와 윤리를 파괴하였다. 법과 도덕과 질서가 파괴되면 그 국가는 혼란하여 망하고 만다. 이럴진대 누가 애국을 하고 누가 법을 지키고 누가 정의롭게 살려고 하겠는가! 그래서 세계에서 자살율 1위, 이혼율 1위, 술중독자 3위, 불법운전 1위, 갈등 2위, 불공정분배 2위 등으로 국민들을 절망하게 하였다.

2차 대전 후 독일은 아데나워, 프랑스는 드골, 영국은 처칠, 그리고 미국은 제퍼슨 등은 애국적이고 법을 지키고 정의로운 삶을 사는 것을 국민들에게 보여주고 은퇴하여 국민들에게 존경과 사랑을 받았으며, 국민들은 이들의 사상을 거울삼아 오늘의 선진국이 되게 하였다.

박정희 · 전두환의 군부 독재정치로 인하여 법과 질서와 신뢰와 정의와 윤리가 파괴되어 대한민국은 어느 한 곳 썩지 않은 곳이 없어 이 땅의 젊은이들은 절망하고 탄식하였다. 역대 대통령들의 비리를 보면 대한민국이 암담하다. 경제만 가지고 국가가 유지되는 것이 아니다. 이때부터 국민들은 애국이고 조국이고 법이고 질서고 정의고 신뢰이고 윤리와 상관없이 나만 출세하면 된다는 출세주의, 황금만능주의 의식 속에 살게 되었고, 목적을 위해서는 수단과 방법을 가리지 않는 의식 속에 살게 하였고, 돈밖에 모르는 어용사상의 산물이 최태민, 최순실 사건이다. 젊은이들이 안철수를 열광적으로 좋아하는 데는 그럴 만한 이유가 있다. 전라도는 무조건 민주당, 경상도는 무조건 한나라당을 지지하게 하였고, 전라도는 좌파라고 몰아붙이고, 망국의 지역감정과 전국정당이 아닌 지역정당이 되었고, 정책정당이 아닌 이념정당이 되어 민주주의 양당 정책정당이 아니라 끝이 없이 투쟁하는 정당이 되었다. 부패하면 개인이나 국가는 망한다. 이때부터 좌파가 국민들에게 파고들어 급성장한 원인이 되었다. 결국 대한민국은 좌파에 넘어갈 위기에 처해 있다. 대한민국은 부패병과 지역감정병과 좌파 사상병과 같이 가장 무섭고 치료하기 어려운 병에 걸려 죽음에 이르고 있고, 사대주의와 어용주의 출세주의, 황금만능주의 사상과 사회주의 사상이 국민을 지배하고 있어 한국의 장래가 암담하다.

16. 북한은 남한 좌파들을 선동 남한을 점령하려 하고 있다.

1) 남로당의 부활(조선공산당 부활)
50. 6.25 인민군의 남침에 실패한 김일성은 휴전 후 7년 만에 이승만 정부가 학생들의 데모에 의해서 무너지는 것을 보고 충격을 받았다. 그리고 학생들의 데모로 남한 사회가 심히 혼란하고 학생들의 구호에 "가

자 북으로, 오라 남으로" 하고 외치자 김일성은 이들을 조금만 도우면 남한이 공산화 될 것을 확신하였다. 그래서 김일성은 1961년 지하혁명 당을 조직하라는 지령을 내리게 되고, 이 지령에 따라 북한노동당 통일 선전부 소속의 대남선전조직인 한민전(한국 민족 민주전선 ,2005년 반제국주의 민족 민주전선, 반제민전으로 개칭)을 조직하였다.

① 1965년 통혁당 조직(대표 김종태)
1961년 12월 18일 김일성은 간첩 월북자 김수영을 임자도에 침투시켜 김수상, 최영도, 정태욱, 정태연 등 남로당원을 포섭 월북시킨 후 간첩교육을 시켜 남한 지하당 조직을 준비하였다.

간첩 김수영은 대구 폭동에 가담하였던 김종태를 포섭, 1964년 3월 월북시켜 조선노동당에 입당시키고 간첩교육을 시킨 후 월남시켰다.

김종태는 1964년 6월 김질락과 이문규 등을 포섭, 청맥 잡지를 창간하고 청맥을 통하여 반미운동을 하였다.

김종태는 김일성으로부터 통혁당을 조직하라는 지령을 받고 1965년 11월 서대문구 자기 집에서 김종태, 김질락, 이문규 등이 모여 통혁당을 조직하였고, 187회 북한의 지령을 받고 운동하였다.

김종태는 전국에 학사주점을 운영하여 좌파들을 모으고, 대화 장소를 만들어 포섭하고, 주점 이익금을 활동비용으로 사용하였다.

김종태는 경북 영천 출신으로 대구 폭동에 가담한 남로당원 이었고, 정태욱 윤상수 등은 6.25때 지리산 빨치산 출신이었다. 김종태는 4번이나 북한에 가서 김일성을 만난 후 간첩교육을 받고 지령을 받아 남한에서 활동하였다.

통혁당의 목표는
㉠ 윤보선과 좌익계 국회의원 후보자를 적극 지지할 것
㉡ 좌파 법조인을 적극 지지할 것

ⓒ 1970년까지 결정적인 시기를 조성한 후 일제히 봉기하여 공산정
권을 수립할 것. 남조선 점령은 남조선 인민의 힘으로 할 것.

ⓔ 김일성 주체사상을 강령으로 하고 남한 젊은이와 학생들에게 교
육시킬 것

ⓜ 흩어져 있는 남한 남로당원을 결속시켜 행동할 것 등이다.

1968년 8월 수사 당국에 158명이 적발되어 모두 체포되었다. 통혁당
지도부와 간부는 거의 남로당원 이었다.

1968. 9. 28 김종태는 서대문 구치소에서 탈옥하려다 실패하고 1969
년 7월 10일 사형이 집행되었다. 북한에서는 최고의 훈장인 금성훈장과
국기 1급과 해주사범대학을 김종태 사범대학으로 변경할 정도로 대우
를 해주어 남한에서 김종태와 같이 공산화 하는데 전력을 다 하라고 대
우해 주었다.

1969. 2. 11 최영도는 옥중에서 사망하였고,

1968년 8.20 제주도 서귀포 남성리에서 14명의 북한군이 이문규를 북
으로 월북시키려하였으나 남한의 군인들이 공격하여 북한군 12명을 사
살하고 2명을 생포하였으며, 이문규는 1969년 사형이 집행되었다.

김질락은 신영복에게 공산주의 학습을 시켰고,

신영복은 박성준(한명숙 남편)을 공산주의 학습을 시켜 신영복은 복
역 중 1988년 가석방되었고, 1999년 성공회대 교수를 하였다.

박성준은 15년 형을 받고 13년 복역 중 1981년 가석방 되었고, 2006
년 성공회대 교수가 되었다. 한명숙도 처벌을 받았고 노무현 정권 때 국
무총리까지 하였다. 그래서 노무현 정부를 좌파정부라고 한다.

1985년 8월 북한은 통혁당 목소리 방송을 하다가, 2003년 8월 구국의
소리 방송으로 바꿔 하더니, 2005년 3월 한민전을 반제민전으로 개칭
대남 선전방송을 하고 있다.

1946년 남로당은 60만 명이 넘는 당원을 확보하였고, 국민의 76% 지
지를 받았으나 1949년 10월 33만 명이 전향하였고, 1950. 3 남로당 지도

부 200여명이 전향하거나 체포되었으며, 6.25 때 많이 죽고, 또 5만여 명이 월북하였으나 김일성에 의해 숙청당하였고, 현재 남한에 10~15만 명이 있으나 남로당을 다시 규합할 수 있는 지도자가 없는 것에 김일성은 고민하였다. 그러나 통혁당이 남로당을 결속시켜 결정적인 때 봉기하게 하였다. 김일성이 박헌영과 남로당 간부들을 미국의 간첩으로 몰아 남로당을 숙청한 것은 결정적인 실수였다. 만일 남로당원 33만 명이 전향하지 않았다면 6.25 한국전 때 대한민국은 망하였고, 망하지 않았다 해도 지금 쯤 대한민국이 없어졌을 지도 모른다.

② 1962년 인혁당 조직(대표 도예종 · 박현채)

1962년 1월 서울시 남대문구 후암동 우동읍의 집에서 남파간첩 김상한의 사회로 남로당 출신 도예종, 박현채, 김배영 등이 인혁당(인민혁명당)을 조직하였다. 이들은 조선노동당 강령과 규약을 토대로 인혁당 강령과 규약을 만들고 ㉠ 미군철수 ㉡ 남북 서신교환 ㉢ 남북 경제교류 ㉣ 연합통일 등을 목표로 창당하였다.

1962년 5월 김상한이 월북하였고, 1962년 10월 김영배도 일본을 경유하여 월북하여 자금을 북에 요청하였다. 이들은 사회 인사 50여명을 포섭 전국조직을 하였고, 각 분과도 조직하였다.

1964년 박정희와 김종필의 굴욕적인 한일회담을 반대하기 위하여 전국 대학생과 젊은이들을 선동하여 6.3사태를 일으켰다. 여기에 도예종, 박현채, 정도영 등이 주동하였고, 김덕용, 이명박, 김지하 등도 가담하여 3만여 명이 국회를 점령하고 한일회담 반대 농성을 하고 있었다.

1964년 7월 27일 도예종을 포함 7명이 체포되어 도예종 징역 3년, 박현채, 정도영, 김영광, 양춘우 등은 징역1년 집행유예 3년을 선고받았다. 1968년 도예종은 출소한 후 69년부터 다시 좌파들을 모으기 시작하였다.

1969년 10월 북한 무장간첩 한영식 등 19명이 서울대 · 고대 학생 간부들을 포섭, 3선 개헌반대를 명분으로 학원에 침투, 학생들을 선동하였다.

1973년 12월 도예종은 이수병과 김용원을 포섭, 서울지역의 민청학련을 지도하는 이철, 유인태, 안양로 등을 여정남에게 소개 유신반대투쟁을 하도록 선동하였다. 이들은 유인물을 작성, 전국에 배포하고 1974년 4월 3일 학생들을 선동하여 유신반대 데모를 하였다.

1974년 4월 3일 데모하던 학생과 젊은이 1,024명 검거, 253명 구속, 180명 기소하였다.

1975년 4월 8일 도예종 이수병, 여정남, 서도원, 하재완, 송상진, 우홍선, 김용원 등을 사형 집행하였고, 1982년 12월 나머지는 석방하였다. 이를 '인혁당 재건위원회 사건' 이라고 하며, '민청학련사건' 이라고 하는 말썽 많은 사건이다.

석방된 전창일, 김한덕은 범민련 부의장, 나경일 범민련 대구 · 경북 연합부회장, 이태환 범민련 남측본부 상임위원, 이창복은 16대 국회의원이 되었다.

박현채(1934~ 1995) 전남 화순에서 출생. 광주 서중학교시절 17세에 남로당 비밀 외곽조직 세포 총책으로 활동하였다. 그는 1950년 10월부터 52년까지 백아산에서 빨치산 활동을 하다 복부관통상을 입고 하산하다 경찰에 체포되었다. 석방 후 전주고등학교에 편입하고, 1955년 서울대 상대 경제학과에 입학하였다. 그는 민족경제론을 집필하였다. 박현채는 남한 공산화를 역설하였다. 학생들과 젊은이들에게 많은 영향을 주었다.

1975년 11월 북한노동당위원 김옥자(부산대) 등 21명이 모국 유학생으로 가장 학원에 침투, 유신반대를 명분으로 민주화를 외치며 학생들을 선동하였다. 이들은 대한민국 전복이 목표였다.

육사 교관인 권재혁 · 이일재 등은 남조선 해방 전략당을 중심으로 활동하였다.

③ 남민전(남조선 인민해방전선 대표 : 이재문) 사건

1964년 이재문은 인혁당 사건으로 1년 복역을 하다 출소하였다. 이때부터 숨어서 남로당, 통혁당, 인혁당 사람들을 끌어 모았다.

1976년 2월 신향식과 김병권을 포섭하였다. 신향식은 남로당원으로 6.25 때 고흥인민위원회 검찰소 급사로 일하였다가 1968년 통혁당 사건으로 구속된 사람이다.

1976년 2월 29일 서울 중구 청계천로 3가 태성장 중화음식점에서 이재문, 신향식, 김병권 등이 모여 남민전을 조직하였다. 김병권은 남로당 출신이다. 이들의 목적은 박정희 유신독재 타도에 있었다. 이들은 박정희 유신타도 유인물 2000매를 작성하여 8회에 걸쳐 서울시내에서 살포하였다.

김남주는 자금 조달을 위해 1978년부터 1979년까지 동아그룹 최원석 회장, 럭키구룹 구자영 회장, 현대 정주영 회장의 집을 침입, 강도 행위를 하였다. 이들은 결정적일 때 무장봉기를 하기 위하여 총기와 폭탄도 준비하여 대한민국을 타도하고, 남조선 민족해방전선 기도 제작하여 중앙청에 게양하려고도 하였다. 이들은 주체사상으로 사상무장을 하였고, 남민전 중앙위원회 조직원 안용웅은 일본을 거쳐 조총련 도움으로 월북하여 김일성에게 신년 인사와 사업보고를 하였고, 김일성에게 3억 원 정도의 공작금을 요청하였다.

1978년 진보적 교사들을 포섭해 민주구국교원연맹을 조직, 후일 전교조를 조직하였고, 민주구국학생연맹을 조직, 전대협을 조직하였으며, 민주구국노동연맹을 조직하여 민주노총을 조직하고, 민주구국농민연맹을 조직하여 농민연맹을 조직하였다. 남민전은 남한의 좌익세력의 기초를 이루었다.

이들은 김일성과 박정희의 남북 7.4공동성명을 목표로 활동하였다. 남북 7.4 공동성명은

첫째 : 통일은 외세에 의존하거나 외세의 간섭을 받음 없이 해결해야 한다.

둘째 : 통일은 서로 상대방을 반대하는 무력행사에 의지하지 않고 평화적 방법으로 실현하여야 한다.

셋째 : 사상과 이념, 제도의 차이를 초월하여 우선 하나의 민족으로서 민족적 대 단결을 도모해야 한다.

를 목표로 하고 있었다. 즉 1항에서 미국을 배제하고 남북 간 통일을 이룩하고, 2항은 평화적으로, 3항은 한민족으로서 한민족 공조론을 주장하였다. 현재 통진당 등 좌파들 주장과 같다.

2002년 5월 11일 박근혜가 북한에 가서 김정일을 만나 김정일과 박근혜도 7.4 남북합의 이어받아 6.15 공동선언 이행하자고 강조하였다.

2012년 7월 11일 박근혜는 7.4 남북합의 이어받아 6.15 공동선언을 꼭 실현하겠다고 하였다.

1978년 김주섭이 교사 이수일과 함께 유인물을 제작 살포하여 경찰이 이들을 추적하고 있었다. 1978년 10.4 남민전 총책 이재문, 김남주, 차성환, 이문희, 김주섭, 이수일 등 84명이 체포되어 79명이 구속되었다.

2006년 노무현 정부에서는 남민전은 북한과 연계 및 추종활동을 부인하고 민주화운동으로 규정 관련자들을 모두 보상 지급하였다. 즉 남민전은 주체사상을 수용했다는 증거가 없다고 거짓주장을 하고 있다.

1981년 11월 이재문은 옥중에서 병사하고,

신향식은 1982년 사형이 집행되고,

김병권은 2005년 9월 사망하였다.

김남주는 1988년 12월 가석방 하였는데 그는 보수세력 200만 명을 죽여야 한다고 외친자이다. 그는 1994년 암으로 사망하였다.

이재오는 5년을 선고받았고, 새누리당 국회의원이 되었으며, 남민전은 유신독재를 항거한 민주화운동이라고 주장하고 있다.

안용웅은 2차 월북한 후 남한에서 남민전 관련자가 검거되자 현재까지 한국으로 귀환하지 않고 있다.

연세대 시위를 뒤에서 조종한 장신환 · 이성하 · 김치걸 등은 남민전 산하 민학련에서 활동하였다. ·

④ 전두환 유신 신군부 독재 반대

1979년 10월 26일 유신 독재자 박정희가 사망하자 1979년 12월 12일 전두환이 실권을 장악하고, 1980년 8월 27일 대통령이 되자 여기에 학생들이 하루도 쉴 날 없이 극한적으로 데모를 하였다.

㉠ 김근태는 민청년(민주화운동 청년연합)을 중심으로 활동하였다. 유신을 반대하다 옥고를 치른 조성우 · 정문화 · 장만철 · 양관수 · 문국주 등이 합세하였고, 이때 이해찬도 합세하였다. 이들은 전두환 신군부 타도를 위해 투쟁하였으나 민족 민주혁명을 주장하였다. 이때 좌파 단체가 수도 없이 조직되어 활동하고 있었다.

이부영은 민민협 (노동 · 농민 · 청년 · 문화 · 종교 등 좌파 단체 통합)에서 의장으로 활동, 그 후 23개 단체가 민통련으로 통합하였다. 민청련과 문익환 목사 중심의 개신교 측이 민통련에 합류하였다. 이들은 87년 박종철 고문치사사건과 전두환 군부독재 종식을 위해 투쟁하고 있었다.

문익환 · 이창복 · 장기표 · 이부영 · 백기완 · 장영달 · 정동년 · 강희남 목사 · 임채정 등이 민통련을 통해 활동하였다.

㉡ 대학생들이 기업체에 위장 취업하여 노동 현장에서 노동자들에게 좌파 사상을 가르치고 데모를 선동하였다. 민통련 22개 단체가 이들 데모를 지지 동참하였고 협력하였다. 위장취업 학생은 700여명 정도였고 대표적인 학생이 심상정이었다. 현재 심상정 파는 종북노선을 반대하고 있다.

㉢ 민종덕과 이옥순은 서노련(서울노동연합)을 통해 군부독재 타도를 외치며 데모를 선동하였다.

박노해(전향)는 시를 통해 선동하였다. 김영진 · 유용화 등은 남노련을 통해 운동하였다. 천주교와 기독교 산업선교회가 노동운동가들을 협력하였다. 386 운동권 학생들이 전국지역 운동조직을 하였는데 이것이 바로 전국 노동자연맹 추진위원회이다. 박요한. 신영철, 정대화, 김영환 등이 핵심활동을 하였다.

ⓒ 1987년 95개 대학 4,000여명이 자민투의 NL노선을 추종하였다. 강령은 '반미 자주화, 반독재 민주화, 자주통일, 학원 자주, 민중연대, 여성해방, 반전 반핵, 평화옹호' 였다. 전대협 의장에 이인영이며, 권한대행에 우상호, 이들은 독재타도를 외치며 데모를 하였다. 이들이 민주통합당 핵심이다.

ⓜ 1980년대 전두환 군부독재 타도를 외치며 학생 데모 선동을 하면서 사회주의 혁명을 추구한 좌파를 386세대라고 한다.(386이라는 말은 컴퓨터 386을 사용하던 시대를 말함)

서울대 남명수 외 10여명이 전두환 신군부를 상대하여 투쟁하고 있고, 우림을 통해서 활동하였다.

이태복은 민노련을 통해서 활동하고 있었다.

ⓗ 남한의 좌파들은 1948년 12월 1일 보안법을 통해 남로당 전평 등 좌파단체가 불법단체가 되었고, 6.25 한국전쟁을 통해 숨어 있다 4.19 혁명 때 운동하려다 5.16 쿠데타로 또 숨어 있었다.

72년 박형규 목사와 김지하와 고은이 유신 반대를 하였다. 그러자 숨어 있던 좌익들이 1976년에 남민전을 조직하여 다시 운동을 시작하였다. 그리고 1980년 전두환 신군부독재가 들어서자 군부독재 타도를 명분으로 본격적인 운동을 시작하여 전국 대학생과 전국 노동자를 선동하여 좌파가 되게 하여 오늘에 이른 것이다. 해방 후의 좌파인 전평 대신 386세대와 민주노총이 전국을 주도하였다.

ⓢ 이태복(현재 이재오 비서)은 학생들을 선동하기 위해 서울대생 이선근을 선동하였고, 이선근은 민학련을 조직, 학생들을 선동 비밀조직을 하여 '전두환 군부독재 타도'를 목표로 하였다. 각 대학에서는 이들의 선동으로 하루도 그칠 날이 없이 데모를 하였고, '전두환 유신 군부

독재 타도' 라는 명분이 좋아 전국 대학생들은 이들의 선동에 모두 협조하게 되어 학생들은 자기도 모르는 사이 데모에 가담하고, 운동가가 되고, 투사가 되고, 좌파사상을 갖게 되었다.

김태훈 외 48명이 "전두환 물러가라!" 하면서 투신자살을 하였다.

◎ 서울대 박문식과 문용식이 문추위를 조직하여 운동하고 있었다.

80년 5월 17일 계엄령확대에서 83년 12월까지 전국 대학생 중 전두환 신군부 타도를 외치다 제적된 학생이 1,363명이었다. 학생들은 민족 민주 혁명을 이념으로 하고 있었다.

문추위 관련자 문용식 등 24명을 구속하고, 49명은 검거령을 내리고 체포에 나섰다. 이때 수배자가 장기표, 박종운, 김영환이 있는데 박종운을 검거하기 위해 박종철 군을 체포 조사 도중 고문으로 사망케 하여 결국 신군부 독재도 종식되었다.

1987년 6월 10일 서울시민이 학생들과 합류 하루에 100만 명 이상의 넥타이부대가 전두환 군부독재 물러가라고 데모를 해서 결국 노태우의 6.29선언이 있은 후 독재자 전두환은 물러가고 유신의 산물인 체육관투표가 없어지고 직선제 개헌이 되면서 민주화가 된 것이다.

1982년 3월 문부식과 그의 애인 김은숙이 부산 미문화원에 불을 질렀다. 이것이 최초의 반미투쟁이다. 이를 뒤에서 지도한 자가 김현장인데 그는 전향하였다. 대구 미문화원 방화사건, 그리고 84년부터 학생들은 군부독재타도와 반미구호를 외쳤고, 서울 미문화원 점거농성을 하였다. 그 이유는 전방의 양평 20사단이 5.18 진압 차 전차를 동원 광주까지 갔는데 전시작전권을 가지고 있는 미군이 이를 저지하지 않고 어떻게 미군은 신군부 전두환 독재를 지지하고 있는가에 대한 항의 시위였다.

전두환의 군부독재가 물러났기 때문에 지금은 학생들이 데모도 하지 않고 미 문화원 점거농성도 하지 않고 있으며, 각 대학에서는 2009년부터 반미 친북 대자보도 없어졌다.

1985년 전국 학생총연합회(전학련) 산하 삼민투(민족, 민주, 민중)가 조직되어 김태룡, 김민석, 성운경, 하인회가 주도적으로 행동하여 전두환 군부타도를 위해 데모를 선동하였다. 이들은 자기들이 조선공산당과 전평의 전통 승계자로 보았고, 대구폭동, 제주4.3폭동, 여수14연대 반란을 민중항쟁으로 규정하였다. 전두환 신군부를 미국에 종속된 미국의 식민지이기 때문에 미군을 축출해야 한다고 외쳤다. 이런 주장은 6.25 후 처음이다.

㉠ 좌파들은 제주4.3폭동을 연구, 「이제사 말햄수다」「4.3은 말한다」「제주 민중항쟁」과 여수14연대 반란 연구서적, 전대협의 「우리는 결코 둘이 될 수 없다」「해방 전후사의 인식」소설 「태백산맥」등 좌파들의 서적이 200권 가까이 출간되어 홍수를 만났고, 좌파들은 왕성한 성장을 맞이하였다.

㉡ 우리는 일본과 싸워 스스로 해방되지 못하였고, 이완용 같은 친일파를 좌익들의 폭동과 반란 때문에 숙청하지 못하여 국민들의 용기와 정의감과 민족정기가 없는 부끄러운 국민이 되었고, 6.25를 사전에 막지 못해 같은 마을 같은 민족끼리 서로 비참하게 죽고 죽이는 동물 같은 생활을 하였으며, 6.25 패전에 대한 책임을 아직까지 묻지 않았고, 박정희의 유신은 국민들을 좌절하게 하였으며, 전두환의 신군부독재는 국민들에게서 희망을 빼앗고, 절망과 탄식하게 하였고, 이제는 좌파들의 데모로 사회의 법과 질서가 파괴되고 애국심이 마비되어 우리는 앞이 보이지 않는다. 그리고 재벌과 서민들의 빈부격차가 극에 달해 100억 원 이상 소유자가 1,400여 명이며, 1억 원 미만 소유자가 30%이며, 680만여 명이 신용불량 자로서 서민층을 절망하게 하고 있다.

1985년 정대형 이세영 등이 삼민투의 혁명노선을 이념으로 해서 지하조직인 민민투를 조직하였다. 민민투는 전국 31개 대학 천여 명으로 민만학련을 조직하여 김길오, 김성택, 조유묵 등이 의장이 되었다. 이들은 대한민국을 전복하고 연방제 통일이 목표였다. 이들은 북한이 주장하는 대로 남한이 미국의 식민지라는 것이다. 이들은 거의가 주사파였다. 해방 후 거리에서 반미 구호를 처음 외치는 자들이었다. 이재호 김세진이 분신자살하기도 하였다. 학생들 1,290여명이 구속되는 사태가 벌어졌다. 이들이 시위와 미문화원 방화사건도 주도하였다. 주한미군 철수도 처음으로 외쳤다. 이들은 북한 방송을 청취해 '구국의 함성' 과 '해방전선' 에 실어 배포하여 학생들을 선동하였다. 조윤식, 이종주, 이명제, 강성구 등이 선동하였다.

⑤ 1987년 민혁당 사건(민족 민주 혁명당 대표: 김영환→전향)

1986년 11월 민족해방노동자당 사건으로 구속된 김영환이 2년 복역 후 1988. 12 출소하였다. 김영환은 하영옥과 같이 반제청년동맹 준비위원회를 1989년 3월 조직하고 있었다.

1989년 7월 김영환은 남파간첩 윤택림(북한 대외연락부 5과장)에게 포섭되어 1991년 5월 16일 강화도에서 잠수정을 타고 북한에 가서 김일성을 만나고 간첩교육을 받은 후 조선노동당에 가입 후 남한으로 왔다. 그는 6-7차례 북에 가서 간첩 교육을 받았다. 북한은 김영환이 남한에서 간첩활동을 할 수 있는 모든 것을 도왔다.

1990년 5월 28일 하영옥은 도봉산에서 조선노동당에 입당하였다.

1991년 5월 김영환은 말 지 기자 조유식을 데리고 강화군 양도면 건평리에서 북한 해주에 도착, 간첩 윤택림의 안내로 15일간 간첩 교육을 받았고, 김일성을 만났을 때 1,000명만 주체사상으로 뭉치면 남한을 공산화 할 수 있다고 특별한 사명을 받았다.

1992년 3월 16일 김영환이 북한에서 남한에 온 후 서울대 구내에서 하영옥과 같이 민혁당을 창당하였다. 민혁당 산하에 경기남부위원회, 영남위원회, 전북위원회 등을 조직하고, 시 단위까지 전국조직을 하였다. 그리고 학생, 노동자, 재야 통일, 청년, 여성 등을 조직하고 청년운동, 통일운동, 시민단체운동, 약 2,000여 명의 학생들을 종(縱)으로 점조직을 하여 학생운동을 하였다.(좌파들의 기본 조직)

1997년 7월 김영환은 북한의 실상을 보고 정부가 인민을 위한 것이 아니라 굶어죽게 하고 있다고 비판하고 민혁당 해체를 선언하였다. 그는 말 지 1998년 5월호에 "북한의 수령 론은 완전히 허구이자 거대한 사기극이다."라고 하였고, 6월호에 "김정일 정권 타도"를 외쳤다. 그가 이토록 김정일 타도를 외친 것은 북한에서 간첩교육을 받으면서 북한 인민이 너무나도 가난하게 사는 것을 보고 김일성·김정일에게 속았다고 외친 것이다.

1997년 7월 김영환는 하영옥 등 대표들에게 "북한 정부는 인민 편에 있는 게 아니라 인민 반대편이다" 고 하면서 민혁당 해체를 선언하였다. 그러나 하영옥은 심재춘을 접촉, 자기를 따를 것을 권고하여 그 조직은 지금까지 살아 있고, 여기에 이석기가 포함되어 있다.

말 지 기자 김경환은 1998년 10월 북한 간첩을 만나 활동비 300만원을 받았다.

1998년 10월 북한 간첩 원진우가 심재춘의 집에 숨어 있으면서 간첩 활동을 하고 있었다. 심재춘은 원진우에게 주민등록증도 발급해줄 정도였다.

하영옥은 총재가 되었고, 500만원을 심재춘에게 주어 1998년 12월 17일 원진우를 여수 앞바다에서 잠수정에 승선시켜 월북시키려다 해군이 이 잠수정을 발견 공격하여 침몰시켰다. 그리고 다음 해 3월에 잠수정을 건지고보니, 이상의 비밀문서가 잠수정 안에서 나와 모든 것을 알게 되었다.

민혁당은 북한에서 3억 원을 지원받아 1995년 지방자치단체 후보 6명과 1996년 국회의원 선거 후보들에게 500만원~ 1,000만원을 지원해주었다.

1999년 3월 잠수정을 인양하여 그 안에 있던 비밀문서들을 보고 하영옥과 간첩 원진우 등이 관악구 일대에서 간첩 노릇을 한 것을 알게 되어 김영환, 조유식, 하영옥, 심재춘, 김경환, 간첩 진운방 등을 체포하였다.

박경순은 통합진보당 진보정책연구원 부위원장이며,

김창현은 울산 북구청장을 하였고,

이석기는 2012년 4월 11일 총선 비례대표 2번으로 국회의원이 되었고, 경기 남부 위원장을 하였다.

최진수는 2008년 영남위원장을 하였고,

이의엽은 2009년 부산지역 위원장과 통진당 간부이다.

⑥ 대한민국 타도를 외치는 좌파들

1987년 최봉근, 정태윤, 노회찬, 황광우, 조승수, 송영길(현 인천시장), 주대환, 신지호(한나라당 도봉 갑 국회의원) 등이 인민노련 주동자들이었고, 이들이 노동자당을 조직하였다. 이들은 이승만 정권을 인정하지 않고 있고, 남로당이 5.10선거를 반대했듯이 이들도 5.10선거를 지금도 반대하면서 대한민국을 인정하지 않고 있다. 이들은 "6.25 인민군의 남침 원인이 미 제국주의 개입도 한 원인이다." 라고 허위주장을 하고 있다. "이제는 더 이상 자본가가 노동자에 대해 무제한 착취를 자행할 수 없다"고 하면서 노동자를 선동하였다. 이들은 국가보안법 폐지, 안기부와 보안사 해체, 작전권 반환, 주한미군 철수를 목표로 하여 거의 실현되었다. 이들은 민주노총 조직에 대해서 구상하였고, ❮정세와 실천❯❮노동자의 길❯등의 기관지를 통해 노동운동을 선동하였고, 이들은 사회주의를 홍보하였다. 서울대 김진균 교수 외 147명과 권호경 목사 등 교직자 85명은 "노동자의 정치 세력화를 주장한 인민노련의 활동을 정당한 일면이 있다."고 지지하였다.(탄원서)

미군이 철수하면 대한민국은 한 달이 못되어 인민군에 점령된다. 즉 미군 철수를 주장하는 자들은 대한민국이 망하고 북한 인민군이 남한을 점령하기를 소원하는 자들이다.

88년부터 이인모 외 50명의 전향하지 않은 장기수가 석방되어 이들의 영향도 컸고, 한겨레신문과 말紙가 좌파를 대변하고 있었다.

1988년 1월 장원섭, 이철우 등은 반미 청년회를 조직하여 주체사상을 이념으로 하고 미군 철수를 목표로 하였다. 26개 대학 72명으로 조직되었다. 이들이 북한이 주장한 대로 대한항공 858기 폭파사건이 남한 안기부의 조작이라고 주장한 자들이다.

이정희 남편 심재환 변호사는 "김현희는 완전히 가짜다. 절대로 북한 공작원이 아니다."라고 젊은이들을 선동한 자이다.

조혁, 김태원은 북한의 구국의 소리를 청취 그 내용을 유인물로 작성하여 교재로 조직원을 교육하였다.

양홍관, 안희정, 서민석 등이 활동하였다.

이들이 뒤에서 조종 전대협을 조직하였고, 2003년 노무현이 대통령이 되자 청와대와 열린우리당에 대거 진출하였다.

반미청년회 핵심 회원인 강길모가 노무현 정부의 실세였다. 강길모는 한민전에서 보내 준 지침을 바탕으로 만든 교재 '주체의 혁명이론' '김일성 신년사' '김일성 후계자 론' '자유언론' 등을 가르쳤고, 87년-89년 연세대와 고대 학생회 간부들에게 주체사상을 가르쳤다.

⑦ 좌파의 여러 단체들

㉠ 90년 4월 22일 이영희, 백낙청, 이창복 등은 국민연합을 조직하여 전민련을 전교조와 전대협과 함께 국민연합에 흡수시켰다.

백낙청은 "천안함 사건은 정부가 적당히 장난치려 한 사건"이라고 선동하였다.

조용술, 이해학, 조성우, 황석영 등은 범민련을 통해 활동하였다. 강희남 고문, 이창복, 신창균, 전민련 의장, 김희선, 이규영, 한충목, 박순경, 홍진표, 이범영, 권영길은 연방제 통일방안을 지지하고 주한 미군철수를 주장하였다.

이영희는 "6.25를 전후로 진정한 애국자는 북으로 갔다."고 하였고,

강희남은 "맥아더가 없었다면 양키의 식민지배는 없었을 것"이라고 하였다.

ⓛ 전대협 - NL파와 PD파가 연합, 반미 친북 투쟁을 벌이고 있었다. 주한미군 철수, 연방제 통일 등을 주장하면서 이들은 서울올림픽을 저지하려 하였다.

전대협은 임수경을 제13차 평양 세계 청년 학생 축전에 보냈다. 임종석 전대협의장, 전문환, 홍순철, 김병권, 김종식은 전대협에서 활동하였다.

전대협은 주사파가 장악하였다. 250개 대학 중 177개 대학 학생회가 가입하였다.

ⓒ 전국연합(민주주의 민족 통일 전국연합)은 전민련 · 전교조 · 전농련 · 전대협 등 13개 단체와 8개 지역 운동 단체 등 21개 단체가 모인 건국 후 최대 좌익단체이다. 대의원만도 1,650명이다. 강희남, 계훈제, 문익환, 백기완, 박형규, 이소선 등이 상임위원, 권종대, 고광석, 윤영규, 한상렬, 지선 등이 공동의장이 되었다.

ⓓ 전교조(전국 교원 노동조합) - 민족 · 민주 · 인간화 교육 등 참교육을 목적으로 조직한 단체이다.

참교육의 민족교육은 미군철수, 민주교육은 계급투쟁, 민중(인간화)교육은 연방제통일(즉 적화통일) 이라고 학생들을 선동하여 반미 친북 사상교육을 시키고 있다.

1987년 민중교육 책자를 발간하였는데 핵심은 학생들을 좌익사상을 가르치는 것이 목적이다. 학생들에게 대한민국 국군에 가서 살인교육을 받을 필요가 없다고 가르치고 있다.

2001년 6월 리영희, 강만길, 강정구, 황태연, 유성하, 김창수 등 좌파교수들이 쓴 책을 참고하여 '이 겨레 살리는 통일 교육지침서' 를 발간하였는데, 책의 핵심은 학생들을 의식화시켜 남한을 공산화 하는 것이다.

1986년 5월 남민전 사건으로 10년을 복역한 이수일과 해직교사 150여명이 중심이 되어 일선 교사들이 '교육 민주화 선언' 에서 시작, 89년

5월 전교조를 조직, 1999년 7월 김대중 정부에서 합법화 되었다. 윤영규, 이부영, 이수호 등이 앞장서고 박현채, 김진규 등 145명의 교수협의회가 전교조에 가입하였다. 전교조는 제주4.3폭동, 14연대 반란, 6.25 한국전쟁 등 현대사를 왜곡하여 학생들에게 좌 편향적 사상을 가르쳐 1년에 40만 명에게 반미 · 친북사상을 갖게 하고 미군 철수, 6.15 공동선언 이행, 국가 보안법 철폐, 반미 친북이 목적이었다. 선거를 통해 대한민국을 장악하려고 학생들을 선동, 좌파를 양성하고 있다.

대한민국에서 북한의 핵보다 무서운 존재는 전교조이다. 전교조를 그냥 둔다면 대한민국은 10년 안에 선거를 통해 자동으로 공산화 되고 말 것이다.

전교조는 교원평가제와 성과급제와 일제고사(학업평가)를 반대하고, 먹고 놀면서 봉급을 받겠다는 자들이며, 학생들에게 평등교육을 시켜야 한다고 주장하면서 학생들을 바보로 만들어야 대한민국이 망하기 때문에 학생들을 바보로 만들려고 하는 자들이다. 2011년 학업평가시험에 참가하지 않은 초 · 중 · 고 학생은 187명이었다. 2012년은 131명으로 매년 숫자가 줄고 있다. 이 숫자로 볼 때 6만여 명이 되는 전교조 선생들이 자기 자식들은 학업평가시험을 보게 하고 남의 자식들은 못보게 선동하고 있다고 볼 수 있다.

평등교육이란 대한민국을 타도하는 것이고, 반정부활동이 정의이고, 법질서를 파괴하는 것이 민주화라고 사상교육을 시키고 있다. 가난한 사람들은 기득권 세력 때문이고, 빈부 격차도 기득권 세력 때문에 이들이 서민들의 원수로서 이들을 타도하고 평등사회를 만들어야 한다고 선동하고 있다. 전북전교조는 교장선생에게 일제고사(전교조는 학업평가시험을 일제고사라고 함) 실태를 보고하라고 할 정도이다.

서울, 경기, 강원, 전북, 전남, 광주 등 좌파 교육감인 지역에서는 학교 폭력 학생부 기재를 반대하고, 경기도 교육감 김상곤은 이주호 교육과학기술부장관에게 "교육 파괴의 종결자"라고 하면서 오히려 장관 퇴진을 요구할 정도이다.

전교조 김형근(임실군 관촌중학교)은 2005년 5월 180여명을 이끌고 전북 순창군 회문산 빨치산전투지역에서 '남녘통일 애국열사 추모제'라 하며 빨치산 추모제를 하였고, 이 추모제에서 "학생들이 전쟁 위협하는 외세를 몰아내고 우리 민족끼리 통일하자(미국 제외 인민군이 남한 점령)!" "우리 편지 못하게 하는 국가보안법 폐지하라!' 라고 외쳤다. 또한 김형근은 학생들 시험문제를 출제하여 "핵문제는 미국의 대립 강경책에 의한 북한의 생존전략이다."라는 답을 쓰게 하였고, "우리는 지금 적구(적의 구역)에서 싸우고 있다."라고 한 자이다.

효순이와 미선이를 북한 모란봉 제1중학교 5학년 9반 명예학생으로 등록, 영혼졸업장을 주어 반미사상을 교육시키고 있다.

전교조는 연방제 통일, 미군 철수, 국가보안법 철폐의 내용을 수업지도안으로 만들어 전교조 교사들에게 배포하여 학생들에게 가르치게 하여 반미 친북 좌파를 양성하고 있다.

현재 60,000여명이 가입되어 있고 전국 16개 교육감 중 6개 교육감이 좌파이며, 특히 경기도 교육감이 전교조 출신이어서 보통문제가 아니다. 현재 학교를 보면 대한민국이 암담하다. 그래서 사교육이 번창하고 있다.

㉤ 좌파들이 지원해서 14대 국회에서 신계륜, 박계동, 이부영, 이철, 제정구, 유인태 등 6명이 국회의원에 당선되어 엄청난 힘을 갖게 되었고, 고 김대중이 대통령에 당선되는데 많은 도움을 주었으며, 함세웅, 장기표 등도 전국연합에서 활동하였다. 전국연합은 김대중을 대통령 후보로 밀고 있었다.

㉥ 자민통 조직 -1990년 12월 최원극, 송갑석, 허탁 등 70여명은 자민통(자주민주통일)을 조직하였다. 이들은 전국 대학생 200여명을 조직하였다. 이들은 김일성 주체사상을 추종하는 핵심세력으로 북한의 대남 적화 혁명노선을 답습하는 조직이라고 하였다. 전국 39개 대학의 총

학생회에 80여명의 조직원을 침투시켜 활동하였다.

1989년 11월 백태웅(가명 이정로), 박노해(본명 박기평) 등이 무장봉기에 의한 사회주의 혁명을 지도할 노동자당을 조직하기로 하고 핵심이 140명, 조직원 3,500명으로 남로당 이후 최대 규모였다.

사로맹은 노사분규에 개입, 임금투쟁을 정치혁명투쟁으로 유도 총파업하게 하였다. 기업체와 기간사업을 마비시켜 대한민국을 전복시켜 사회주의국가를 세우는 것이 목표였다. 이들은 〈노동해방문학〉월간지를 통해서 선동하고, 출판사 노동문화사를 운영 글로서 선동하였다. 소설가 중 많은 사람이 좌편향이고, 많은 출판사 가 좌편향적이다. 박노해는 "존경하는 김 주석"이라는 시를 썼다. 방위산업체인 창원공단 내 무기를 탈취계획까지 가지고 있었으며, 이들은 무장폭동 계획을 세웠다. 사로맹의 조직원은 3,500여명이다. 이들은 박헌영이 1세대면 자기들은 2세대라고 한다. 박노해 등 사로맹 관련자가 구속되었는데 1998년 8월 15일 김대중 대통령 특사로 모두 석방시켰다. 백태웅과 박노해 등이 민주화운동 관련자로 인정되었다.

⑧ 1990년 민중당 사건(김낙중 대표, 이재오 사무총장)

1990년 6월 서울 중구 명동 YMCA 회관에서 민중당 발기인 대회가 있었다. 여기 사회자는 간첩 이선실이었다.

북한 노동당 서열 22번째인 이선실(본명 이선화. 제주출신)이 민중당 공동대표 김낙중에게 총210만 달러(한화 약 16억원)를 주면서 공작하게 하였다. 김낙중은 이 돈으로 14대 총선에 출마한 장기표, 이우재 등 민중당 후보 18명에게 선거자금 7,900만원과 자신의 민중당 전국구 후보 등록비 4,300만원, 평화통일연구회 설립비 5,000만원, 청해실업대표 활동비 7,000만원, 부동산 매입 3억 3800만원, 사채놀이 1억 2천만 원, 은행 예금 7,000만 원 등으로 사용하였다. 권두영은 체포되어 조사를 받던 중 교도소 안에서 자살하였다. 장기표, 이재오 등 41명이 조사를 받았다. 이들은 1995년을 적화통일을 목표로 하고 있었다. 남한 조선노동당에 가입자는 95명이었다.

1955년 김낙중은 월북하려다 실패하였고, 1972년에도 월북하려다 또 실패하여 7년 형을 받고 1980년 출소하였다. 김낙중은 고려연방제 즉 6.15 공동선언을 통일방안으로 지지하였다.

1988년 북한 간첩 이종배를 만나 이들의 지령에 따라 심금섭 노중섭을 포섭하였다. 간첩 이홍배의 지령에 따라 김낙중은 이재오를 만나 민중당에 입당했고, 이재오가 이를 동의해서 공동대표가 되었다.

1990년 이선실은 민중당 창당 공작을 하였고, 이선실은 ㉠주한 민군 철수 ㉡ 보안법 철폐 ㉢ 안기부 해체 등을 목표로 민중당을 통해 공작하였다.

정태윤은 민중의당을 중심으로 활동, 이강철, 강구철, 권인숙, 권중희, 송경평, 유인혜, 정차순, 이봉원, 이행원 등이 민중당을 창당하여 이들은 보안법 철폐, 안기부 · 보안사 · 치안본부 대공분실 철폐, 군전시작전권 즉각 회수, 전두환의 민정당 폐퇴 등을 정강으로 결정, 추진하면서 보안법 외에는 거의 실현시켰다.

장기표, 조춘구, 이재오, 정태윤, 김문수(전향) 등이 민중당을 창당하여 국가보안법 · 안기부법 철폐와 연방제 통일방안을 정강으로 결정하였다.

오세철, 강내의, 김경식 등은 민중당에서 활동하다 당이 우경화하려 하자 이를 반대하고 탈당하였다.

김낙중, 장기표, 손병성은 북한 공작원 이선실의 공작금을 받고 체포되었다.

최윤은 정정추를 중심으로 활동하였다.

하기락은 사회당을 창당하려다 실패하였다.

백기완은 좌파 학생들의 추대를 받아 대통령 후보에 여러 번 출마하였다.

1991년 좌익으로 규정, 경찰의 추적을 받고 있는 사람이 3,700여명이었다. 이들은 전대협과 전민련에 속한 자들이 아니라 별도의 지하조직을 한 자들이다. 이중 대학생 2,600여명, 노동계 800여명, 종교 사회단체 300여명이었다. 이들은 사회주의 국가 건설이 목표였다. 이들이 전대협을 뒤에서 조종하고 있었다. 전대협, 전민련, 전교조 등에는 좌파세력이 1만 명 정도 되었다.

1992년 8월 25일 안기부는 이선실과 민중당원을 체포하였다.

김낙중 외 많은 사람이 구속되고 무기징역을 받았는데 1998년 8월 15일 김대중 대통령 특사로 석방되었다. 황인오는 사상을 전향하였다. 황인욱이 민주화운동자로 인정되었다. 민중당 대표를 지낸 이우재와 정태윤이 1994년 9월 보수정당인 민자당에 입당하였고, 이재오는 민중당 사무총장을 하였고, 한나라당원이 되어 국회의원도 하였고, 2012년 국회의원이 되었다.

⑨ 왕재산 사건(대표 김덕용)

1985년 김덕용 씨는 서울 노량진 횃불시위와 민정당사 폭력시위로 징역 1년, 집행유예 2년을 선고받았다.

1993년 8월 김덕용 씨는 김일성을 직접 만나 "남조선 혁명을 위한 지역 지도부를 구축하라"는 지령을 받고 남한에서 왕재산을 조직, 간첩활동을 하다 2011년 7월 구속되어 징역 9년을 선고받았다.

2008년 5월 김덕용 씨는 민주화 유공자가 되어 보상도 받았다.

김덕용 씨와 같이 징역 7년을 받은 임순택도 2003년 7월 민주화 유공자가 되어 보상금 1,400만원을 받았다. 그는 1987년 주사파 조직, 반미구국학생동맹의 조직원으로 활동하다 징역 10개월을 선고 받았다.

1987년 구국 학생연맹사건 자이고, 1992년 간첩혐의로 징역 13년을 선고받은 황인욱이 2006년 민주화 유공자가 되었다.

이들은 북한에서 훈장을 받았는데, 대한민국에서도 대한민국을 전복해서 공산화 하려고 한 자들에게 잘했다고 민주화 유공자라고 보상을 해주었다.

민주화 유공자는 13,120명으로 4,881명에게 보상금 1,114억 원을 지불하였다.

⑩ 1991년 중부지역당 사건(대표 황인오)

간첩 이선실은 제주 출신으로 남로당원이며, 6.25 때 월북하여 북한 서열 22위로 남파하여 남한 내 간첩들을 총 지휘하는 간첩이었다. 또한 이선실은 제일교포로 가장하여 한국에 입국하여 주민등록 신고까지 받아 1998년까지 남한에서 간첩활동을 하다가 2000년 82세로 죽었다.

1990년 7월 이선실은 관악구 신림4동 황인오의 집에서 황인오를 만났다. 그 후 이선실은 남파간첩 권중현을 황인오에게 소개하였다.

1990년 10월 17일 이선실은 황인오와 간첩 권중현, 김돈식과 함께 강화도 양도면 건평리에서 월북하여 해주 대남공작소에 도착 후 평양에 도착하였다. 그는 김일성 동상 앞에서 김일성 만세를 부른 후 1995년은 남한을 적화 하겠다고 건배를 하였다.

황인오는 북한으로부터 강원도, 충청도를 합쳐 중부지역당을 조직하라는 지령을 받고 조선노동당에 입당하고 충성 맹세서약도 하였다. 그는 공작금으로 500만 엔을 받고 주체사상 교양책자도 받았고, 6일 동안 간첩교육도 받았다.

1991년 7월 31일 강원도 삼척 호산해수욕장에서 황인오, 최호경, 은재형 등과 함께 중부지역당을 조직하고 강령과 규약은 한민전(한국 민족민주전선) 것을 그대로 사용하기로 하였다. 이들은 대를 이어 김정일에게 충성하자고 혈서로서 맹세문에 서약하였다.

맹세문 : 1. 나는 수령님께 무한히 충직한 수령님의 전사이다.

2. 나는 영생불멸의 주체사상으로 무장한 주체형의 혁명가이다.

이들은 김일성 기를 만들고 김일성과 김정일 초상화를 걸어놓고 입당식을 거행하였다.

1992년 8월 25일 안기부는 이선실을 체포 조사하던 중 김낙중, 심금섭, 노중선, 권두영을 체포하였다. 그리고 중부지역당 황인오 등 120명을 체포, 이중 65명을 검찰에 송치하였다. 이중에 이근희는 김대중 비서였다.

1997년 황인오는 사건 전말을 고백하였다.

⑪ 좌파들의 조직

1992년 1월 주태환 등 241명이 한국노동당을 조직하는데 5,000여명이 참여하였다.

1995년 9월 24일 노회찬과 김철수는 진보정치연합을 조직하였다.

1997년 8월 18일 권영길, 이창복, 천영세는 국민승리 21을 조직하였다. 여기에 4천여 명과 교수 전문가 160여명이 참여하였다. 이들은 국가보안법철폐와 안기부 폐지, 군복무 18개월 단축과 향토예비군 폐지, 진실규명위원회 설치를 목표로 하여 거의 실현하였다. 권영길이 대선 후보가 되어 선거를 통해 대한민국을 장악하려고 하였다.

1993년 4월 전국 대학 총학생회장과 단과대학 학생회장 등 1,600여명이 모여 전대협 후신인 한총련을 조직하였다. 김재용이 회장이 되었다. 이들은 국가보안법과 95년을 통일 완수의(북한이 남한을 점령) 해로 목표를 세웠다. 김병산 등이 주도하였다. 이들은 전두환, 노태우 체포선봉대 3,000여명을 조직하여 연희동 도서관 앞에서 거리행진을 벌였다. 학생들은 5만여 명이 모여 전두환 · 노태우 등을 사법처리하기를 요구하였다. 김현준, 양동훈 등 90여명이 주동하였다.

1994년 7월 김일성이 죽자 한총련 26개 대학 총학생회에서 김일성 사망 조문 현수막을 대학 정문에 걸고 일부 대학은 분향소를 설치 조문까지 하였다. 한총련은 담화문에서 "민중들에게 통일을 기대하게 하였으나" "6.25 한국전쟁은 조국 해방전쟁" 운운하였다. 김일성의 남침으로 4일 만에 국군이 4만여 명이 죽거나 실종되었는데 이것이 통일에 기여하게 하였다는 것이다. 이들은 팩스와 이메일로 북한의 지령을 받고 있었다.

86년 건국대 사건 때 4일간 학생들이 시위를 해서 1,525명이 연행되었고, 1996년 연세대 사건 때는 9일간 5,848명의 학생들이 시위를 하였다. 이때 학생들의 데모는 경찰과의 전쟁을 방불케 하였다. 한총련 간부 30여명은 북한 김정일에게 보내는 "주체사상 중심으로 힘차게 투쟁하겠습니다."라고 충성편지를 보냈다. 이후부터 학생들과 국민들의 한총련 반대운동이 일어나 160여개 대학이 한총련을 탈퇴하였다. 한총련 학생들은 경찰 유지웅 상경과 근로자 이석을 폭행하여 죽였다. 이들은 학생 신분을 떠나 있었다.

1994년 7월 김일성이 죽자 범민련 남측 의장 강희남 이종린 안희만은 평양에 조문단을 파견하는데 협조할 것을 대한민국에 요청하였다. 이종린은 남로당 출신이다.

범민련 남측 본부 간부는 강희남, 전창일, 신창균, 김병권, 김영옥, 박석률, 주명순, 심정일, 이종린, 나창순, 민경우, 이천재 등이다.

1994년 7월 문익환, 박순경, 함세웅, 지선, 김현, 조성우, 강정구 등과 50여 개 단체 대표 300여명이 국민회의를 조직하였다. 건국 후 최대 규모였다.

준비위원장 이창복, 김찬국, 박형규, 변형윤, 이부영, 이우정, 김병호, 이길재 등 64명이 성명서를 발표하였다.

이창복, 권영길, 이효재, 김상근 등 20여명이 공동대표였다. 이들은 95년을 통일 원년으로 하였다(북한이 남한 점령의 해). 이들도 국가보안법 폐지를 주장하고 있었다.

1995년 11월 권영길, 양규헌, 권용목, 허영구 등 500여명이 참석한 가운데 민노총(전국 민주노동조합 총연맹)을 조직하였다. 이들은 국가보안법 폐지, 연방제 통일방안을 지지하였다. 단병호, 정해숙 등이 앞장섰다.

민노총 간부 50여명은 평양 대성구역에 있는 혁명열사묘를 참배하였다.

강정구, 이종린, 백기완 등 615명이 주한미군 철수 선포식을 추진하였고, 이석행 등은 촛불시위를 주도하였다. 주사파가 학생 · 노동 · 재야를 장악하였다.

⑫ 1993년 구국전위 사건(대표 안재구)

1981년 안재구는 대구교도소에서 간첩 임창하를 만나 교도소 안에서 조선노동당에 가입하였다. 북한에 있는 안용웅은 안재구의 동생이다.

남민전 중앙위원회 교양 선전 선동부장인 안재구는 10년 정도 수감 생활을 한 후 1988년 가석방되었다. 안재구는 경희대 강사로 학생을 가르치면서 주체사상의 우월성을 가르치고 있었다.

1991년 안재구는 간첩 백영민과 유용범에게 포섭되어 지령을 따랐다. 안재구는 전주교도소에서 알게 된 류낙진을 포섭하였다.

1991년 간첩 유용범은 안재구에게 1차 200만 엔, 2차 300만 엔의 공작금을 주었다. 안재구는 연락병으로 한양대 운동권 출신 정화려를 포섭하였다. 간첩 유용범은 정화려를 일본에서 간첩 교육을 시켰다.

1993년 1월 10일 안재구는 류낙진과 이범재 정화려 등 31명과 같이 구국전위를 조직하였다. 이들은 구국전위에 가입 서약하였다.

가입서약 : 1. 김일성 수령님께서 창시하시고 김일성 수령님께서 심화 발전시킨 현대 노동계급의 세계관이고 우리 혁명의 등불인 위대한 주체사상을 나의 세계관으로 나의 인생관으로 받아들인다.

창립선언문 : 1. 현시대의 노동계급의 혁명적 세계관인 영생불멸의 주체사상으로 향도되고 있는 조국의 남반부(남한) 우리의 민족 민주혁명은 겨레와 민족 생사운명을 책임진다.   중략

1993년 6월 안재구는 김진국에 현대그룹 노동자투쟁 배후에서 조종하게 하였다. 안재구는 이를 북한에 보고하였다.

안재구는 전대협 출신의 주체사상 운동가들을 포섭, 학생들을 장악 지도하는데 많은 노력을 기울였다.

안재구는 ① 주체사상에 대하여 ② 김일성 회고록 ③ 세기와 더불어

④ 주체의 한국 변혁론 등을 가지고 철저히 사상교육을 시켰다. 북한은 전노협, 전농, 한총련, 전교조 등 남한 좌파단체 핵심 인물을 장악 지도하고 있었다.

류낙진은 1928년생이며 남원에서 태어나 1946년 남로당에 입당, 6.25 때 남원군 남로당 선전부에서 일하였다. 인민군이 낙동강전선에서 패하여 북으로 도망치자 류낙진은 순창 회문산에서 빨치산투쟁을 하다가 1952년 검거되어 군법회의에서 사형선고를 받았다가 다음에 5년 형을 받고 57년 출소하였다.

1971년 통혁당 사건으로 구속되었다가 1990년 전향서를 쓰고 19년 만에 석방되었다. 백운산 빨치산 유령비 건립사건에 가담하였다가 실패하고 수감되었다가 1999년 8월 15일 가석방되었다.

빨치산 출신 중학교 교사 류낙진은 2002년, 김형근은 2005년 빨치산 위령제 사건에 연루되기도 하였다. 류낙진은 2005년 4월 사망하였다.

1994년 안재구, 류낙진, 정화려 등 총 23명의 구국전위 가입자가 구속되었다.

1999년 8월 15일 안재구는 가석방된 후 지금도 좌익 활동을 계속 하고 있고, 안영민은 민족21에서 좌익 활동을 하고 있다.

정화려는 1998년 8월 15일 가석방되었다.

이범재는 구국전위 선전책으로 노무현 대통령 인수위원회 행정관으로 일하다 구속되었다.

1990년 10월 최일봉 박효근 등이 국제사회주의를 조직, 정치학교를 열어 270여명에게 혁명사상을 교육시켰다. 북한 공작원들은 남한에 간첩으로 내려와서 활동을 해도 좌파들은 경찰에 신고하지 않을 것이라는 확신을 가지고 활동하고 있다. 그리고 남한의 좌파들은 간첩들이 조금만 설득해도 바로 포섭되었다. 황장엽은 남한에 북한 간첩이 3~5만 정도라고 한다. 남한은 좌파천국, 간첩 천국이 되었다.

17. 좌파정부의 결과

1) 김대중이 대통령이 되어 좌파들은 햇빛을 보았다.

1998년 2월 좌파 김대중이 대통령이 되어 대한민국을 장악하였다. 김대중이 대통령이 된 데는 박철언이 김종필에게 김대중을 협조하게 해서 김대중을 지지하게 하였고, 이인제의 대통령후보 사퇴와 대통령 후보 이회창의 독선과 무능과 이종찬의 역할이 큰 도움이 되었다.

1998년 국민 21과 민주노총은 기초단체장 울산 북구청장 조승수, 울산 동구청장 김창현, 남해군수 김두관이 당선되었다. 광역의원 2명, 기초의원 18명이 당선되어 본격적으로 좌파가 선거를 통해 대한민국을 점령하기 위하여 대한민국의 정부에 직접 관여하게 되었다. 김두관은 노무현 정부의 초대 행정자치부 장관이 되었고, 현재 경남지사가 되었다가 사퇴하고 2012년 민주통합당 대통령후보가 되려고 애를 썼다.

1999년 8월 권영길 이갑용, 양연수, 이용득, 김귀식, 조승수, 조세희, 김진균, 배석현, 고영주(민주노총 사무총장), 단병호, 김남훈, 이선근, 김동춘, 류조하, 정영태, 김석연, 김윤환, 박순경, 이문옥, 이덕우, 이상범, 김록호, 태재준 등 2,000여명이 민노당 발기인이 되었다.

2000년 1월 3,000여명이 참석한 가운데 민노당(민주노동당)이 조직되었다. 대표 권영길, 부대표 노회찬 · 박순분 · 양경규, 사무총장 천영세가 선출되었다. 군복무기간을 18개월 단축, 예비군 민방위제 폐지, 국가보안법 폐지 등이 목표였고, 전국대학 총 학생회장단 115명이 지지하였다. 2002년 6월 지방선거에서 기초단체장 2명, 광역의원 11명, 기초의원 32명이 당선되어 제3당이 되었다. 유권자가 투표할 때 후보자에게 투표하고, 당에 투표하기 때문이었다. 정당 보조금도 1억 3,400만원을 받았다. 좌파가 선거를 통해 지방자치단체와 국회와 청와대를 점령 대한민국을 장악하였다.

1998년 3월 김대중이 대통령에 취임한 후 552만 명을 석방하고 8.15 특사로 한총련 학생 50여명도 석방시켰다. 이들 석방자들 중 상당수가 반미 친북 좌파들이었는데 그 중 강희남과 진관이 있었다. 이들은 김대중으로 인해 햇빛을 보았고 계속 좌파운동을 할 수 있게 되었다. 김대중은 국가보안법을 개정하려다 국민들의 거센 반발에 실패하였다. 김대중은 평생 거짓말을 한 적이 없다고 거짓말을 한 분이다.

1998년 4월 전국 50개 대학 총학생회 간부 411명을 국가보안법 위반으로 구속하였고, 추가로 이석주 등 29명이 구속되었다.

1991년 전대협 대표 박성희와 성용승이 비밀리에 입북하였다. 1994년 9월 6일 한총련 최정남, 유세홍, 도종화 등 5명은 8월 19일 종로성당에서 기자회견을 하면서 "폭력적이고 친북 일변도로 치닫고 있는 한총련은 즉시 해체되거나 개혁되어야 한다. 통일을 앞당기겠다는 마음과 감상적인 통일론에 매몰되어 북한을 방문했다. 결과적으로 실정법을 어기고 북한과 한총련의 잘못된 통일운동에 도움을 준 데 대해 국민들에게 사죄한다."고 하여 국민들의 뜨거운 환영을 받았다.

각 대학 총학생회는 한총련을 탈퇴하기 시작하였다. 이들은 87년 신군부 독재자 전두환이 물러가자 학생들에게 데모하자는 명분이 없어진 것이다. 반미 · 친북 · 통일 문제만 가지고는 학생들을 선동할 수 없었고, 주체사상을 가지고는 선동할 수 없었다. 현재 한총련에 가입된 대학이 47개가 있으나 이들 한총련은 있으나마나한 존재이다. 현재 대학 총학생회는 한총련이 아닌 일반 학생이 거의 차지하고 있다. 그리고 학생들의 데모도 더 이상 없고 대학의 대자보도 친북색체는 2008년부터 거의 없어졌고 친북좌파사상에 대해 별 관심이 없어져 젊은이들은 북한에 대해 싫어하고 있다. 또한 전교조도 20대와 30대 초반은 지난해에 비해 전교조 가입교사가 줄어들고 있다. 20대와 30대는 중도성향이다.

2000년 6월 김대중이 북한을 방북, 김정일과 정상회담을 한 후 6.15 공동선언을 하였다. 이후 반미 친북 단체는 거리낄 것이 없이 활동을 하였다. 범민련과 한총련 등 20개 단체는 2000년 8월 12일 6.15 실천을 위한 대축전을 열었다. 비전향 장기수 북송 환영대회를 하였다. 나창순, 서원철, 이성우, 강형구, 박기수는 범민련에서 활동하고 있었다.

1999년 7월 전교조가 합법단체가 되었고,

1999년 11월 민주노총도 합법단체가 되었다.

1999년 김대중이 김정일과 정상회담을 하기 위해 북한에 가자 통일이 곧 되는 줄 알고 반미 친북 좌파들은 대환영을 하면서 맹렬히 활동하였다. 그러면서 국가보안법 폐지운동을 확산시켰다. 좌파 불교계에서 200여명, 천주교 정의구현사제단 등 120개 단체와 11월에는 51개 단체 3만여 명이 보안법폐지운동을 벌이고 있었다.

2000년 4월 강정구, 오종렬, 윤기복 등은 "장기수를 송환하라! 한국전쟁 전후 민간인 학살을 규명하라!'하면서 조직을 하였다.

2000년 6월 단병호, 정광훈, 오종렬, 기은희, 최열, 박원순, 강정구, 안병욱, 황인성 등 300여명은 '민족의 평화와 통일을 위한 300인 선언'을 하였다. 그리고 미군 철수를 주변 4개국에 촉구하였다.

2000년 8월 전국연합 오종렬은 6.15 남북공동선언 실천을 위한 7천만 겨레 단일기(파랑색 한반도지도) 달기 범 운동을 하였다. 그리고 9월 충북 괴산군 군자산에서 '연방 통일조국 건설하자' 하며 9월 태제를 결의하였다.

2000년 10월 권오창, 윤한탁, 김승교 등이 6.15 남북공동선언 실천연대를 조직하였다. 2004년 실천연대 간부 한 사람이 중국 북경에서 북한 공작원을 만나 황장엽과 김영삼을 살해하고 반미투쟁을 강화하라는 지령을 받았다. 이들은 2008년 9월 강진구, 최한욱 등 4명은 구속, 김승교 등 4명은 이적단체 구성으로 불구속 기소되었다. 이때 우파와 좌파가 싸우기 시작하였다.

2001년 3월 15일 전국연합 범민련 남측본부 한총련 등 30개 단체가 모여 통일연대를 조직하였다. 전국연합 의장이 상임대표가 되었다. 이들은 "군비축소 및 군사훈련 반대, 국가보안법 철폐, 반미운동과 미국의 미사일 방어계획 중단"을 주장하고 있었다. 이들은 "우리 민족끼리 자주적"으로 통일을 해야 한다는 '민족공조론'을 주장하면서 미국 배제가 6.15 공동선언의 실천 핵심이라고 주장하고 있다. 즉 한반도에서 미군을 철수시키고 북한이 남한을 점령하는 것이 6.15 공동선언 핵심이다.

2000년 10월 10일 북한 노동당 창건일에 전국연합, 민노당, 민노총 등 10개 단체 대표 277명과 백기완, 한완상, 이부영, 박순경, 홍근수, 개인 자격 9명 등 합 42명이 북한의 초청을 받고 정부에서 허가를 하여 방북하였다.

2001년 8월 15일 통일 대축전에 평양 조국통일 3대 헌장 앞에서 단장 박정일, 이돈명, 김종수, 오종렬, 임수경, 황석영, 한총련, 범민련, 통일연대 이수언 대변인, 김규철, 임동규, 문재룡, 김세창, 박종화, 전상봉 등 311명이 참석하였다. 강정구는 김일성 생가인 만경대를 찾아가 방명록에 "만경대 정신 이어받아 통일위업 이룩하자"는 글을 남겼고, "국가의 정통성은 북한이 가졌다."라고 한 자이다. 통일연대 명예대표 신창균이었다.

2002년 6월 윤재철, 한상렬, 김철 등 208명은 북한 금강산에서 6.15 공동선언 2주년 행사를 치렀다. 이들은 "우리민족끼리 힘을 합쳐 6.15 공동선언 실현하자" 즉 북한이 남한을 점령하게 하자는 것이 목표였다.

1998년 2월 김대중은 햇빛정책으로 정부는 국가 보안법 위반의 공안사건 수사에 소극적이었고, 경찰 대공 전문가 2,500명, 기무사 600명, 대공검사 40명을 감축하고 이종찬이 안기부 부장을 하면서 국가정보원 880명을 해고하여 공안기능을 마비시켜 좌파와 간첩의 천국을 만들었고, 노무현은 김승규 국정원장이 간첩 일심회 사건에서 청와대 직원도 조사하려 하자 사임시켰고, 국정원에서 간첩 잡는 부서를 아예 없애버렸다.

노무현은 대통령이 되어 국정원 보고를 아예 무시해버려 보고를 받지 않으려 하였고, 국정원을 불필요한 기관이라고 할 정도였다. 그래서 도청사건과 과거사진상조사 등을 받게 하여 국정원을 범죄 집단으로 만들어 간첩을 잡지 못하게 하였다.

국가보안법 혐의로 기소된 사람은 2002년 148명, 노무현 정부 때인 2005년 30명, 2006년 28명, 이명박 정부 때인 2009년 39명으로 늘어났다.

91년부터 활동하던 원정화 간첩과 간첩 용의자 50여명, 좌익 세력 170여명에 대해 이명박 정부에서 조사하였다.

2) 2006년 일심회 사건(대표 장민호)

1987년 장민호는 미국에서 북한 간첩 김윤덕에게 포섭되었다. 김윤덕은 장민호에 주체사상전집 조선전사 등의 책을 통해 사상교육을 시켰다.

1987년 2월 장민호는 월북하여 조선노동당에 충성을 서약하고 간첩 교육을 받았다. 그리고 남한에서 지하당을 조직하라는 지령을 받고 1994년 월남하여 지하당 조직을 위해 포섭 대상을 물색 중이었다. 장민호는 물색 중 손정묵을 포섭하였다.

민노당 서울시당 대의원이며 영어교재 전문가인 이정훈은 386세대이다. 그는 중국에서 북한공작원을 만나 공작금 2,000달러를 받았다.

이강진도 386세대 학생운동권 출신이다. 민노당 사무총장 최기영도 포섭되었다. 국회의원 비서관 박경식도 포섭하여 점차 세를 확장해 나갔다.

80년대 386 운동권은 우리 사회 중추가 되었으며, 그 수는 수십만이다. 이들은 간첩들이 조금만 설득을 하면 협력하고 있다. 장민호가 이들에게 통일사업을 해보자 할 때 모두 적극 참여한 것이다. 이들은 돌아가면서 중국에 가서 북한 공작원과 접선장소인 동욱화원에서 정보를 주고 받고 공작금도 받았다.

2002년 1월 장민호는 이강진, 이정훈, 손정묵 등과 함께 일심회를 조직하였다. 일심회 강령과 규약은 남민전 10대 강령을 이용하였다. 이들은 주체사상을 신봉하고, 남한에서 자주적 민주정부 수립 후 연방제통일(6.15 공동선언)을 완성하는 것이 목적이었다.

일심회 목적 : ① 민노당 내 장군님의 영도 체제 확립 ② 민노당 정강을 북한 원칙과 요구에 막게 개편 ③ 민노당 주도로 대규모 통일전선 건설시도 등으로 이는 이정훈과 최기영을 통해 시도하였다.

2006년 경기 동부연합은 북측의 대화 창구였다. 그리고 북한을 조국, 남한을 적으로 호칭하였다. 가입할 때 회원 전원에게 김정일에게 충성을 맹세하였다.

2005년 12월 6일 북한 노동당 대남공작기관 대외연락부(2009년 22국)는 경기 동부연합 실세인 이용대에게 민노당 정책위원회를 장악하라는 지령을 내렸다. 지령에 따라 이용대가 정책위원장이 되었다.

2006년 10월 24일 장민호, 이정훈, 손정묵, 최기영, 이진강 등을 체포 구속하였다. 통합진보당 당원이 20만 명이며, 지지자들이 200만 명이다. 이들은 대한민국을 타도하고 북한이 남한을 점령하는 것이 목표이다. 그래서 대한민국을 적으로 보기 때문에 애국가도 부르지 않고 행사 때 태극기도 게양하지 않고 있다. 통진당 내 혁신파는 태극기도 게양하고 애국가도 불러야 한다고 혁신안에 포함시킬 정도였다.

일심회를 조사할 때 이들은 묵비권을 하여 검사가 조사할 때와 재판할 때 애를 먹었고, 검사의 수사가 청와대로 좁혀가자 노무현은 국정원장 김승규를 해임시켜 조사를 못하고 사임하자 국정원 1차장 김만복이 국정원장이 되었다.

2007년 일심회 판결문에 통합진보당 비례대표 2번 이석기도 주체사상과 자민통이었다고 기록되었다. 2012. 4.11 총선에서 관악 을에서 당선된 이상규와 이석기는 민혁당 출신으로 서울 모임의 핵심이었다.

일심회 사건을 통해서 본 북한의 공작 내용은 지금까지와 달리 당을 새로 조직하는 것이 아니라 기존 정당에 파고들어가는 공작이며, 간첩이 남한에 와서 공작하는 것이 아니고, 중국에 접선장소를 만들어놓고 중국에서 만나 정보를 주고받고 공작을 하는 것과, 암호나 무전기를 통해 지령하는 것이 아니라, 이메일, 팩스, 트위터, 스마트폰을 통해 문자메시지로 직접 지령을 내리고 있어 공작이 새로워지고 있음을 알 수 있으며, 점점 공작을 차단하고 검거하기가 어려워지고 있음을 알 수 있다. 이러한 통진당에 국가에서 운영비로 1년에 130억 원이 넘게 지원하고 있다.

2011년 12월 한나라당 비상대책위원회를 구성하면서 비대위원장으로 김종인을 지명하였는데, 김종인은 1980년 국보위에 가담하였고, 민정당 국회위원을 하다가 당적을 바꿔 새천년민주당으로 출마하여 국회의원에 당선되었으며, 동화은행 비자금사건으로 형사처분을 받았고, 경제민주화를 외친 자이며, 박근혜 선거대책위원이 되었다.

새누리당 비상대책위원인 이상돈 중앙대 교수는 광우병 파동 때 "보수는 이제 마지막으로 패하였다"라고 하였고, 천안함 폭침 때는 북한 인민군의 폭침이 아니라 누수로 인한 사고로 보인다"라고 한 자이다.

2012년 1월 박근혜는 한나라당 비대위원장이 되어 정강을 개정하였는데, 주 내용은 중도노선이라고 하면서 좌 편향적이고, "북한의 자유민주 체제의 전환을 위해 노력한다."는 기존 내용을 싹 빼버리고 대북정책은 "원칙에 입각한 유연한 대북정책을 추진한다."로 고쳤다. 자유민주주의와 보수의 본질적 가치를 저버린 정강이었고, 박근혜는 7.4공동성명과 6.15 공동선언과 10.4 선언을 실현해야 한다 하고 있다, 그러면 대한민국(남한)을 공산화 하겠다는 것인가? 우익은 희망이 보이지 않는다.

※ ① 제주4.3사건은 진압군에 억울하게 죽은 사람이 있다. 이런 사람

이 명예가 회복되고 정부에서 보상도 받아야 하는데, 좌파들이 4.3사건을 주도하여 경찰과 국군과 우익을 죽인 폭도들까지 제주4.3사건 희생자가 되게 하여 억울하게 죽은 사람들이 48년 당시나 현재도 억울하게 정부 혜택을 받지 못하고 있다.

② 5.18사건은 군부독재에 항거하는 사건이지만, 5.18 후에 좌파가 주도하기 때문에 좌파들이 사건을 일으킨 줄 알고 국민의 지지를 받지 못하고 있다.

③ 신군부 전두환 군부 독재를 타도하느라 많은 학생들이 퇴학을 당하고 감옥에 갔고, 의문에 죽었고, 분신자살을 하여 군부독재를 타도하여 민주화가 되었지만, 그들이 전대협 중심의 좌익이기 때문에 국민의 지지를 받지 못하였다. 다행한 것은 2010년 연평도 폭격사건과 천안함 피폭사건으로 젊은 층에서 북한을 반대하면서 안보의식이 강화된 것이 희망적이다.

3) 서해 교전사건

2002년 6월 29일 제2 연평해전 때 수리호는 북한 해군이 도발할 징후가 있다고 상부에 보고했으나 국방부장관 김동신, 합참의장 이남신, 해군참모총장 장정길 그리고 대통령 김대중 등 상부는 이를 묵살하였다. 그리고 북한 해군 공격을 받아 국군 해군 6명이 전사하였다. 7월 1일 6명의 전사자 영결식에 김대중 대통령을 비롯하여 국방부장관 김동신, 대통령 비서실장 박지원, 국무총리 이한동, 국정원장 신건 등이 참석하지 않아 홀대와 냉대를 당하였다.

북한은 2002년 월드컵을 방해하려고 계획적으로 우리 해군을 공격해놓고 우발적이었다고 거짓말을 하였는데, 김대중 정부도 우발적이라고 한 북한의 편을 들었다.

북한 인민군의 남침을 당하면 대한민국 국군은 위와 같이 김대중이나 노무현 정부에서 한 것처럼 하게 되면 상부의 명령이 없어서 참패하고 말 것이다. 그래서 좌파정부가 들어서면 1950년 6.25 한국전쟁 때 채병덕 참모총장이 6월 10일에는 군 인사이동과 군부대 이동, 군 차량과 중화기를 후송하였을 뿐만 아니라, 전방의 지휘관들로부터 숨 가쁜 인민군 남침 정보를 묵살하였고, 24일에는 사병들을 휴가와 외박을 보내고, 6월 24일 밤 파티를 열어 군 수뇌부가 다음 날 새벽 2시까지 술을 마셔 인민군이 남침해왔을 때 국군 작전이 마비되어 전쟁 초반에 참패한 것처럼 대한민국은 망하고 말 것이다.

4) 노무현이 대통령이 되자 좌파들 세상이 되었다.

2003년 2월 좌파 노무현은 대통령에 취임하였다. 노무현이 대통령이 되는 데는 이종찬과 이홍구의 설득으로 인한 정몽준의 대통령 후보사퇴와 대통령 후보 이회창의 독선과 무능이 큰 도움이 되었다.

대통령이 되기 전 노무현은 주한미군 철수를 주장하였고, 6.15 연방제를 지지하였으며, 보안법 철폐를 주장하였다. 그리고 대한민국 건국세력을 분단세력으로 보고 있었고, 6.25 남침을 내전으로 보았고, 햇볕정책 외에 대안이 없다고 주장하였으며, 대통령이 되어 제주4.3폭동을 민중항쟁이라고 하면서 2회에 걸쳐 사과를 하였다. 김대중과 노무현은 북한의 핵 개발을 자위용이라고 비호하고 북한의 인권문제는 침묵한 좌파 대통령이 되어 대한민국을 장악하였다.

① 386세대 국정 장악
• 청와대 1급, 2급 비서관 37명 중 31명이 완전 좌파이다.
• 이광재 안희정 등이 386세대로서 노무현 측근 요직을 차지하였다.
• 청와대 핵심은 민청학련 출신이 차지하였다.
정무수석 유인태(정무수석 비서실에는 감옥을 갔다 온 자 들이 5명이나 있다.) - 19대 국회의원
인사보좌관 정찬용,

중국 방문단장 이해찬(후에 총리 역임)- 19대 국회의원, 전 민주통합
당 대표
국정 상황실장 이강철,
김재규, 이철,
김근태는 열린우리당 창당을 같이 주동 역할.
② 전대협 출신
이호철 - 민정 1비서관
윤태영 - 연설 담당 비서관
문용욱 - 청와대 제1 부속실장
천호선 - 기획 비서관
서갑원 - 의전 비서관
김만수 - 보도지원 비서관
박선원 - 안보전략 비서관
김은경 - 지속가능 발전위 비서관
서양호 - 대통령 직속 동북아시대위 자문위원
최인호 - 청와대 국내언론비서관
송인배 - 청와대 시민사회수석실 비서관
한주형 - 청와대 국민제안 비서관실 행정관
이승전 - 청와대 홍보기획 비서관실 행정관
양정철 - 홍보기획 비서관
③ 전국연합 출신
황인성 - 시민사회 비서관
전해철 - 민정수석 비서관
④ 주체사상파
우상호 - 열린우리당 국회의원 - 19대 국회의원
오영식 - 열린우리당 국회의원(전 강북 갑)-19대 국회의원
문용욱 - 청와대 제1 부속실장

　이은희 - 청와대 제2 부속실장

　김만수 - 청와대 대변인

　여택수 - 청와대 제1 부속실 행정관

　정윤재 - 청와대 의전비서관

　이상 이들은 전향을 하지 않고 국정을 운영하고 있었다. 이들은 청와대 만찬을 베푼 자리에서 운동권 노래인 '임을 위한 행진곡'을 합창할 정도였다. 이는 상상도 할 수 없는 일이다.

　노무현 정부는 제주4.3사건 진상조사보고서를 가짜로 작성하였다. 그리고 제주4.3사건 희생자심사도 하지 않고 희생자로 신청만 하면 폭도이건 자연사이건 희생자로 결정하는 가짜희생자결정을 하여 대한민국 초대정부인 이승만 정부를 학살정부로 규탄하고 있다. 이는 인민공화국에서나 할 수 있는 일이다.

　통합진보당에서는 우리나라 10대 재벌 해체를 주장하고 있으며, 민주통합당과 새누리당도 경제 민주화를 외쳐 사회주의 경제체제로 가자는 것이며, 민주통합당은 재벌출자총액 제한을 하자고 주장하고 있으며, 새누리당도 한다고 했다가 취소할 정도가 되었다.

　대한민국은 완전 좌파가 장악, 북한이 남한을 점령하지 않은 것만도 천만 다행이었으나 대한민국의 모든 정보가 북에 넘겨졌다. 이명박 대통령이 대통령에 당선되지 않았다면 대한민국은 완전히 좌파에서 회복할 수 없을 정도였다.

　2003년 11월 노무현 계열의 김근태, 임채정, 이해찬, 장영달, 이재정 등 47명의 국회의원들과 유시민, 김원웅 등이 열린우리당을 창당하였다. 김원웅은 "양민학살, 제주4.3항쟁 가해자가 우리 사회 주류이다."라고 한 자이다.

　2004년 4월 제17대 총선에서 열린우리당은 152석을 얻어 대거 국회에 진출하여 대한민국 국회를 장악하였다.

전대협 출신 10명 등 여야 합 386세대 55명이었다. 심재철, 고진화(이 상 한나라당), 김근태, 이인영, 오영식, 우상호, 정봉주, 우원식, 이화영, 우윤근 등이다.

개혁당 출신 김원웅, 유시민, 유기홍, 김형주, 이광철, 강기정, 김태 년, 김재윤 등이다. 서갑원, 백원우 보좌관까지 합하면 100여명이 좌파 386 운동권 출신으로 좌파가 청와대와 국회를 장악하였다. 17대 18대 국회에서는 좌·우가 끝없이 싸우고 있어 국민들을 좌절시키고 있고, 19대도 마찬가지이다.

⑤ 열린우리당

386 세대 - 민병두, 신계륜, 김영춘, 강기정, 이화영, 이광재(이상 DD파), 최재천.

전대협 출신 - 이인영, 오영식, 임종석, 우상호, 김태연, 백원우(청 와대 행정관) 최재성, 이철우, 정청래 등이다.

⑥ 전민련 출신 - 정봉주

⑦ 국정원장 - 김만복

⑧ 조현오 경찰청장은 "2009년 청와대 제2부속실 여자 9명 남자 2명 중 여자 간부 2명의 이름으로 우리은행 삼청동 지점 차명계좌에 각각 10억 원씩 20억 원이 있었다. 이 금액이 노무현이 퇴임하면서 모두 인출 해갔다. 대검찰청 중수부에서 계좌추적이 2009년 5월 10여 일간 진행되 자 노무현은 2009년 5월 24일 자살하였다."라고 하였다. 일국의 대통령 이 부정을 하고 자살을 하여 부끄러운 대한민국이 되게 하였는데도 그 를 추모하는 자가 너무 많다!

이상의 좌파들은 북한이 남한을 점령하도록 대한민국의 각계 각 층 에서 열심을 다하는 자들이다. 주한 미군이 없었다면 1990년경에 북한 이 남한을 점령했을 것이다. 남한 사람들은 현 시국이 이러한 형편인데 도 모르고 꿈속에서 살고 있다.

1990년경에 공산주의 종주국 소련과 폴란드 · 헝가리 · 동베를린 등
이 공산정부 72년 만에 붕괴되었다. 그런데 전 세계에서 유일하게 남한
의 좌파들만 사회주의를 찬양, 대한민국을 타도하고 북한이 대한민국
을 점령하도록 협력 소망하고 있다.

5) 금성출판사의 고등학교 한국 근 · 현대사의 좌편향 내용
▶ 2003년 3월 1일 금성출판사에서 발행한 고등학교 한국 근 · 현대
사의 좌편향 내용.
① 256쪽 상단
"소련과 미군은 일본군의 무장해제를 구실로 38선을 경계로 한반도
를 둘로 나누어 북과 남을 각각 점령하였다."라고 하는 허위 및 좌편향
에 대하여.
㉠ 남한에서 쓰는 용어는 남북이다. 북과 남은 북한에서 쓰는 용어이다.
㉡ '일본군의 무장해제를 구실로 38도선을 경계"라고 하였는데, 일
본군은 만주 관동군 30개 사단과 만주군 20개 사단, 한반도에 35만이
있어 이들의 무장을 해제시키지 않으면 이들이 또 무슨 사건을 저지를
지 모르기 때문에 반드시 한국인의 안전을 위해 일본군을 무장 해제시
켜 일본으로 철수시켜야 하였다. 그래서 소련과 미군은 한반도와 만주
에 상륙한 것이지 무장해제 구실이 아니다.
② 260쪽 하단
"10월 1일 대구에서 시작된 봉기는 경상도 일대로, 다시 전국으로 확
대되었다."라고 대구 10월 1일 폭동을 봉기라고 한 것은 허위 및 좌 편
향적이다. 그 증거는,
46년 10월 1일 대구시태평로 2가 금정동의 금정운수사무실 2층에 전
평 · 노평 사무실과 주위에 수천 명의 노동자들이 모여 시위를 하고 있
었다. 46년 10월 1일 오후 6시, 노평사무실 2층에서 갑자기 "경찰 저놈
들 죽여라!" 하는 고함소리와 함께 경찰에 돌을 던지자 경찰은 깜짝 놀

라 노동자들을 향하여 총을 쏘아 여러 사람이 부상을 당하였다.

10월 2일 좌파 남로당원과 노동자들과 학생들은 대구경찰서를 포위 경찰의 무장을 해제시키고 유치장의 죄수들을 석방시켜 폭동을 일으켰다. 폭도들은 화원지서장 김현대(경사 43세), 정남수, 현부기, 윤삼문 등 경찰을 살해하였다. 칠곡 경찰서장 윤상탕도 폭도들에게 비참하게 살해되었다. 폭도들은 경찰 우익 할 것 없이 살해하였다. 대구 폭동으로 경찰 38명, 공무원 163명, 일반인 73명이 사망하고, 1,000여명이 부상당하고, 30여명이 행방불명되었다. 이렇게 많은 경찰과 공무원과 양민이 죽었는데 이것이 폭동이 아니고 봉기라고 하는가? 봉기라는 말은 남로당 좌파들이 그동안 주장한 내용이다.

③ 262쪽

"1948년 4월 3일 단독정부수립 반대와 미군의 즉시 철수 등을 주장하는 제주도의 공산주의자와 일부 주민들은 무장봉기하여 도내의 관공서와 경찰지서를 습격하였다."라는 내용은 허위 및 좌 편향적이다. 그 증거는,

㉠ 제주4.3사건이 봉기라면 애월면 구엄마을 문영백의 딸 숙자(14세), 정자(10세)를 죽이고 같은 마을 문기찬(33세), 문창순(34세), 문용준, 임신 중인 고칠군 부인을 구타하여 중상을 입혔고, 고일수 순경은 목을 잘라 죽이고, 김장하 부부는 대창으로, 선우중태 순경은 총으로 쏘아 죽였다.

㉡ 선거관리위원을 죽이고 선거를 못하게 하여 제주 3개 선거구 중 2개를 무효화 시키고, 북한의 8.25선거에는 52,000여명이 투표하였다.

㉢ 10월 24일 폭도대장 이덕구는 대한민국에 선전포고를 하고 11월 2일 한림에 있는 국군 6중대를 공격하여 하루 만에 국군 21명이 전사하였다. 이상의 사건으로 제주 4.3사건은 내란이고 무장폭동이지 무장봉기가 아니다.

④ 263쪽

"10.19 반란군에 협조했다는 죄명으로 잡혀온 여수여고 학생들 모습이다."라고 사진 설명을 하였는데, 여수여고 교장 송욱이 남로당 좌익이었고, 여수여고생 일부가 총을 들고 국군을 공격하여 체포된 것이다. 교장이 좌익이다 보니 학생들도 좌익사상에 물들어 국군을 공격한 것 같이, 현재 좌파성향의 전교조 교사들이 학생들을 교육하고 있다.

⑤ 263쪽

김구 선생은 "통일된 조국의 달성을 위하여 공동 분투한 것뿐이다."라고 하였는데,

㉠ 김구 선생은 대한민국의 5.10선거를 반대하고 참여하지도 않았다.

㉡ 48년 4월 19일 김구 선생은 북한에 가서 김일성을 만나 회담을 하려고 하였으나 이용만 당하고 5월 9일 돌아왔고, 김구 선생과 같이 북한을 방문하고 돌아왔던 김규식 박사는 실망이 너무 커 아예 정계를 은퇴할 정도였다.

㉢ 1948년 11월 3일 4.3폭동과 14연대 반란과 6연대 반란으로 남한이 심히 혼란할 때 미·소 양군 철수 후 통일정부를 수립하자며 미군 철수를 주장하고 대한민국을 인정하지 않는 성명서를 발표하였고,

㉣ 49년 1월 8일 "미군은 즉시철수하고 남북협상을 다시 하자"고 성명을 발표하여 끝까지 대한민국을 인정하지 않고 미군 철수를 주장하였다.

그런데 금성출판사 교과서는 이런 김구 선생을 너무 많이 부각시켰다. 이유는, 좌파들은 대한민국을 인정하지 않고 있는데, 김구 선생을 통해 대한민국을 인정하지 않은 것을 표현하고 있다. 어떻게 대한민국 학생들에게 대한민국을 부정한 분을 이토록 장황하게 설명하는가? 이는 학생들에게 대한민국을 부정하는 사상을 심어주기 위한 계획적인 사건이다. 김구 선생의 주장대로 하였다면 대한민국은 공산주의로 통일되었다. 즉 북한이 남한을 점령하였다.

1987년 10월 9차 헌법 개정에서 김준엽은 '3.1정신 이어받아'를 '임

시정부 법통을 이어받아'로 개정하여 결국 김구의 '좌·우 합작정신 이어받아'로 개정하였다. 3.1정신의 의미는 독립정신, 애국정신, 자주 정신이나, '임시정부 법통을 이어받아'의 의미는 분열과 무능과 좌·우 합작정신을 이어받는 것이다.

　ⓖ 266쪽

　"경찰을 동원하여 반민특위를 습격하고 직원들을 연행하였다. 그리고 반민족 행위자의 범위를 크게 좁히고 친일파 처벌의 기한을 줄임으로서 반민특위의 활동을 사실상 막아버렸다."라는 내용은 좌편향적인 내용이다. 그 증거는,

　㉠ 48년 4월 3일 제주4.3폭동이 48년 9월 15일 확대되었고, 11월 2일 폭도들이 국군을 공격하여 하루에 국군 21명이 전사하여 11월 17일 계엄령이 선포될 정도로 제주도에서는 국군과 폭도들의 전투가 치열하였고,

　㉡ 여수 14연대 안의 좌익 지창수 상사 외 40여명의 반란군이 대대장 외 장교 20여명과 반란을 반대하는 사병 43명을 죽이고 반란을 일으켜 구례에서 진압군 12연대가 반란군과 전투 중 50여명이전사하고, 80여명이 포로가 되고, 연대장 백인기 중령이 포위되자 자살하였으며,

　㉢ 대구 6연대가 3차에 걸쳐 반란을 일으켰고,

　㉣ 광주 4연대 일부와 마산 15연대 연대장이 반란에 가담하였으며,

　㉤ 해주 인민유격대 180명이 38선을 넘어 오대산에서 국군 8연대와 치열한 전투 중이었다. 신생 대한민국은 좌익들의 폭동과 반란으로 잘 못하면 국가가 전복될 위기에 처해 정신을 차릴 수 없을 정도였다. 경찰 고위층과 국군 고위층의 친일파를 숙청하면 정부에서는 도저히 남로당 좌파들의 폭동과 반란을 진압할 수 없어 이승만 대통령이 국민과 국회 의원들에게 "친일파 숙청은 다음에 해도 되나 반란과 폭동을 진압하지 않으면 대한민국은 전복된다."고 하면서 설득을 하여 49년 2월 24일 반민법을 국회에서 폐기시킨 것이다. 그 후 북한에서 10차례에 걸쳐 유격

대를 침투시켰고, 6.25 한국전쟁으로 친일파를 숙청하지 못하고 오늘에 이른 것은 비극이다. 친일파 숙청을 못한 것은 남로당 좌파들의 폭동과 반란 때문이다.

⑦ 272쪽

"조직된 반공단체 1949년 가입자 수가 30만 명에 달하였으나 가입은 강제성을 띤 경우가 많았다."고 하였으나 이는 허위주장이다. 그 증거는,

남로당 서울시 인민위원장 홍민표가 남로당이 5.10선거에 참여하였으면 국회의원이 100여명 이상이 당선되어 국회와 대한민국을 장악할 수 있고, 보안법이나 반민특위법 폐지가 국회에서 통과될 수 없었는데, 이를 반대하면서 폭동과 반란을 일으켜 남로당이 불법단체가 되어 숨어 살아야 했던 것은 박헌영의 잘못이라고 당원들을 설득하여 33만 명이 전향한 것이지 강제성은 없었다. 1949년 10월~12월 동아일보 광고란을 보면, 그때 전향한 사람들이 자진하여 광고를 내었다. 남로당 좌파들이 5.10선거를 참여하지 않고 5.10선거를 반대한 것에 대한 불만으로 33만 명의 남로당원이 전향하였는데, 현재 좌파들은 5.10선거가 분단선거라고 지금도 반대하는 시대착오적인 의식구조를 갖고 전교조 선생이나 좌파 교수들은 학생들을 선동하고 있다.

5.10선거는 노비도 평민도 양반도 백정도 국민의 지도자를 뽑는데 한 표 씩 준 평등사상 실천으로, 1894년 동학란 때는 상상도 못할 일로 한반도 5천년 역사에 가장 큰 의의가 있는데, 남로당 공산주의자들은 5.10선거를 이토록 폭력으로 저지하고 동참하지 않았는데 좌파들은 지금도 5.10선거를 분단선거라고 규탄하고 있다.

북한의 천리마운동은 '사회주의 경제 건설에 큰 역할을 했다.' 라고 하는 한편, 우리 시장경제 산업화 경제개발에 대해서는 비판적이다. 교과부는 아직도 한국 근·현대사 교과 내용을 합의에 이르지 못한 상태이다.

2011년 6월 27일 해군사관학교 국사 담당 교관인 김효성 중위(30)가 국가보안법 위반으로 기소되었다. 김 중위는 2009년도 국사 강의에서 "혁명적 수령관 주체사상 대남전선 선군정치를 정당화 한다."고 사관생들에게 교육하였다. 김 중위는 한총련 대의원과 민주노동당학생위원회 회원으로 활동하였다. 여군 장교 2명도 보안법으로 기소되었다.

6) 민주노총의 통일교과서 주요 내용을 보면
① 북한 핵실험
자신들의 체제를 지키겠다는 강력한 뜻을 읽힌다. 그런 면에서 북한은 세계 속에 자신들의 존재를 각인시키고 사회주의 체제를 지켜왔다고 할 수 있다.
② 3대 세습
북한은 아들이어서가 아니라 가장 훌륭한 지도자를 후계로 내세워야 한다는 것이다. 그러한 문제로만 후계를 바라보는 것이야말로 체제를 비난하는 사람들의 시각일 뿐이라고 말한다.
③ 인권문제
북한의 인권에 대한 오해는 사회주의에 대한 오해에서 비롯되거나 북한에 대한 기본적인 이해가 없는 상태에서 발생하는 경우도 있다.
이상의 내용은 통합진보당 종북 파도 이렇게 주장하고 있다.

7) 한국사 교과서 집필진 절반 정도가 전교조이다.
2011년부터 사용 중인 고교 한국사 교과서의 집필진에 전교조 교사가 46%(37명 중 17명)가 포함되어 좌편향적인 내용을 수정하라는 정부의 지시를 거부하고 있다. 집필진에는 전교조 교사이거나 국가보안법 폐지를 주장하는 자들이나 금성출판사 한국 근현대사 집필진 등 46%가 들어 있다.
① 삼화출판사 한국사 집필진 6명 중 4명이 전교조이고, 다른 1명은

전국역사교사모임 회원도 있다. 전국역사교사모임 회원은 200여명이며, 전교조 참교육실천사업의 하나로 '살아 있는 한국사 교과서' 와 '살아 있는 세계사' 교과서를 출판하였다.

② 천재교육 교과서는 집필진 8명 중 2명이 전교조이다. 이들과 함께 집필한 4명은 좌편향적인 역사문제연구소 연구원이다.

③ '미래 엔 컬처' 그룹과 비상교육의 집필진에는 정부의 권고안을 거부한 자들이 23명이 있다.

④ 법문사는 전교조가 2명이 있다.

⑤ 지학사에도 전교조가 1명이 있다.

이들에 의해 한국사 교과서가 좌편향이 되었고, 이 교과서를 가지고 전교조가 학생들을 좌편향으로 가르쳐 학생들을 반미 친북좌파로 양성하고 있다.

⑥ 2011년 3월에 보급된 한국사 교과서는 2009년 11월부터 7개월간 한국 교육과정 평가원의 검정심사를 받았다. 검정대상은 6종의 교과서에서 13가지의 분량 내용인데 이는 양이 너무 많고 시간이 없고 의견이 대립되어 검정을 제대로 하지 못한 채 교과서가 출판되었다.

8) 좌파 교수들의 명단

강정구 : 전 동국대 교수

강창일 : 배제대 교수, 제주4.3사건 진상조사보고서 작성기획단 간사,
　　　　 19대 국회의원.

박명림 : 연세대 교수　　　 최장집 : 고려대 교수

강만길 : 상지대학교 총장 및 제주4.3사건 진상규명 및 희생자
　　　　 명예회복위원회 위원

김근식 : 북한 대학원 대학교 교수(언론에 자주 나옴)

김세균 : 서울대 교수　　　　 김수행 : 전 서울대 교수

서중석 : 성균관대 교수 및 제주4.3사건 진상규명 및 희생자 명예

회복위원회 위원

신영복 : 성공회대 석좌교수

오세철 : 연세대 명예교수

이철기 : 동국대 교수

정해구 : 성공회대 교수

조 국 : 서울대 교수

한홍구(역사 전공)ㆍ박성준 : 성공회대 교수

고창훈 : 제주대 교수

백낙청 : 서울대 교수

손호철 : 서강대 교수

이영희 : 전 한양대 교수

이장희 : 외국어대 교수

장상환 : 경상대 교수

이이화 : 석좌교수

이종석 : 교수

위의 백낙청 교수는 '2013년 체제 만들기'라는 저서에서 1987년 민주화운동을 통해 만들어진 87체제의 후속편으로 ① 평화체제 ② 복지국가 ③ 공정 공평사회를 설정하고 있고, ① 북한의 김정은과 손을 잡는 남북연합 ② 헌법을 뛰어 넘는 민중자치 등의 체제를 이루어야 한다고 주장하고 있다. 만일 2012년 총선과 대선에서 좌파가 압승하였다면 위의 내용을 실현시키려 하여 이는 보통 문제가 아니었다.

이상의 교수들 외 좌파 성향의 교수들은 전국에 650명 정도이나 이들과 전교조 교사들이 대학과 초ㆍ중ㆍ고등학교를 장악, 이상의 왜곡된 한국 현대사 내용을 초ㆍ중ㆍ고ㆍ대학생들에게 가르쳐 74%(1년에 40만 명)의 학생들에게 '우리의 적은 미국이다'라는 반미 친북 좌파사상을 갖게 하고 있다.

9) 좌파 성향의 판사 명단(2010년 현재)

좌파 성향 판사들의 모임인 우리법연구회는 1988년 조직되어 110여명의 회원이 있었으나 현재는 60여명이다.

회장 : 오재성 부장판사(수원지방법원 성남지원)

부회장 : 문형배 부장판사(부산지법)

간사 : 박용우(서울고법판사)
부장판사 : 이홍구(부산지법) 김경호(수원지법)
최은배(인천지법) 박정수(인천지법 부천지원)
이정렬(울산지법) 사봉관 유승룡 이용구
평판사 : 박용우 권창영 김병용 이승형 이옥형 권기철
홍승구(서울고법) 조영국(부산고법) 김용덕
박민정(특허법원) 문성호 박종환 서삼희 윤지숙
이순형(서울중앙지법) 김영식 최기상(서울행정법원)
이은혁(서울가정법원) 이종관(서울동부법원)
곽경평(서울남부지법) 변민선(서울북부지법)
문수생(서울서부지법) 장승혁(의정부지법)
박진웅 · 박찬우(의정부지법 고양지원)
유지원 · 이병회 · 임혜원(수원지법)
구민경 · 김영욱 · 서아람 · 송오섭(부산지법)
문종철 · 위지현 · 이봉수(부산지법 동부지원)
김희수 · 문홍주 · 최상수 · 홍예연(창원지법)
김봉원(창원지법 진주지원) 성기권(대전지법)
강경표(대전지법 홍성지원) 박상재(광주지법 목포지원)
이영호(전주지법) 박재우(전주지법 정읍지원)
김민기 · 최병철 · 한소영(대법원 재판연구관)
장철익(사법연구원) 정계선(헌법재판소 파견)

2011년 12. 8 인천지법 부장판사 최은배는 전교조 교사가 정치자금법 위반으로 벌금형을 선고받았고, 인천시 교육청에서도 해임 또는 정직 처분 받은 사건 판결에서 "이는 부당하다."고 판결을 하였다. 그리고 그는 미국과의 F.T.A가 통과되자 "뼛속까지 친미인 대통령과 통상관료들이 서민과 나라 살림을 팔아먹었다."고 페이스북에 올린 좌파 판사였다. 창원지법 이정렬 민사1부 부장판사는 이명박 대통령을 "가카새끼

짬뽕" 이라고 그의 페이스북에 올려 문제가 되었다.

사법시험 8조에 "3차 시험인 면접시험은 법조인으로서의 국가관 사명감 등을 평가한다." 라고 명시하고 있다. 그러나 사시 38회가 합격한 1996년부터 2005년까지 면접시험에서 탈락자는 1명뿐으로 좌파성향의 문제가 되는 자의 탈락은 한 사람도 없다. 그 이유는, 사법연수원에서 국가관을 가르치면 구시대 사상검증이라고 난리가 나기 때문이라는 것이다.

2012년 1월 19일 서울중앙지법 형사 27부 김형두 판사(47세)는 상대 후보를 돈으로 매수하여 교육감에 당선된 곽노현 서울시 교육감에게 벌금 3,000만 원을 선고하고, 매수를 당해 2억 원을 받은 박명기 교수에게는 징역 3년의 실형과 2억 원의 추징금을 선고하였다. 곽노현 교육감은 실형 선고를 피하여 대법원 확정판결 때까지 직무를 유지할 수 있게 되었다.

상대 후보를 돈으로 매수하여 사퇴시킨 곽 교육감은 3,000만원 벌금을, 매수당한 박명기 교수는 3년 징역에 추징금 2억 원을 선고한 것은 대한민국 국민 전체가 잘못되었다고 생각한다.

대검 공안부장 임정혁은 "재판부가 인정한 대로 만일 곽 교육감이 사전 합의(2010년 5월 5일 5억 원 제공 합의) 사실을 모른 채 작년 10월에야 알고 2억 원을 주었다 해도 마땅히 실형이 선고되어야 한다." 고 하였다.

단일화 협상과는 무관한 돈 심부름을 한 강경선 교수에게는 2,000만 원의 벌금을 선고하면서 후보단일화로 인해 당선된 곽 교육감에게 벌금 3,000만 원을 선고한 것은 그 자체로도 잘못된 판결이다.

10) 이적단체를 합법화 시켜준 노무현 정부

2007년 10월 3일부터 4일까지 노무현은 김정일과 정상회담을 하였다. 국군포로 문제, 납북어민 송환문제, 6.25 강제북송 자 문제, 인권 문제와 핵 문제는 언급이 없었다.

김대중 정권에서는 간첩을 잡지 않았고, 노무현은 보안법 폐지를 추진하다 보류, 보안법은 악법이라고 주장.

동의대사건, 남민전사건, 남한 조선노동당 중부지역당사건, 구국전위사건, 민혁당사건, 단기 학생동맹사건, 영남위사건, 일심회 간첩사건 등을 민주화운동 관련자로 결정하였다. 위의사건 해당자를 위해 민주묘역을 하려고 480억 원의 예산을 책정, 강북구 수유리 4.19 국립묘지 위 28,000평에 묘지를 조성하고 3,200억 원을 들여 민주회관을 지으려는 것을 주민들의 5년 동안 끈질긴 반대로 뜻을 이루지 못하고 다른 곳의 묘역을 구하고 있다.

제주4.3 무장폭동을 무장봉기라고 제주4.3진상조사보고서를 허위로 작성하여 경찰과 국군이 아무 잘못이 없는 제주 양민 13,000여명을 죽였다고 책임을 이승만 대통령과 국군과 경찰 그리고 미군이 져야 한다고 하면서 제주 폭도사령관 김의봉 외 1,540명을 제주4.3사건 희생자로 결정하였다. 이들은 제주4.3 폭동의 날을 추모일로 국가에서 선포해달라고 하면서 1인당 2억씩 보상도 해주어야 한다고 주장, 강창일 외 다수의 국회의원이 국회에 청원하였으나 필자가 '제주4.3사건 희생자 결정무효' 소송을 하여 보류상태였으나 2013. 6.27 국회에서 결국 통과되었다. 폭도들의 훈련 장소였던 제주 봉개동 12만평에 582억 원을 들여 평화공원을 조성하여 관람객 20여만 명이 국군과 미군을 규탄, 반미 친북좌파 양성 학습장이 되게 하였다. 그래서 필자가 2013. 8.2 382명의 제주4.3사건을 감사원에 감사청구를 하였다.

노무현 정부 2003년 전체 고교 54%가 채택한 금성출판사 고교 2·3학년 근현대사는 민중사관과 반제 민족해방이론을 바탕으로 수정주의 역사관으로 대한민국을 부정하는 내용이었다. 그리고 북한 정권을 미화하면서 북한의 조선 역사 내용을 그대로 옮겼다. 전교조 교사 6만여 명이 위의 내용을 가지고 학생들을 가르쳐 1년에 40여만 명씩 좌경화

시켰다.

노무현을 지지한 한겨레 논설주간 정연주를 중앙방송(K.B.S) 사장에 임명하여 좌경화 하였고, 탄핵 때 집중으로 규탄, 열린우리당이 152석을 차지하는데 공이 컸다. 방송위원회 상임위원도 5명 중 3명이 민언련 출신으로 충당하였다. 한겨레, 경향신문, 문화방송(MBC), 오마이뉴스가 적극 협조 모든 분야를 장악하였다.

18. 좌파가 대한민국을 장악하고 있다.

1) 2004년 4월 15일 17대 총선에서 민노당은 지역구 2석, 전국구 8석으로 제3당이 되었다.

지역구 - 권영길(창원 을), 조승수(울산 북)

비례대표 - 강기갑, 노회찬 등 8명이었다.

해방 후 좌파 박헌영, 여운형, 백남운, 조봉암 등이 좌파를 이끌어가는 지도자라면 군부독재시대의 김달호, 윤길중, 박기출, 고정운, 김철이었고, 그 후로 이우재, 이부영, 장기표 등이었으며, 현재는 백낙청, 김상근, 박재승이다.

민노당은 6만7천여 명의 당원을 확보하였다. 현재 당원은 20만 명, 지지자는 200만 명이다. 이들은 여전히 신무기도입 중단, 주한 미군 철수, 예비군 폐지, 서울대 해체, 공무원노조 정치활동 허용, 국가보안법 폐지, 사립학교법 개정 등을 목표로 투쟁하여 거의 실현하였다.

2005년 8월 북한의 사회민주당은 남한의 민노당 대표 김혜경 등 천영세, 심상정, 권영길, 최순영, 최규엽, 홍승하 등을 초청하였다. 이들은 북한을 방문, 김일성 생가 만경대를 방문했고, 평양 신미리에 있는 애국열사능에 참배, "당신들 애국의 마음을 깊이 새기겠다."고 방명록에 기록하였다. 여기 애국열사 능에는 제주4.3폭동 주동자 김달삼, 남로당 총책 김삼룡, 지리산 빨치산 대장 이현상의 묘가 있는 곳이다.

대한민국에서 가장 중요한 심판을 담당하는 법원 노조와 우리 법연구회의 사조직인 일부 판사들, 그리고 국회의원 선거와 대통령 선거 지방선거를 관리하는 선관위 노조와, 대한민국의 기둥인 공무원 노조 등이 북한의 4대 혁명노선을 실천하는 민주노총에 가입하였다. 이것은 대한민국은 공산화가 되어가고 있다는 증거로 강기갑 1심에서 무죄 판결과 광우병 PD수첩 무죄 판결, 빨치산을 추모한 교사 무죄 판결과 경찰을 폭행한 자 구속신청을 기각한 사건 등은 이념 판결이라고 검사들과 여당과 국민들은 있을 수 없는 판결이라고 하는 것이 증거이며, '제주4.3사건 심사무효 확인소송'은 심사한 것을 법원에서 요구해도 제주도지사와 이명박 정부가 심사한 서류를 내놓지 않아 재판을 못 할 정도이다.

2) 2010. 6. 2 지방자치단체선거에서 경남도지사 김두관, 충남도지사 안희정, 강원도지사 이광재, 전국 교육감 16명 중 6명이 좌파이며, 광역시장 16명 중 9명이 좌파이다. 전국 구청장·시장·군수도 거의 좌파가 장악하였고, 경기도지사 후보 유시민과 서울시장 후보 한명숙의 표가 많은 것은 대한민국이 공산화 되어가고 있다는 증거이다.

한명숙은 서울시 22개 구청 중에서 19개 구청에서 이기고 서초구와 강동구, 송파구에서 패함으로 오세훈 후보가 겨우 시장에 당선될 정도였고, 서울시의회는 민주당이 장악하여 오세훈 시장이 업무를 볼 수가 없을 정도이다. 이명박 대통령이나 서울시장이나 경기도지사가 국정을 운영할 수 없을 정도가 되었다. 교과부에서는 "2010년 7월 13일 학업성취도(일제고사)를 보아야 한다."하는데 6곳의 좌파 교육감 지역의 학교는 안 봐도 된다 하며 학생 430여명이 일제고사 시험을 반대하면서 보지 않았으나 2011년 7월에는 187명으로 줄었고, 2012년에는 131명으로 줄었다. 좌파 선생이 학업성취도(일제고사)를 반대하는 이유는 전교조 선생이 가르치는 반만 꼴찌가 되면 전국 학부형들이 전교조 반대운동을 벌일 것이 두려워서이다.

2011년 4월 27일 실시된 재 보궐선거에서 분당 을에 민주당으로 출마한 손학규 씨가 국회의원에 당선되었고, 서울시장 보궐선거에서 박원순이 되었다. 대한민국 부자 동네인 분당에서 민주당 후보가 당선되었다는 것은 대한민국이 끝나가고 있다는 증거이다.

3) 대표적 국내 좌익단체

현재 좌파단체는 약 1,800여개가 있다. 그 중 대표적인 좌파단체는 아래와 같다.

ⓐ 전교조(전국 교직원 노동조합) 약 60,000여명
ⓑ 민주노총(전국 민주노동조합 총연맹 59여만 명)
ⓒ 민노당(당원 67,000여명), 진보신당(07.12. 대선 약 71만 명 지지)
ⓓ 민주당 일부
ⓔ 참여연대(서울시장 박원순이 조직)
ⓕ 한총련(한국대학생총연합. 현재 47개 대학 가입)
ⓖ 민생민주국민회의
ⓗ 한국진보연대 전국 통일위원회(한상렬 상임고문은 북한 평양에서 천안함사건은 이명박 자작극이라 하면서 남한을 미국의 식민지라고 강도 높게 규탄하였다.)
ⓘ 한청(한국청년단체협의회)
ⓙ 전국통일위원회
ⓚ 전국연합 (민주주의 민족통일 전국연합)
ⓛ 평통사(평화와 통일을 여는 사람들)
ⓜ 실천연대(남북공동선언 실천연대)

ⓝ 한국민족예술인총연합

ⓞ 통일연대(6.15남북공동선언 실현과 한반도 평화를 위한 통일 연대)

ⓟ 범민련(조국 통일 범민족연합)및 범청학년 남측 본부.

ⓠ 천주교「정의구현사제단 및 기독교(KNCC 일부 등), 불교(「실천불
   교 전국승가회」, 「불교환경연대」 등)내 좌익」

ⓡ 민중연대

ⓢ 전국농민회 총연맹

ⓣ 한국 민권문제 연구소

ⓤ 평화연구소

ⓥ 21세기 코리아 연구소 등

ⓦ FTA법국본 등

ⓧ 「국제엠네스티(AI)」 한국지부

ⓨ 공무원노조와 법원노조, 선관위 노조 11만(공무원노조와 법원 노
   조가 민주노총에 가입)

ⓩ 역사문제연구소 현재 좌파 구성을 보면

① 김종태, 김질락, 도예종, 이재문, 박현채, 이일재, 이종린 등 남로
당 출신 좌파 1세대,

② 남로당 출신들에게서 사상교육을 받은 이인영, 우상호, 임종석, 송
영길 등 386 전대협 출신 좌파 2세대,

③ 전교조에 의해서 좌파사상을 교육받은 20대 30대의 신세대 좌파 3
세대로 구분 할 수 있다.

민주노동당, 국민참여당, 새 진보통합연대가 모여 통합진보당을 창
당하였는데 이들은 국민의례에서 애국가를 부르지 않고 태극기에 대해
경례도 하지 않았는데, 2012년 6월 애국가와 태극기에 대해 경례를 하
기로 당 혁신안에 넣기로 하였다고 한다. 그러나 통진당 내의 구당권파
인 이석기 등은 지금 부르는 국가(國歌)는 국가(國歌)가 아니고 아리랑
이 국가라고 하였다. 즉 통진당 내의 구당권파는 대한민국을 인정하지

않겠다는 것이다.

4) 좌파 성향의 인터넷 사이트 주소록

사이버 민족방위사령부(회원 수 7,000여명)

이 카페에 장교 : 대령 1명, 중령 5명, 소령 5명, 대위 5명, 중위 5명, 소위 4명   계 25명,

원사 1명, 상사 2명, 하사 9명, 사병 36명 계 70명의 현역과 예비역이 회원에 가입 "어서 오십시오. 차분하게 조선 민주주의 인민공화국 인민이 되는 날을 기다립니다." 라고 열광을 올리고 있다.

좌파 단체는 전국에 1,840개가 있으며, 좌파 인터넷 사이트는 240개이고, 네티즌이 35,000여명 있어 이들이 여론과 선거에 엄청난 영향을 주고 있다. 6.2지방자치단체선거와 2008년 소고기파동 허위사실, 천안함 허위사실 유포와 연평도 폭격사건이 그 증거이다.

해외 친북 사이트는 106개가 있다. 미국 : 46개, 일본 : 26개, 중국 : 17개이다. 북한에서는 트위터와 스마트폰에 문자메시지를 통해 북한의 4대 혁명노선을 선전하고 있다. 그런데 이를 막을 방법이 없어 큰 문제이다. 우파의 인터넷 점유율은 20%도 안 된다. 인터넷을 이대로 둔다면 대한민국은 자동으로 공산화 된다. 그래서 우리에게 가장 시급히 해결해야 할 문제는 전교조와 인터넷이다.

5) 북한의 위장 평화 전술을 앞장서서 선전하는 좌파들!

① 북한은 지금도 대한민국을 북한의 일부로 규정하여 남반부라 하지 국가로 인정하지 않고 있다. 따라서 휴전 문제나 핵 문제도 미국과 논의하겠다는 것이다. 지난 2008년 3월 10일 월드컵 예선전인 남북한 축구시합을 북한에서 열어야 함에도 불구하고 북한이 태극기와 애국가를 부르지 못한다고 하여 결국 중국 상해에서 열린 것도 북한의 이 같은 기본 입장에서 비롯된 것이다.

결국 북한의 자주평화, 민족공조론, 우리민족끼리 등은 위장선전에 불과하며, 평화협상, 평화통일도 선전을 위한 거짓 선동에 불과하다. 우파가 좌파 이야기를 하면 좌파들은 '색깔론'이라고 하면서 "시대착오적이다"라고 규탄하며 국민을 기만하고 있다.

앞에서 지적한 것처럼 북한은 주한 미군이 있기 때문에 무력으로 적화통일을 달성하는 것은 불가능하지만, 선거를 통해 지방자치단체와 국회와 청와대를 점령, 대한민국을 공산화 하려 하고 있다. 그리고 좌익정권 10년 동안 해보니 가능성이 있다고 판단하고 있다.

북한의 대남 4대 혁명노선은 ㉠ 국가 보안법 철폐 ㉡ 주한미군 철수 ㉢ 평화협정 체결 ㉣ 6.15공동선언 실천(연방제 통일=적화통일)이다.

남한의 좌파들은 북한의 대남 4대 혁명노선을 적극 실천, 남한을 점령하게 하고 있으며, 북한의 목표인 낮은 단계 공산화는 국민의 40% 이상이 지지하여 달성하였다. 이제는 높은 단계 즉 남한을 완전히 공산화하는 데 전력을 다하고 있다.

많은 사람들은 설마 대한민국이 망하고 북한이 남한을 점령할 수 있겠느냐 하지만 설마는 사실로 드러나고 있다. 6.25 전에도 설마 인민군이 남침하겠는가? 하였는데 남침하였고, 50. 6. 27일 의정부에서 인민군이 공격하는 대포소리가 서울까지 들리고, 피난민이 길을 메우며 내려오고 있었는데 '설마 인민군이 서울을 점령하겠는가?' 하고 27일 서울시민들은 피난을 하지 않고(준비를 하지 않고) 잠을 자고 아침에 일어나보니 한강교가 폭파되고 국군과 경찰은 한 명도 없고 인민군이 서울을 점령하여 서울시민 150만이 포로가 되어 통곡했지만 그 때는 이미 늦어 있었다. 지금도 어느 때 자고나면 인민공화국시대가 곧 돌아올 것 같다. 대한민국은 겉만 대한민국이지 이상에서 본 바와 같이 사실상 절반 이상이 좌익으로 기울어져 완전 공산화 되는 것은 그리 어렵지 않게 진행되고 있다. 우익은 젊은이가 없고 고령들이고, 무관심하고 이기주의이며, 자기 출세밖에 모르며, 좌파와 싸우겠다는 중심세력이 없고, 국가나 사회가 너무 부패하여 해결할 방법이 없는 것이 문제다. 이제는 박근혜가 이끄는 새누리당까지 중도노선이라 주장하고, 7.4 공동선언과 6.15 공동선언을 실천하겠다고 하니 더 말할 것도 없다. 그러나 좌익은 젊은이들이 많고 적극적이며 희생적이다. 70세 이상의 노인들이 사망하면 자동으로 대한민국은 공산화 되게 되었다.

② 북한 인민군이 남침한다면 2008년 6월 10일 소고기파동으로 좌파들이 촛불시위를 하듯, 전교조, 민주노총, 민노당, 좌파단체 1,800여 개 단체 회원들 100만여 명이 전국에서 폭동을 일으켜 고속도로를 점령하고 모든 기관을 마비시키면, 전방의 국군에게 군수품을 운송할 수 없고 협조가 없어 전투 한 번 해보지 못하고 국군은 내부의 적에 의해 참패할 것이다. 그리고 2004년 육군사관학교에 입교한 생도가운데 34%가 우리의 적은 미국이고, 논산훈련소에 입소한 장병 74%도 우리의 적은 미국이라고 주장하고 있어 인민군이 남침하면 국군이 과연 인민군을 막을 수 있을지 의문이다.

1999년 김대중은 국방정신교육원을 해체시켰고, 정훈감인 표명렬은 자기의 집안이 빨치산 집안이라고 자랑하면서 국군과 사관학교를 "잘못 태어난 사생아"라고 비방 매도할 정도였다.

육군의 정훈장교와 군목들이 군 장병의 정신사상을 교육할 때 이 점을 연구해서 우리의 적은 미군이 아니고 인민군이라는 내용을 역사적으로 연구해서 중대급 단위로 확실하게 사상을 심어주어야 한다. 사상이 투철하여야 인민군이 남침하면 조국을 위해 목숨 바쳐 싸울 것이다. 그러므로 국군 장병들의 사상교육은 전투 훈련보다 더 역점을 두어야 할 것이다. 그런데 정훈참모가 이러하니 더 무슨 말을 할 수 있을까! 또한 북한의 인민군도 경계해야 하지만 남한의 4대 혁명노선을 실현하는 좌파들이 더 위험한 존재이다. 어느 국가든지 외부의 적 때문에 망한 것이 아니라 내부의 적 때문에 망하였다. 현재 좌파들은 6.25전 남로당원보다 훨씬 많고 강하다.

③ 북한 인민군은 남침명령만 기다리고 있고, 남한의 좌파들은 인민군의 남침을 두 손 모아 기다리고 있다. 2017년도에 좌파에서 또다시 정권을 잡는다면 2차 연평해전 때와 같이 국군통수권자와 좌파 장군들이 국군에게 인민군 저지명령을 내리지 않으면 채병덕 참모총장의 간첩행위로 6.25 초전에 국군 44,000여명이 죽고 6개 사단이 붕괴되어 재기불능의 국군이 되었듯이 한순간에 국군은 참패하고 말 것이다.

2005년 맥아더장군 동상 철거운동을 주도했던 연방통추(우리 민족 연방제 통일추진위원회 대표 강희남) 지도부가 2010년 8월 4일 북한의 지령을 받고 연방제 통일을 위한 이적행위를 한 혐의로 상임위원장들이 구속되었고, 간부 12명이 불구속 입건되었다. 이들은 주한미군철수 투쟁 연방제 통일(북한이 남한 점령 통일) 추진을 주장해왔다. 이들은 핵 개발을 찬양하면서 맥아더 장군 동상을 미 제국주의 상징으로 규정하고, 2005년 9월부터 5차례에 걸쳐 69일 동안 철거를 주장 농성 폭력 시위를 하였고, 서울에서 "날강도 양귀는 물러가라."고 외치며 데모를 하였다. 미국 국회의원들과 국민들이 이것을 볼 때 어떻게 생각하겠는가?

우리는 어떠한 희생이 따른다 해도 ㉠ 좌파가 다시는 정권을 잡지 못하게 하는 것과 ㉡ 첨단무기를 구입하여 인민군의 공격을 방어하는 일과 ㉢ 미군이 한반도에서 철수할 것에 대비해야 하고 ㉣ 전교조와 인터넷 좌파 등을 뿌리 뽑아야 대한민국이 살고 우리 모두가 산다.

④ 국가의 생명은 정보이다. 그런데 김대중 · 노무현 · 김만복은 A4용지 약 8만장 정도의 대한민국의 모든 정보를 북에 넘겨주었다. 대한민국이 붕괴되는 문제는 시간문제이다.

⑤ 서독은 공산주의 운동을 했든가 아니면 좌익 단체에 가입하게 되면 국가 공무원이나 선생이나 기업체 등 어느 곳도 들어갈 수 없도록 법으로 규정하여 서독이 하나로 뭉쳐 동독을 흡수통일 하였다. 우리도 박정희나 전두환이 보안법에다 보충하여 좌파운동이나 단체에 가입하는

자는 공무원이나 선생이나 기업체에 들어갈 수 없게 하였으면 지금과 같은 좌파운동을 막을 수 있었다. 그러나 이들은 이런 법을 만들지 않아 오늘과 같은 결과를 낳게 하였다. 그리고 국가 예산의 20%를 국방예산 으로 세워 그 중 10%인 30조 원을 가지고 매년 첨단무기를 도입 북한 인민군의 남침 방어준비를 했어야 하는데, 첨단무기를 전혀 준비하지 않고 지금같이 북한 인민군의 공격에 대해 사대주의 사상에 젖어 인민 군 방어를 미국만 의지하는 한심한 나라가 되어 인민군을 막을 수 없게 해놓았다.

6) 오세훈 서울시장이 사표를 내자 국민들은 서울대 융합과학기술대 학원 원장 안철수에게 "서울시장 선거에 출마하라" "2012년에 대통령 에 출마하라" 하면서 안철수의 인기가 폭발적이다. 왜 그럴까?

① 그는 80년도에 서울대 의대를 졸업 의사가 된 후 3년에 걸쳐 컴퓨 터 바이러스 백신을 개발하여 전 국민에 무료로 공급하였고,

② 안철수 연구소를 미국의 큰 회사에서 1,000만 달러를 준다 해도 100여명의 직원들을 보호하기 위해 회사를 팔아먹지 않았고,

③ 1년 매출액이 100억 원이 되었을 때 100여명의 직원들에게 주식을 나누어주고 회사에 사표를 내고 미국 유학길을 떠났다.

④ 그의 도전적인 정신과 끝없는 열정을 가지고 카이스트 교수와 서 울대 교수가 되었다.

⑤ 2011년 9월 재산 1,500억 원을 사회에 기부하였다.

국민들은 이러한 정의롭고 도전적이고, 열정이 있고 헌신적인 사람 이 국민의 지도자가 되기를 바라고 있는 것이다. 좌파와 싸워서 이기는 길은 정직하고 헌신적이어야 한다는 것을 보여주고 있다.

그런데 안철수는 보안법 철폐, 미군 철수를 주장하는 서울시장 박원 순을 지지하여 서울시장이 되게 하였다.

7) 2012년 4월 11일 19대 총선에서 통합진보당이 13명이 당선되어 제
3당이 되었다.(19대 국회 민혁당원 진출)

송호창 (민주통합 45세 경기 과천 의왕) : 2008년 소고기파동 시위 때
　　　강성발언 선동자
이학연 (남민전 소속 50세 군포) : 자유 무역협정 폐기와 재벌개혁
　　　선동자
은수미 (48세) : 1990년 박노해, 박태웅, 사노맹결성, 국가보안법
　　　철폐 선동가
장하나 : 제주 해군기지 반대 선동자
민병두(동대문 을)
정청래(마포 을)
김태년(성남 수정)
김현미
이상 민주 통합당 좌파 강성파.
[통합진보당]
이상규(관악 을)
김선동 (순천 곡성) : 주사파 자유무역협정 반대, 국회에서
　　　최류탄 투척.
윤금순 (비례1) : 주사파, 2005년 인천 맥아더동상 파괴를 주도한
　　　자로 통일연대 공동대표.(국회의원 사퇴)
이석기 (비례2) : 주사파, 경기 동부연합, 민혁당 경기 남부위원장.
김재연 (비례3) : 경기 동부연합
정진우 (비례4) : 전교조 위원장 출신
이석기, 김재연, 김미희, 이상규, 오병윤, 김선동 이들은 경기 동부연
합 출신인 종북파로 19대 국회의원이 되었다. 이들은 북한의 지령을 받
고 대한민국을 타도하고 북한 인민군이 남한을 점령하기 위해 투쟁하

는 자들이며, 주체사상은 역사상 처음으로 사람의 본질에 대해 과학적인 해명을 주었다. 사회 정치적 생명체 론이라고 주장하는 자들이다.

• 통합진보당 구 당권파는 태극기에 대해 경례도 없고, 애국가도 부르지 않고 있다. 대한민국을 타도, 남한을 북한이 점령하도록 투쟁하는 자들이다.

※ 통합진보당 강령
① 주한미군 철수
② 교사의 노동 3권 전면보장
③ 재벌해체

8) 2012년 3월 10일 민주통합당 대표 한명숙과 통합진보당 대표 이정희와 총선 때 후보단일화와 19대 국회에서 양당이 추진하기로 한 공동정책 합의문
① 6.15 공동선언의 이행을 담보하는 입법조치 등을 통해 적극적인 남북 화해 협력을 추진한다.
② 일방적으로 강행하고 있는 제주 해군기지 군항 공사에 대해 깊은 우려와 분노를 표한다. 이에 우리는 즉각적인 공사 중단을 요구한다. 또한 우리는 19대 국회에서 공사 계획을 전면 재검토하고 필요한 경우 책임 규명을 위한 국정조사를 실시한다.
③ 국가보안법 폐지와 인권 탄압하는 반민주악법을 개폐한다.
④ 현 정권이 체결 비준한 한미 FTA의 시행에는 전면 반대한다.
⑤ 군 복무기간을 단축하고 양심에 따른 병역 복무자를 위한 대체복무를 신설한다.
⑥ 헌법상 보장된 교사와 공무원의 정치활동을 보장하여 정당한 정치활동에서 배제되는 집단이 없어지도록 한다.

⑦ 경제 민주화나 보편적 복지의 실현을 기본방향으로 설정하고 국민이 함께 잘 사는 대한민국은 만들기 위해 다음 과제를 실시한다.

⑧ 우리는 공동정책 의제 실현을 위해 4.11 총선이후 민주 통합당과 통합진보당 시민사회(원탁회의)가 함께 참여하는 공동정책 추진과 이행 점검을 위한 상설기구를 구성하여 운영한다.

2012년 4월 11일 두 당은 140명이 국회의원에 당선되었다.

9) 이대로 가면 대한민국은 공산화 되지 않을 수 없다.

① "우리 민족끼리" 주장 뒤에는 대한민국을 공격할 핵과 미사일과 북한의 사이버 공격 병이 있다.

북한은 군사분계선(38선) 인근에 170밀리 자주포와 240밀리와 300밀리 방사포 등 5,100문을 배치해 놓았고, 300밀리 개량형 방사포(주체 100포) 300문을 배치해 놓았다. 이 방사포에는 독가스(현재 북한은 세계 3위 규모의 5,000톤 보유)와 같은 화학무기를 장착할 수 있으며, 사정거리 200킬로로 수도권과 계룡대와 원주까지 도달할 수 있다. 또한 북한은 25곳의 미사일 발사기지에 1,500기의 미사일을 운용하고 있는데, 이곳에서 미사일을 발사하면 서울에는 1-2분 만에, 부산과 목포는 7분 만에 도달할 수 있다고 한다. 전차는 4,100대, 전투기 875대, AN-2기 310대(낮게 떠서 비행하여 레이더에 걸리지 않음), 공기부양 정 134대, 정규군 119만 명, 예비군 700만 명, 특수부대 18만 명, 사이버 공격병 3만여 명 등이 남한을 공격하기 위해서 김정은의 명령만 기다리고 있으며, 핵을 17개나 보유하고 있다.

② 북한은 미군이 철수하면 먼저 사이버 공격 병 3만 명이 미군과 국군 사령부를 공격하여 마비시켜 지휘를 못하게 한 후 1,500기의 미사일을 가지고 남한의 22개 원자력발전소와 군 주요시설을 공격하여 방사

능을 유출시키고, 170밀리 자주포로 서울 근방의 5개 도시가스와 군 주요시설을 공격하고, 방사포로 전방에서부터 서울과 수원까지 독가스로 공격하여 남한을 초토화 시키고, 특수부대 18만 명이 국군 복장을 하고 남한 후방 3면의 공중과 해상으로 상륙하여 국군 반란군으로 위장 공격하여 후방을 혼란에 빠뜨리고, 전차 4,000여대와 보병 100만 명이 38선을 넘어 6일 안에 남한을 점령하려고 6일 작전의 모든 준비를 끝내놓고 있다. 현재는 12시간 안에 남한을 완전히 점령하겠다는 작전을 세워놓고 있다. 북한의 사이버 공격 실력은 미국의 FBI실력이며, 이런 전쟁을 전자전이라고 하는데 차기 전쟁의 가장 무서운 전쟁무기가 될 것이다.

남한 좌파들은 "북한은 먹을 것이 없어 남한을 공격할 수 없어 북한은 끝났다"고 하고, 정부 요인, 청와대 김장수 등도 같은 생각을 가진 분들도 있지만, 그것은 좌파들이 퍼트리는 거짓선동으로, 남한 사람들을 방심하게 하는 심리전이다. 북한은 3개월 동안 전쟁을 할 수 있는 기름 150만 베럴, 군량미 100만 톤, 탄약 170만 톤을 비축하여 모든 준비를 해놓고 있다. 북한은 김정일이 사망해도 붕괴되지 않았다. 북한의 사이버 공격으로 한국군의 곡사포, 전투기, 전투함이 대응을 못하고, 원자력발전소와 국가 기관과 금융망과 국군사령부를 공격, 남한의 모든 지휘력을 마비시키면 전쟁을 해보지도 못하고 남한은 참패할 가능성이 많다. 특히 인민군의 남침 좌파가 폭동을 이르키며 전쟁을 해보지도 못하고 망할것이다. 김정은은 300억 달러가 있어 남한 점령에 필요한 전쟁을 하고도 남을 것이라고 한다.

1998년 8월 11일 필컴퓨터 대표 김동호가 북한에 팬티언급 PC 250대를 기증하였다. 그리고 2001년 소망교회 곽선희 목사는 평양 과기대에 통신 공학부를 신설하여 400억 원을 북한에 지원해 주었고, 김대중은 과학기술 특별보좌관인 박찬모에게 50명의 IT전문 교수를 북한에 보내 집중교육을 시킴으로 북한에서는 3만 명의 사이버부대를 창설하여 남한을 공격 한순간에 대한민국 전산망을 멈추게 하려하고 있다.

2012년 4월 28이~5월 4일 북한이 해주에서 인천공항에 대해 GDS 전파 교란 공격으로 민항기 676대와, 어선, 여객선, 화물선, 선박 120척과 은행 업무에 피해를 보았다. 북한은 전자전으로 EMP를 개발하여 곧 실험을 할 것이라고 하는데 이것이 실전배치 되면 엄청난 파괴력을 나타낼 것이라고 한다. 즉 남한의 전기를 한순간에 멈추게 하여 모든 기능을 마비시킬 것이라고 한다.

국군은 북한 인민군의 위와 같은 무기를 방어할 무기가 없다. 6.25 때 국군은 전차와 대전차지뢰가 없어 4일 만에 서울이 점령되고, 6개 사단이 붕괴되고, 44,000여명의 국군이 죽거나 포로가 되어 국군이 재기할 수 없을 정도로 참패 하였듯이, 우리는 또 그때와 같은 전철을 밟으려 하고 있다.

③ 북한은 신의주 밑 동창리에 대륙간 탄도미사일 대포동 2호 발사 기지를 준비하고 있고, 함경도 풍계리에서 우라늄 핵실험을 준비하고 있고, 대포동 2호의 6,000km 대륙 간 핵탄두 미사일을 개발하여 2014년경까지 발사를 성공시키려 하고 있다. 이 대륙 간 핵탄두 미사일을 미국 동부에 발사하여 성공하면 미국과 일본은 말할 것도 없고, 남한은 북한의 핵탄두를 막을 길이 없어 초토화될 가능성이 많다. 그래서 남한도 핵무기 개발을 해야 우리가 산다. 북한은 핵 종사자가 300명, 핵 관련자가 10만 명이다.

2012. 12. 12 오전 9시 49분 평북 철산군 동창리 미사일기지에서 미국 본토까지 도착하는 대륙간 탄도미사일 장거리 로켓을 발사하여 성공하였다.

④ 이렇게 되면 북한은 미국과 핵탄두를 가지고 협상할 때 핵사찰을 받는 조건으로 ㉠ 미군은 한반도에서 철수할 것. 아니면 ㉡ 미 · 북 수교를 할 것 등을 조건으로 나올 것이다. 그러면 미국에서는 미 · 북 수교 협상을 할 가능성이 많다. 만일 미 · 북 수교가 되면 ㉠ 38선의 휴전협정을 평화협정으로 바꾸어야 하고, ㉡ 미군이 남한에 있어야 할 명분이 없

어지고, 좌파들이 연일 미군철수를 외치며 데모를 하게 되면 2017년경에는 미군이 남한에서 철수할 가능성이 많다. 그리고 미국 경제가 매우어려워 외국 주둔군을 줄여 나가야 할 형편이다. ⓒ 그리고 2017년 대선에서 좌파가 정권을 잡는다면, 대한민국은 2020년 안에 북한 인민군의남침으로 붕괴될 가능성이 많다.

미국은 국가 부채가 16조가 넘어 16개 시가 부도 직전에 있고, 어느시는 버스 운영을 못하여 학생들이 학교를 못 갈 정도이고, 우체국이 부도 직전이어서 집배원이 우편물 운반을 못할 정도이다. 그래서 미 정부에서는 10년 안에 국방부 예산을 5,000억(559조원)달러를 줄이는 예산이 국회를 통과하여 국방부 예산을 줄여야 한다. 미 국방예산 감축으로한국군에 큰 영향을 주고 있다. 2016년 11월 8일 미국 대선에서 트럼프가 대통령이 되었다. 트럼프는 ㉠ 미군이 한국에 주둔하는 비용 2조원을 담당하라, 아니면 미군을 철수하겠다. ㉡ 북한의 핵을 대비하여 남한도 핵을 보유하다. ㉢ 미국은 북한과 핵을 가지고 협상할 대 남한의 미군을 철수할테니 북한핵을 포기하라 등으로 협상할 가능성이 많다.

미군은 38선 근방을 정찰하는 공중정보기 U2기를 2020년까지 운행하고 철수하는 일이며, 고공무인정찰기 글로벌호크를 2015년부터 38선근방에 실전배치하려는 것도 수포가 되었다. 이 무인정찰기는 1대당2,400억 원이다.

미군은 A-10의 생산량을 줄인다는 것이다. 한국에는 20대가 있는데인민군의 전차가 38선을 넘을 경우 전차를 잡는 이 A-10기의 생산이 중단되어 더 이상 지원을 받을 수 없다.

미군은 28,500여명의 주한미군 병력도 줄이지 않을 수 없게 되었다. 주한미군 운영비가 1년에 2조 원 정도이다. 한국이 1년에 8,000억 원을지원하였다. 미국은 나머지를 부담하기 어렵다. 그런데 한국 정부는 여기에 대해 전혀 준비하지 않고 있다. 2013년 복지예산은 100조원인데반해 국방예산은 34조 원이며, 국방계획은 국회의원들이 참석하지 않아 자동 무산되었다. 한미연합사가 해체되었을 때 지휘구조 개편과 새로운 연합작전체제를 이루어야 하는데 전혀 준비를 하지 못하고 있다.

⑤ 2013년 국가예산 340조원이다. 보건복지부 예산은 100조원인데 국방예산은 34조원이다. 보건복지부 예산 100조 원에서 30조 원을 줄여 이 30조원을 국방예산에 증액하여 64조원을 가지고 공중조기정보기와 전술핵무기, 스텔스기, 페트리어트 9개포대와 F35기 그리고 사거리 1,500km이상인 토마호크미사일, 크루즈미사일 등 각종 미사일 4,000기를 1년 30조 원, 5년 동안 150조 원을 가지고 구매하여 북한인민군의 공격을 방어할 수 있도록 준비해야 하고, 한국도 반드시 핵을 보유해야 우리가 산다. 이렇게 150조 원 이상을 가지고 첨단무기를 도입하지 않는다면, 미군이 남한에서 철수하면 북한 인민군의 남침과 남한의 좌파들의 데모로 인민군을 방어할 수 없어 국군은 싸움 한 번 해보지 못하고 6.25 때와 같이 남한은 망할 가능성이 많다.

한국의 미사일은 300Km밖에 없다. 적어도 1,000Km 탄도미사일은 있어야 하는데 미국이 중국과 일본은 허락해도 한국은 허락하지 않고 있다.

한국이 망한다고 해도 떠나버린 미군은 월남같이 한국을 돕지 않을 것이다. 이유는 미군 장교들은 박원순 서울시장이 앞장섰던 효순이 미순이 사건과 맥아더 장군 동상을 철거하려고 데모한 것을 너무도 잘 알고 있기 때문이다. 2011년 처음으로 남한은 공중조기경보기 1대를 구매하였고 앞으로 2대를 구매할 것이라고 하는데 나머지 2대는 어려운 것 같다. 또한 8조 3천억 원으로 최신항공기를 구매하고 5년 동안 2조 5천억 원을 증액한다고 한다. 그런데 최첨단 무기인 F35 항공사에서 금액이 적어 입찰을 포기하였다. 이러고서야 어떻게 인민군의 공격을 막을 수 있겠는가!

우리가 해야 할 일을 안 하고 2012년 6월 29일 한일정보보호협정을 하려다 여`야 국회의원과 국민들의 저항을 받고 연기하였다. 북한의 정보를 일본에 의지하려는 사대주의 근성에 젖어 이명박 정부에서 진행하고 있다. 현재 박근혜 정부에서 진행중에 있다.

⑥ 국군 공군의 F-5 전투기는 44년 된 기종으로 20여대가 있고, 노후종이 41%로 F-15 신형으로 교체하는데 한 대당 157억 원 정도가 필요한데 이 돈이 없어 F-5 기종으로 훈련하다 2000년부터 지금까지 25건의 사고에 조종사 29명이 순직하였다. 한국군 사이버 병은 500명 정도이나 북한은 3만 명이다. 이런 국방예산 가지고 어떻게 인민군의 공격을 막을 수 있겠는가! 세계 경제 10대 대국이 무슨 유익이 있겠는가! 이대로 가면 대한민국은 공산화 되지 않을 수 없다. 그런데도 여당이나 국회의원들은 국방예산을 늘려야 한다고는 않고 복지예산만 "더 늘리겠다." 하고 있고, 누구도 국방예산의 부족에 대해서 말하는 국회의원이나 정치가가 없다. 이상희 국방부장관이 국방예산 30조 원에서 30조 원을 더 늘려야 한다고 건의하였다가 이명박 정부에서 문책 사임하였다.

⑦ 그래서 북한과 좌파(진보)들은 한반도에서 미군을 철수시키려고 전력투구를 하고 있으며, 주한 미군철수 여론을 조성하기 위해 화해협력 무드를 조성하면서 남한 국민들이 북한에 대한 적대감이나 위기감을 갖지 않도록 대남심리전을 전개하고 있다.

이를 위해 햇빛정책으로 금강산과 개성 관광사업 및 개성공단을 시작하였고, 교류협력을 하자, 평화협정을 하자 하면서 '우리민족끼리'라는 민족 공조론을 내세워 남한 국민들을 현혹하고 있다. 대한민국은 사회주의로 기울어진지 이미 오래다.

북한이 남침하기 전 개성공단의 남한 사람들을 인질로 잡고 전쟁을 하게 되면 남한은 전쟁을 수행하기 어려워 개성공단의 남한 사람이 앞으로 문제가 될 가능성이 많다.

⑧ 그럼에도 불구하고 좌익정권 10년 동안 무려 8조원을 북한에 퍼주었고, 금강산사업 수익금 (현재까지 195만 명으로 1인당 20만원. 개성관광 1인당 10만원, 현재까지 9만 명. 무역 수익금 3,000억 원, 개성공단

1년 수익금 8,000만 달러.) 등을 퍼주어 다 죽어가던 북한을 살렸고, 북한은 이 막대한 돈으로 미사일과 핵을 개발하여 2009년 4월 5일 탄도미사일 발사 실험과 2차 핵실험을 하는 등 북한의 군사력이 크게 강화되게 하였다. 몇 년 전까지만 하여도 장사정포가 1,100문에서 몇 년 사이에 5,100문으로 군사력을 강화하도록 남한에서는 북한을 도왔다. 그러고도 모자라 남한 좌파들은 계속 북한을 돕자고 하면서 이명박 대통령의 대북정책을 비판하였다. 그런데 이렇게 막대한 금액을 도와준 대가는 천안함 피폭사건과 연평도 폭격사건과 사이버 공격으로 돌아왔다. 북한의 2011년 신년사에서 "이 땅에서 전쟁의 불집이 터지면 핵 참화밖에 가져올 것이 없다." 하였고, 2011년 11월 24일에는 "청와대를 폭파하겠다."라고 협박을 하였다.

⑨ 한국은 일본 침략에서 해방도 미군에 의해서, 6.25 인민군이 남침하였을 때도 미군에 의해서 인민군의 공격을 방어하였고, 60년 동안 북한 인민군을 방어해 주었는데 사대주의사상에 젖어 지금도 미군만 의지하는 한심한 나라가 되었다. 이제 우리도 국력이 세계 10위권 안에 들어갔다. 그러니 이제 미군 만 의지하지 말고 미군 철수를 대비하여 우리 국방은 우리가 해결해야 우리가 산다.

⑩ 대한민국의 부패다. 우리는 6.25 같은 동족상잔의 전쟁을 겪었으면서도 반성을 하지 않고, 그 때 당시의 부패처럼 현재도 부패가 극에 달하여 어떻게 해결할 방법이 없다. 부패는 결국에는 나라를 망하게 한다. 최순실 사건은 우리 국민이 얼마나 부패했는가를 잘 보여준 사건이다.

⑪ 해방 후에나 자유당 때나 장면 정부 때만 해도 지역감정은 없었다. 박정희 정부 때부터 시작된 지역감정은 전두환의 신군부의 5.18로 인해 지역감정은 극에 달하여 지금에 이르러서는 어떻게 해결할 방법이 없다. 지만원 씨 같은 극우파들은 동서 화합을 하려고 하지 않고 오히려 지역감정에 불붙인 다음 부채질을 해대고 있다. 결국 지역감정은 국가를 망하게 한다.

⑫ 보안법 폐지와 미군 철수를 주장하는 박원순 서울시장

박원순 서울시장은 좌파 시민단체인 참여연대를 조직, 사무총장이 되어 재벌들을 공격하여 재벌들은 박원순 변호사가 운영하는 아름다운재단에 후원금을 지원하였다. 그는 보안법 폐지, 미군 철수를 주장하였다.

제주4.3사건 진상조사보고서 작성기획단장 박원순 서울시장은 제주4.3사건 진상조사보고서를 가짜로 작성, 이승만 대통령과 국군과 경찰과 미군을 학살자로 만들어 대한민국 목을 친 자이다. 이런 사람이 어떻게 대한민국 서울시장이 될 수 있는가? 그 증거는,

㉠ 제주4.3사건 때 폭도사령관 이덕구가 대한민국에 선전포고한 것을 보고서에서 빼버렸고,

㉡ 제주4.3 폭도가 제주 주둔 국군을 공격하여 국군 14명(21명)이 전사함으로 국군이 폭도 토벌을 하게 된 동기를 빼버렸고,

㉢ 제주 9연대 좌파군인과 제주 좌파경찰과 공무원 등이 제주도를 적화하려 한 사실을 빼버렸다.

이상의 사건을 빼버리고 제주에 아무 잘못이 없은데 48년 11월 17일 계엄령을 내려 제주도를 초토화시켜 양민 13,000여 명을 학살하였다고 가짜보고서를 작성, 제주4.3사건은 폭동(내란)이 아니고 민중봉기(의거)라고 정의하여 젊은이들을 선동하고 있다. 박원순 서울시장은 가짜보고서를 작성한 책임을 지고 서울시장에서 물러나야 한다.

재벌들은 2001년부터 2010년까지 태평양 46억 원, 신한금융 9억 원, 포스코 8억 원, LG 8억 원, 현대모비스 8억 원, 교보생명 47억 원, 론스타 7억 6천만 원, 풀무원 12억 4천만 원, 한화 10억 원을 아름다운가게에 후원하였다.

아름다운가게의 후원금은 2000년 1억 원, 2001년 13억 원, 2002년 21억 원, 2003년 123억 원, 2004년 92억 원, 2005년 110억 원, 2006년 102억 원, 2007년 138억 원, 2008년 129억 원, 2009년 112억 원, 2010년 81

억 원 총 928억 원이다.(끝자리 숫자는 삭제함.)

재벌들이 좌파에게 엄청난 금액을 지원하고 있다. 어떻게 재벌들이 좌파에게 이토록 엄청난 금액을 지원해줄 수 있는가? 좌파들은 이 후원금으로 제주 해군기지와 한미자유무역협정 반대와 좌파시민단체를 도와 대한민국을 타도하려 하고 있다.

⑬ 19대 총선 네트워크에 참여한 1,000여개 좌파단체 중심세력은 ㉠ 참여연대 ㉡ 한국진보연대 ㉢ 민주노총 등 좌파단체들이다. 이들은 ㉠ 평택 미군기지 이전반대 ㉡ 한미자유무역 반대 ㉢ 미국산 쇠고기 수입 반대 ㉣ 제주 해군기지 반대 등 미국을 목숨 걸고 반대하는 단체들이다.

박원순 서울시장은 2000년 총선 시민연대에서 불법적인 국회의원 낙선운동을 해 대법원에서 벌금 50만원의 유죄판결을 받은 자이다. 좌파 총선시민연대는 낙선시킬 국회의원을 골라 집중 낙선운동을 하기 때문에 국회의원 출마자들도, 대선후보자들도, 재벌들도 이들의 눈치를 보기 때문에 대한민국이 좌로 기울어져 가고 있다.

이번 19대 국회의원 선거에서 박원순이 지원한 후보 12명이 당선되었다. 그리고 박원순은 2012년 6월 14일 6.15 공동선언 12주년 기념식을 후원하였다고 개회사도 하였다.

이러한 박원순을 안철수가 협조하여 서울시장이 되었다.

⑭ 2012. 4. 20 국회에서는 2015년 전시작전권 전환을 앞두고 11개월을 끌던 군 지휘구조 개편이 해당 국회의원 불참으로 무산되었다.

야당의원 : 신학용, 박상천, 정세균, 서종표, 안규백 등 5명이고,

자유선진당 : 심대평,   무소속 : 이진삼, 정미경

한나라당(새누리당) : 홍준표, 김학송, 송영선 등 3명이다.

참석자 : 새누리당의 원유철, 정의화, 유승민, 김동선, 김옥이, 김장수 등 6명이었으나 의결 정족수 부족으로 무산되어 북한 인민군이 2015년 후 남침하면 국군 전체의 지휘체제에 큰 문제가 발생, 적절하게 대응하기가 어려워졌다.

제3장
현재 북한의 실상

제3장 현재 북한의 실상

1. 북한 조선공산당

1945년 8월 22일 경 북한에 있는 조선공산당 대표들은 현준혁, 오기섭, 이주하, 김용범, 박정애, 장시우 등이었다. 이들은 숨어있던 공산주의자들을 선동, 각 도에 공산당 조직 확장에 나섰고, 치안대를 조직하여 무장하여 세력을 확장해 나갔다.

남한 조선공산당이 재건되면서 인민위원회를 조직하자 북한에서도 리 단위까지 인민위원회를 조직하였다. 이 인민위원회가 인민정치위원회로 명칭을 바꾸어 전국 조직을 해서 북한의 행정을 관리하였다.

1945년 9월 24일 김일성, 김책, 안길, 김일, 최현 등 40여 명의 빨치산 출신들이 소련 비야츠크에서 원산을 거쳐 평양에 도착하였다.

1945년 8월 25일 평양에 진주한 소련군은 김일성에게 적위대를 조직하게 하고 적극 지원하였다. 북한에서는 민족주의 조만식 선생의 자위대, 공산주의 현준혁의 치안대, 빨치산의 적위대 등 3개 단체가 조직되어 전국을 장악하려고 전력을 다하였다. 김일성의 적위대는 아무리 조직 확대를 하려해도 협력자가 없었다. 그러자 김일성은 북한 조선공산당을 흡수 통합하기 위해 북한 조선공산당 지도부인 장시우를 매수하였다. 그리고 김일성은 현준혁을 제거하려고 음모를 꾸며 소련 군정 정치사령관 로마넹코에게 현준혁이 조만식과 합쳐 우경화하려 하고 있다고 선동하였다.

1945년 9월 28일 평양시청 앞 도로상에서 장시우의 지시를 받은 적위대에 의해 현준혁이 저격당하여 사망하였다.

1945년 10월 12일 소련 군정사령관 치스차코프 대장은 현준혁이 암살당한 것을 명분으로 자위대, 치안대, 적위대를 해산하고 일체의 무기도 회수하고 보안대를 조직하여 보안대가 후일 인민군이 된다.

이로서 민족주의 세력과 북한 공산주의 세력은 무너지고 보안대를 중심한 김일성 세력만 성장하게 된다. 보안대 책임자인 김일성의 명령에 의해 전국에 보안대 조직을 하게 되어 2개월 만에 김일성이 북한을 장악하게 되었다.

중국의 모택동 출신의 연안파인 조선의용군 김무정, 김두봉, 최창익, 한무, 박효삼 등도 무장해제 시키고 개별적으로 오게 해서 김일성 보안대에 흡수시켜 버렸다.

1945년 10월 13일 조선공산당 책임자는 박헌영이며, 조선공산당 북조선 분국은 책임비서 대리 김용범, 제1비서 김일성, 제2비서 오기섭(조선공산당)이 되었다.

1945년 12월 16일~17일 제3차 북한의 조선공산당 중앙집행위원회에서 조선공산당 북조선 분국을 북조선 공산당으로 명칭을 바꾸었다. 이로 인해 박헌영의 밑에 있는 것 같았던 모습에서 벗어나 북한 조선공산당 책임자 즉 대표가 된 것이다. 즉 김일성이 북한을 완전 장악한 것이다.

1946년 1월 5일 김일성은 민족주의자 조만식 선생을 연금시켰다.

1946년 2월 8일 김일성은 북조선 임시 인민위원회를 조직, 전국을 장악하였다. 인민위원회 위원장 김일성, 부위원장 김두봉, 보안국장에 최용건 등 17명의 각료가 임명되어 공산당원으로 공산당 단독정부가 세워졌고, 46년 3월 화폐도 발행하여 국가가 된 것이다. 1948년 2월 8일 보안대가 조선인민군으로 창설되었다.

1948년 9월 9일 조선민주주의 인민공화국을 선포하고 김일성이 북한의 수상이 되었다.

2. 북한 주민의 성분조사와 숙청

1) 김일성이 11만 대병과 240대의 전차를 동원해 남한을 점령하기 위해 남침했으나 작전실패로 비참하게 패하여 인민군이 압록강 두만강까지 도망치자, 백전백승의 김일성 장군의 전설이 무너져 북한주민들과 인민군들은 김일성에 대한 원망이 노골적이었다.

국군이 북진하자 당원증 소지자 75%가 당원증을 버렸고, 국군과 미군을 환영하였으며, 50년 10월 29일 이승만 대통령이 평양 시청 앞에서 연설할 때는 10만 군중이 이승만 대통령 만세를 부르며 환영하였다.

흥남에서는 10만 이상이 월남하였고, 평양 주민 등 북한주민들도 천만이산가족이 월남할 정도로 사회주의를 싫어하였다.

북한의 공장은 거의 파괴되고, 집과 도로도 파괴되고, 인민군과 일반인 320만 명이 죽게 되자, 김일성에 대해 원망이 보통이 아니었다. 김일성은 인민군을 앞세워 남한을 공격 남침하여 얻은 것보다 엄청난 손실을 보았다.

① 패전의 책임을 반드시 누구에게 뒤집어 씌워야 김일성이 살아남을 수 있을 정도였다. 50년 12월 21~23일 강계 제3차 전원회의에서 김일성은 패전의 책임을 물어 문화국장 김일과 임춘추를 당에서 제명하고, 허성택, 박광희 등을 해임하였다. 김일성은 남로당 대표 박헌영과 그 부하들에게 미국의 간첩이었다고 패전의 책임을 뒤집어 씌워 숙청하기 시작하였다.

52년 12월 15일 김일성은 박금철을 통해 남로당 간부 이강국 외 12명을 체포 조사하게 하였다.

53년 8월 6일 남로당 간부 이강국 외 12명의 간부를 숙청하였다.

53년 2월 7일 박헌영이 감금되었고, 55년 12월 15일 박헌영은 사형선고를 받았다.

56년 4월 박헌영을 사형집행을 하려고 하자 소련에서 반대하여 3월에 처형하였다.

② 1956년 8월 상무상 윤공흠 등, 최창익, 박창옥, 서휘, 이필규가 김일성의 개인숭배에 대해 비판하자 출당조치 하였다. 그러자 중국과 소련에서 반대하였지만 결국 이들을 숙청하였다.

1955년 12월 28일 김일성은 주체라는 용어를 처음 사용하였고, 56년 8월 종파사건에서 주체사상을 내세워 중국과 소련을 의지하던 반당종파분자 수정주의자 교조주의자 사대주의자라고 비판 숙청하였다. 숙청자들을 보낸 곳이 노동자 수용소였다가 현재 정치범 수용소가 되었다.

③ 소련파 허가이, 연안파 2군단장 김무정 그리고 김두봉 등도 숙청하였다. 장평산 등 연안파 장군들이 김일성을 제거하려다 실패하고 비참하게 숙청되었다.

④ 1967년 3월 박금철, 이효순, 김도만, 고혁 등 갑산파가 군사력 강화보다 주민들의 먹고 사는 것에 경제를 힘쓰자고 비판했다가 숙청되었다. 70년대까지만 해도 북한이 남한 보다 잘 살았다. 아파트도 북한이먼저 건설하였다. 그런데 1980년대부터 남한에 뒤떨어지기 시작하였는데 그 이유는 남한에서 88올림픽을 개최하자 북한에서는 제13차 평양세계청년학생축전대회를 개최하면서 무리하게 투자를 하여 회복할 수없게 되었다.

⑤ 1968년 6.25참전 장군들인 박춘일 중장, 방호산 6사단장, 장평산평양방위사령관 등 30여명의 연안파와 참모장 유성철 중장, 최표덕 중장, 한일무 중장, 김일 소장, 박길남 소장, 장철 중장 등 소련파, 최종학상장, 김열 중장, 정학중 소장, 김철우 소장 등을 처형하였고, 김광협(2군단장), 최광(1사단장), 이영호(3사단장), 석산(상장) 등 6.25참전 장군들이 힘이 강해져 김일성은 위협을 느꼈다. 김일성은 이상 75명이 남침패전에 대해서 제일 잘 알고 있어 숙청하였다. 김일성은 중국의 연안파, 소련파, 갑산파, 남로당파 군부실세를 완전히 숙청하여 독재 길을 가고있었다.

⑥ 남일은 6.25 휴전회담 때 북한의 대표였다. 그는 교육상, 외무상, 부총리 등을 역임하였고, 러시아 국적을 가지고 있었다.

1976년 평안남도 안주 고갯길에서 남일 부총리 차가 대형화물차에 깔려 남일은 죽고 말았다. 북한 안주는 자동차가 많이 다니지 않는 곳이기에 자동차 충돌이 있을 수 없다. 남일은 러시아 파라고 하여 북한 정보부의 감시를 받아왔는데 아예 죽여 버린 것이다. 1970년대 안주에 대형 석유화학공장을 남일이 주도하여 공사를 하고 있는데 성공리에 완성되면 김일성과 김정일보다 북한 주민들이 남일을 더 존경 할지 모르기 때문이었을 것이다.

김일성과 김정일 앞에는 누구도 권력으로 대항할 자가 없다. 이렇게 숙청하여 김 씨 왕조 독재국가를 만들어 국민들에게 대를 이어 충성하게 하고 있다.

박지원은 "김정은 세습은 북한에서 그게 상식이다"라고 지지를 하고 있고, 임동원은 "박식하고 머리 회전이 빠른 인물", 이재정은 "김정일 위원장의 통치 역량이 북한 내외에 입증했다", 문정현 신부는 "김일성 장군님 조금만 오래 사시지 아쉽습니다." 하였다. 오종렬은 "김일성은 자주와 평화통일을 위해 힘써왔다"고 하였다.

2011년 4월 남한 국회에서 북한 인권법을 통과시키려 하자 민주당 원내대표 박지원과 법사위원장 우윤근 등이 반대하여 5년 째 통과시키지 못하고 있는 실정이며 이해찬은 내정간섭이라 하고 있다.

2) 6.25 한국전 패전으로 북한전 지역이 초토화가 되자 김일성의 독재가 위협을 받고 있었다. 이것을 수습하기 위해 1958년 12월부터 2년에 걸쳐 주민사상과 성분조사를 집중으로 조사를 하였다. 조사내용은 ① 월남가족 ② 전쟁포로 귀환 ③ 국군 북진 때 반공단체 가입 및 환영 자 ④ 김일성 독재 체제에 비판자 등을 조사, 남로당 5만 명의 가족 등 반혁명분자라고 분류, 투옥, 처형, 추방 및

300만 명을 탄광과 수용소에 보내 김일성 독재와 김일성 우상화를 강화하였다.

3) 1966년 4월부터 3년간 다시 주민등록을 실시하였다.

이때 당사자와 3대까지 그리고 8촌까지 성분조사를 하였다. 이 조사에 따라 전 주민을 3단계로 구분 ① 핵심계층(특수계층) 11개 분류 ② 기본계층(동요계층) 월북자와 일본에서 살다가 북송자 93,340여명 등 14개 부류 ③ 복잡계층(적대계층) 친일파, 월남가족, 기독교 및 종교인 등 26개 부류로 분류하였다.

1959년 12월 14일부터 1984년까지 일본에서 살고 있는 조총련(북한을 좋아하는 공산주의자) 93,000여명이 북한으로 갔다. 제주도 출신 고정미 씨도 부모와 같이 4형제가 북한으로 갔다. 2003년 북한을 탈출한 고정미 씨는 "북한과 조총련의 사기에 동포 9만여 명이 속아 넘어간 유괴사건"이라고 하면서 북한에서의 삶은 상상을 초월한다고 하면서 조총련을 상대해서 법정투쟁을 벌이고 있다. 그녀는 북에서 신의주 제2사범대학을 졸업한 체육대학 선생이었다. 위의 사건으로 볼 때 만일 북한 인민군이 남한을 점령한다면 남한의 좌파들은 자유와 풍요로움 가운데 살면서 데모를 밥 먹듯이 했기 때문에 김정은은 남한의 좌파를 그대로 두지 않고 모두 숙청할 것이다.

4) 1973년 김정일 세습독재 체제를 강화하기 위해 주민등록(공민증)을 다시 실시하여 재조사를 하였다.

이상과 같이 조사 성분에 따라 북한 주민의 진로와 삶이 결정되고, 학교진학, 군 입대, 결혼까지 결정된다.

성분이 나쁜 적대계층은 인민군 입대도 못한다. 인민군 입대는 핵심계층과 기본계층만 할 수 있다. 북한은 병원도 계층별로 다르다. 백화점도 적대계층은 물건을 사기가 어렵다. 북한 사회주의는 핵심계층 즉 특수계층만 살 수 있는 곳으로 평등사회가 아니며, 적대계층은 김정일의 노예이다. 적대계층의 죽음에 대해서 북한 정부는 크게 문제 삼지 않고 있다. TV에 나오는 북한 주민은 이 특수계층의 사람들이다.

3. 북한 주민의 일생

1) 1946년 6월 6일 조선 소년단 창설

7~13세 초등학교에서 고등중학 학생입단 목에 머플러를 두르고 다니면서 "공산주의 후비대가 되기 위해 항상 배우며 준비하자 그리고 한반도 적화통일의 혁명투사가 되자" 하며 자신을 철저히 혁명화 하고, 항상 "어버이 수령님 감사합니다."라고 복창하면서 살고 있다.

2) 1946년 1월 17일 북조선 민주 청년동맹이 창설되었다.

1964년 5월 12일 사회주의 노동 청년동맹으로 개칭하고 약자로는 사로청이라고 한다.

14세~30세 청년입단, 중학생 이상 입단, 김일성 공산주의 사상과 김일성의 노작연구 혁명의 승리를 위해 투쟁, 남조선을 점령, 통일하자고 외치며 살고 있다.

3) 1970년 9월 붉은 청년 근위대 창설
• 노동 적위대 - 군 제대자
• 교도대 - 3급 이상 고위직, 기업소 근무자, 대학생
• 붉은 청년근위대 - 고등학교 졸업반 이상 학생

이들은 김일성의 혁명 사상학습과 교시 김정일의 노작학습을 뼈와 살이 되게 외우고 실천하며 김일성의 항일투쟁을 실천 김일성의 친위대 군 초급간부화, 후비대, 결사대가 되어 있다.

김정일의 세습독재를 위해 호위하는 인민군을 호위총국이라 하는데 호위총국 사령부에는 인민군 10만 명이 있다. 그래서 북한에서 고난의

행군 때 300만이 굶어죽어 비참한 현실을 보고도 김정일을 타도하지 못하고 폭동도 일으키지 못하고 있다. 인민군은 노동당의 군대이며, 김정은을 위한 군대이다. 중동의 민주화 시위가 북한에는 올 가능성은 없다.

4. 어버이 수령 김일성과 김정일과 김정은

1) 1955년 박헌영을 숙청하려 하자 소련에서는 이를 반대하고 소련파 허가이, 모택동이 신임하는 김무정, 김두봉의 연안파 등을 숙청하는데 소련과 중국에서 간섭이 많아 숙청이 어려워지자 이를 저지하는 방법으로 우리 일을 우리가 알아서 한다하면서 처음 주체사상을 내세워 이들을 숙청하였다.

주체사상이란 김일성은 모든 문제를 독자적으로 자기 나라의 실정에 맞게 그리고 주로 자체의 힘으로 풀어 나가야 한다는 원칙을 견지한다는 것 즉 혁명과 건설에서 창조적 입장과 자주적 입장을 주장하면서 ① 사상에서 주체 ② 정치에서의 자주 ③ 경제에서의 자립 ④ 국방에서의 자위를 주장하였다.

이는 김일성이 반대세력을 숙청하는데 이용하면서 사상 쪽으로 김일성 독제체재와 유일체제를 확립하였고, 대를 이어 김정일이 김 씨 왕조체제를 이어 가는 사상이 되었다. 사상적으로 누구도 김일성·김정일·김정은에게 도전을 못하게 하는 사상이다. 그런데 남한 좌파들은 주체사상에 미쳐 있다.

2010년 9월 28일 김정일은 3남 28세의 김정은에게 국방부위원장에 대장이라는 직함을 주어 후계자로 결정하였고, 북한 노동당 대표 124명은 박수로 지지하고, 참모장 이영호, 무력부장 김영철이 같이 박수를 쳐 21세기 세계 역사에 없는 3대 김 씨 왕조가 탄생하였다.

2) 북한에서는 부모로부터 받은 육체의 생명과 김일성 수령으로부터 받은 정치적 생명 등 두 가지라고 주장한다. 육체의 생명은 끝이 있으나 수령으로 받은 생명은 끝이 없다고 가르치고 있다. 이 교육이 김일성을 신격화하는 내용이다.

그래서 김일성의 시신을 땅에 매장하지 않고 미라로 만들어 금수산기념궁전에 있게 하였다. 그리고 김일성이 죽자 만수무강 탑을 영생 탑으로 이름을 바꾸어 김일성은 죽지 않고 영원히 살아 있다 하며 아무나 들어가지 못하고 특별한 공로를 세운 사람이거나 북한에 많은 도움을 준 외국인만이 들어갈 수 있다. 그래서 북한에서는 년대를 서기를 쓰지 않고 김일성 탄생 주체 99년, 2010년이라고 하며 예수와 동격으로 하고 있다. 4월 15일을 태양절이라고 하는 말은 김일성을 태양이라고 부르기 때문이다. 북한에서는 김일성 생일을 모르면 바로 정치범사상수용소에 가야 한다.

북한에서는 접견 자와 교시 대상자가 있는데, 접견 자는 김일성이나 김정일을 만난 사람이고, 교시 대상자는 김일성이나 김정일이 칭찬하는 말에 오르는 사람을 말한다. 이들은 북한에서 최대의 대우를 받는다.

3) 1974년 김정일은 10대 생활 원칙을 발표하였다. 내용은 종친회나 향우회나 동창회가 없으며 사제지간에도 관계를 맺을 수 없다. 그리고 북한에서는 족보가 없다. 오직 김일성의 핏줄만 존재하며, 어버이는 오직 김일성뿐이다. 북한에서는 오직 김일성 족보밖에 없다. 북한 인민은 오직 김일성의 자녀이다. 그러므로 한 부모를 가진 인민들은 어버이수령 만을 믿고 따르며 죽을 때까지 충성 효도해야 한다.

북한의 헌법서문에 '김일성 동지는 조선민주주의 인민공화국 창시자이시며 사회주의 조선의 시조이시다.' 라고 하였다. 북한은 공산주의도 사회주의도 아닌 김일성 수령의 주체사상주의 김일성 사이비 종교집단이지 국가가 아니다.

금강산 이산가족 상봉 때 북한 사람들은 모두가 "어버이 수령님이 도 와주셔서 지금까지 잘 살고 있다."라고 하는 말을 방송을 통해 듣고 남 한 사람들은 "어떻게 모두 똑같은 말을 할 수 있을까?' 하고 이해하지 못 하였다. 북한은 남한 사람들의 사고방식으로는 이해할 수도 믿을 수도 없는 국가이다.

김일성과 김정일 생일 외에는 누구의 생일도 지켜서는 안 된다. 자녀 들이 부모의 생일을 축하하려면 저녁 식사 때 음식을 장만하여 도둑생 일을 지내야 한다. 음식이라고 해보았자 배급 쌀에서 한 주먹씩 아껴두 었다가 만든 송편을 식구대로 1개씩, 강냉이 섞은 밥, 콩나물, 두부국, 김치, 산나물이 고작이다.

식량 낭비를 막는다고 결혼식 참석 인원이 20명 이상 모이지 못하게 하였다. 음식을 만들 재료도 없지만 음식을 많이 장만하는 것을 금지하 였다. 결혼식에는 주례사가 없고 "어버이 수령님의 품속에서 오늘 우리 사회의 새로운 세포인 가정이 또 하나 생기게 되었습니다. 이들은 생명 의 마지막 순간까지 수령님께 충성을 다함으로써 수령님의 배려에 보 답해야 하겠습니다.

이 자리에 모인 여러분 이들이 위대한 수령님의 근위대 결사대로써 자기들의 사명을 다하도록 도와주고 이끌어 주어야 하겠습니다." 이것 으로 결혼식은 끝나고 결혼식 잔치는 소주 한 잔에 냉면 한 그릇 먹으면 끝이다.

5. 김정일의 10대 원칙

김일성은 64세 때인 1974년 7월에 32세인 김정일에게 정권을 넘겨주 었다. 그리고 김일성은 1994년에 사망하였다.

김정일이 1974년 김일성으로부터 권력을 넘겨받으면서 당의 유일사상체계 확립의 10대 원칙 65개 항을 발표하였다. 이것이 북한의 실제 법이지 북한의 헌법은 대외 선전용으로 이중구조로 되어 있다. 그러므로 북한의 헌법을 논하는 것은 북한에 대해 모르고 하는 소리이다.

▶ 김정일의 10대 원칙은,
1) 위대한 수령 김일성 동지의 혁명사상으로 사회를 일색화하기 위하여 몸 바쳐 투쟁해야 한다.
2) 위대한 수령 김일성 동지를 충성으로 높이 우러러 모셔야 한다.
3) 위대한 수령 김일성 동지의 권위를 절대화 하여야 한다.
4) 위대한 수령님의 교시를 신조화 해야 한다(교시가 법이다)
5) 위대한 수령님의 교시는 무조건성의 원칙을 철저히 지켜야 한다.
6) 위대한 수령님의 전당의 사상의 지적 통일과 혁명적 단결을 강화해야 한다.
7) 생략
8) 위대한 수령님의 크나큰 정치적 신임과 배려에 높은 정치적 자각과 기술로써 충성으로 보답하여야 한다.
9) 위대한 수령님의 전당, 전민, 전군이 한 결 같이 움직이는 강한 조직 규율을 세워야 한다.
10) 혁명위업을 대를 이어 끝까지 계승하여 완성하여 나가야 한다(혁명위업이란 남한을 완전히 점령한다는 뜻이다.)

김정일은 김일성과 김정일 자신을 신격화해서 이상과 같이 십계명을 발표하였다.
"수령은 오직 자기 직계에서만 계승되니 어느 누구도 될 수 없다!' 하고 김일성·김정일·김정은 김 씨 왕조 독재정부를 세웠다.
북한의 전 주민은 이 십계명을 생활신조로 삼기 때문에 암송해야 한다. 북한 주민들은 김정일의 십대 원칙을 기본으로 해서 무엇을 잘못하였는지, 앞으로 어떻게 할 것인지 자기비판을 하고 또 남을 비판해야 한다. 그리고 김일성 · 김정일 교시를 무조건 복종해야 한다.

북한은 헌법보다 김일성 · 김정일 10대원칙과 교시가 우선이다. 이를 위반 시 배급 쌀을 중단하거나 수용소로 보낸다.

이상으로 김일성 · 김정일을 신격화한 사이비 종교 집단이기 때문에 개방을 하면 신격화된 것이 모두 거짓말이 되어 북한이 무너지기 때문에 개방을 못한다. 개방을 못하기 때문에 경제가 성장할 수 없다. 북한과는 어떠한 평화협상도 정상적인 남북교류도 민족공조론도 불가능하고 핵문제 협상도 절대 불가능하다.

좌파들은 혁명을 위해서는 거짓말을 하나의 도구로 사용하기 때문에 좌파들의 말을 믿어서는 절대 안 된다.

김정은은 개방할 것 같은 인상도 보인다.

6. 특수학교와 학생사상 교육

1) 만경대 혁명학원
만경대학원 입학자격은 ① 혁명열사 유가족 ② 특권층 당 · 정 · 군 · 고위직 자녀교육을 위해 1947년 10월 12일 설립하였다. 초등학교 졸업 후(인민학교) 입학, 7년제 중 · 고학년제이다. 즉 귀족학교로 여기 출신들이 북한을 장악하고 있다. 김정은이 제일 먼저 방문한 곳이며, 김정일도 이 학교를 나왔다.

2) 평양외국어학원
6년제 중 · 고등 과정이며 각 시 · 도에 수재들만 뽑아 교육하는데 여기서도 물론 특수계층만 입학 자격이 주어진다.

3) 영재교육

1984년 9월 설립, 김정일이 다녔던 남산학교를 헐고 새로 건축하여 평양제일고등학교로 건축하였고 그 후 남포·개성·청진·예산 등 전국에 12개교가 있는데 고등학교 학제이다. 여기야말로 특수계층 자녀만 입학 자격이 있다.

• 학생들은 4월 25일~7월 10일까지 모내기 전투를 한다. 그리고 9월 9일부터 10월 8일까지 추수전투를 한다. 초등학교 4주, 중학교 8주, 고등학교 12주, 대학교 14주를 노동전투를 해야 한다.

② 학생들은 백두산 혁명 전적지 답사를 해야 하고 "원수님 배움의 천리길을 따라 배우자"고 외친다. 대학생은 평양 → 개천 → 희천 → 강계 → 후칭을 지나 백두산까지 행군한다.

③ 북한의 모든 학생은 "조선 혁명을 위하여(남한 점령) 조선사회주의 공산주의를 건설하기 위하여" 배운다. 김일성과 김정일의 교시 이것이 북한의 교육 목표이다. 그리고 김일성사상이 투철한 혁명 전사를 길러내는 것이다. 그러므로 학생들을 가르칠 때 즉 수업시간에 반은 사상교육, 반은 지식교육을 실시한다.

선생이나 교수들은 6개월 분량의 강의안을 준비하여 학과장의 비준을 받아야 강의를 할 수 있다. 강의안을 작성할 때는 김정일의 10대 원칙 그리고 교시 그다음 주체사상과 이에 맞는 지식 교육 안을 작성해야 한다.

사상교육은 수령을 기쁘게 하는 일과 수령을 위해서 내 한 목숨 기꺼이 바치겠다는 충성심 교육이다. 다음은 "미제의 식민지 군사기지가 된 남조선을 해방시키기 위해 전쟁은 불가피하다. 그리고 전쟁은 반드시 승리해야 한다." 라고 교육한다. 미국에 대한 적개심과 증오심을 갖도록 교육한다. 남조선은 착취 계급인 자본가 지주 반동관료들을 경멸 소탕해야 한다고 교육한다. 사람은 교육시키는 대로 행동한다. 그래서 교육같이 무서운 것이 없다. 또한 북한은 김정일이 죽어도 붕괴되는 일은 없을 것이다.

4) 북한이 남한을 점령하는 것이 그들의 지상과제라고 하면서 이것이 꿈이요 교육 목표라고 한다. 그래서 북한에서는 남한 점령 3가지 원칙을 수업시간마다 교육한다.

• 남한에서 미군을 몰아내야 한다. 이를 위해 북한 주민들에게 반미 감정을 철저히 교육시킨다. 반미 감정을 교육하면서 6.25 한국전쟁을 왜곡 교육시킨다. 6.25 한국전쟁 때 미군 때문에 인민해방전쟁이 좌절되었고 미국이 남한을 식민지 군사기지로 점령, 북한을 위협하고 있다. 미군이 남한에 남아 있는 한 남한 점령은 어렵다고 교육한다.

② 남한 점령은 외세의 간섭이 없어야 하고, 평양이 중심이 되어야 한다. 조선 민족은 5천년 동안 찬란한 역사와 문화를 지닌 슬기로운 단일 민족이며, 남의 나라를 침략한 일이 없는 정의로운 민족이다. 조선 민족 조상은 단군이며 평양에 단군 묘가 있는 만큼 평양이 조선의 중심이었고 앞으로도 평양이 중심이 되어야 한다.

③ 해외의 기독교인을 통일 전략에 활용한다. 이 전략에 의해서 1980년대부터 교회와 신학교를 세우고 성경책과 찬송가를 발간하였다. 이것은 해외 기독교와 남한의 진보 성향의 기독교인을 북한에 초청하여 아리랑 공연을 보여주고 금강산도 구경시켜 주고 북한의 우월성을 선동해 지지를 받고 남한의 보수 목사들을 공격하게 하고, 경제적인 지원을 받기 위한 전략이다. 여기에 속아 많은 해외 기독교와 남한 기독교 목사들과 교인들이 북한에 송금해주고 있다. 남한의 보수 목사들이 친북좌파 목사들의 공격 대상이 되었다. 그래서 남한의 기독교 뿌리를 뽑으려 비판하고 있다.

5) 북한은 남한을 점령하는 데는 전쟁이 아니고는 불가능하다고 보

면서 언젠가는 희생이 따르더라도 전쟁은 필연적이라고 주장하면서 전쟁에 대하여 철저히 연구 준비가 끝났다.

북한은 두 가지 전략이다. 즉 남한에 종북파를 양성하여 선거를 통하여 합법적으로 남한을 종북파로 완전히 점령하는 목표와, 시기가 되면 무력으로 점령하는 전략이다.

모든 군사 시설을 지하로 하여 미군의 폭격에 대비하였고, 전국을 철벽 요새화하고, 인민군의 복무 기간도 7년-10년으로 연장하고, 전군 전민을 철저히 무장시켜 수령의 명령만 기다리고 있는 상태이다.

북한은 핵무기, 미사일, 방사포, 사이버 공격군이 있어 남한 점령을 자신하고 있다. 2014년경에는 미사일에 장착할 수 있는 핵탄두 개발이 완성되어 실전 배치하게 될 것이다. 그러므로 실전 배치되기 전에 영변 핵시설을 초토화 시켜야 우리가 산다. 만일 핵탄두 개발이 성공하면 남한과 일본과 미국은 위협받는다. 남한 침략전쟁을 미군 식민지에서 민족해방전쟁이요, 조국을 수호하는 정의전쟁이므로 북한은 반드시 승리한다고 장담하면서 학생들과 인민군과 북한 전 주민을 철저히 교육시키고 있다.

그리고【우리는 수령님께 기쁨을 드리기 위해 일하며 산다. 수령님을 위해 죽어도 영광 살아도 영광이다. 수령님을 위해 한목숨을 기꺼이 바치자. 수령님을 정치 사상적으로 목숨으로 옹호 보위하자】하면서 가슴에 새기며 수령님을 위해 목숨을 바쳐 살기로 작정하고 살고 있다.

7. 북한은 오로지 김일성 일가만 위하여

1) 김정은 집무실은 조선노동당 중앙청사 85호실이고, 16대기실 지하 사무실이 있고, 관저는 4개가 있다. 여기에는 기쁨조 가무 공연장이 3곳

이 있다. 인민무력부(국방부)가 있는 서평양역 부근의 야산에 200미터의 굴을 파서 지하에서 초기 전쟁을 지휘하는 곳을 만들었고 초기가 지나서는 용성역 관저는 전쟁을 지휘하는 비상시 최고사령부이다. 여기는 대지가 10만 평이 넘는다. 김정은은 본 차가 있고, 대기차가 번호판 없이 100대가 항시 대기하고 있다. 원산 초대소, 함경남도 낙원군 72호 별장, 흥남구역 37호 별장, 강원도 송도원 향산 1별장, 황해남도 신천군 향산 2별장, 남포시 달천 별장, 황해북도 정산반 별장, 함북도 경성 별장, 양강도 삼지연 별장, 남포시 창성 별장, 평안남도 평성시 자모산 별장, 양강도 백두산 별장 등 모두 33개소이며, 북한 땅의 1/4을 차지하고 있고, 북한 전력의 50%를 별장이 사용하고 있다. 양강도 삼지연 별장은 미군의 폭격에도 견딜 수 있도록 지하요새로 만들었고, 터널을 통해 중국과도 연결되어 있어 여기에서 전쟁을 지휘하다 불리하면 만주 중국으로 피신, 전쟁을 계속 지휘할 수 있도록 준비되어 있다. 별장은 김정은의 허가 없이는 누구도 들어갈 수 없다. 1개 별장을 운영하는 데는 직원만 약 200명, 가족까지 합치면 600여명이 필요하다. 북한 노동당의 당 고위층도 김정은 별장의 위치를 모르며, 이렇게 많은 별장이 있는 것을 모른다.

2008년 33개 별장 보수비만 434억 원이 사용되었고, 요트 2척에 268억 원을 들여 구매할 정도로 북한은 오직 김일성 일가족을 위한 국가이며, 남한을 점령하기 위한 목적 등 두 가지뿐이다.

김정일은 유명 양주를 좋아했다. 특히 한 병에 650달러(75만원) 하는 에네시 꼬냑을 즐겨 마셨다. 김정일 총 재산은 300억 달러로 추정하고 있다. 이 재산을 아들에게 넘겨주었다.

대부분 별장에는 승마장, 사격장, 눈썰매장, 수영장, 식용양어장 등 초호화 별장이다. 김정일이 다른 곳으로 이동할 때는 굴을 통해서 지하 통로를 통해서 하며 김정일 모습과 똑같은 사람 3명이 동시 이동을 하기 때문에 김정일의 이동을 정확히 파악하는 데는 어려움이 있다.

김정은을 위한 관저와 별장을 2010년 1,734억을 들여 공사하고 있다. 북한이 경제가 어려워 곧 붕괴될 것이라고 주장하는 자들은 북한을 너무 모르는 자들이고, 남한을 방심하게 하는 좌파들의 전술이다.

북한이 경제적으로 견디기 어려우면 일본과 국교 협상을 하면 일본은 수십억 달러를 보상해주려 하고 있으나 북한은 이를 거절할 정도로 여유가 있고, 북한이 경제가 어려워 붕괴될 정도가 되면 중국이 가만히 보고만 있지 않는다. 그 증거가 6.25 때 중공군이 한국전에 참전하였고, 김정일이 죽자 곡식 50만 톤을 북한에 지원해 주었다. 그러므로 북한이 경제가 어려워 붕괴되는 일은 없을 것이다.

북한 사람들이 먹지 못해서 다 죽어가는 사진을 보이며 북한은 이렇게 어렵다고 선전하지만, 남한도 쪽방에 사는 사람들이나 노숙자들의 사진을 찍어 보이면 곧 망할 것 같고 거지나라 같이 보일 것이다.

2) 김일성 동상이 북한에서는 3만 개가 넘는다. 평양을 방문하는 외국인의 일정은 평양시 중심 언덕에 세워진 27.4미터 높이의 김일성 동상에 참배하고 난 후 자기가 머무는 호텔로 갈 수 있다. 그리고 북한에서는 어른이 되면 누구나 김일성 배지를 가슴에 단다. 이것은 김일성은 나의 심장과 같으며 어디서나 김일성이 도와주고 있다는 증표로 달고 다닌다.

3) 북한 주민은 하루에 2시간 이상 김일성의 저서와 덕성 자료에 대해 학습해야 한다. 북한에서는 TV와 라디오 채널이 고정되어 있다. 북한 주민들은 북한이 지상 낙원이라고 외치고 산다. 일반 경찰은 물론 비밀경찰, 비밀정보원들이 거미줄 같이 연결되어 정보정치, 공포정치, 배급정치 노예정치를 하기 때문에 이상의 일에 적극 협조하지 않고 약간의 반대 기색만 있으면 쥐도 새도 모르게 처단된다. 북한에서는 김일성 왕조를 전복시키려는 폭동은 불가능하다.

북한 주민들은 속으로 하루 만이라도 인간답게 살다 죽었으면 소원이 없겠다고 한다. 또한 북한 사람들은 금강산을 가본 일도 없고, 남한 사람들이 금강산 구경하러 가는 것도 모르고 산다. 김정일 별장이 그렇게 많이 있는 것도 모르고, 초호화판으로 사는 것도 전혀 모른다. 그리고 정보를 수집할 수도 없고, 신경 쓸 시간도 없다. 그들은 살기가 어려우니 이판사판으로 차라리 전쟁이 나기를 소원하고 있다.

북한에는 요즘에 들어서야 휴대 전화가 300만대 정도가 있고 스마트폰이 10만여 대 있는데 일반인이 휴대 전화를 하다 들키면 즉시 수용소로 가게 된다. 이유는 이 휴대 전화로 북한의 모든 정보가 남한의 탈북자에게 오기 때문이다. 휴대전화를 판매해서 북한 정부는 엄청난 이득을 보았으나, 젊은이들이 평양 김일성 광장에 모이자 하면 모일 정도로 위력을 갖고 있어 또한 고민거리이다. 컴퓨터는 대학에만 있는데 현재는 많이 보급된 상태이다. 가정집에는 전화도 없다.

북한에서 남한으로 온 탈북자는 2016년 현재 3만여 명이다. 북한 탈북자들이 북한에 송금한 금액은 1년에 200억~300억 원 정도 되어 함경북도와 자강도 주민들이 굶어 죽지 않고 있다.

4) 김정일과 김정은 집에서 기르는 애견과 사료, 목욕용품, 수의약품 등 수입에 매년 10만~20만 달러를 지출하고 있다고 한다. 그리고 김정일은 2009년~2010년 미국에서 제트스키 10대와 러시아의 대표적인 말 오르로프 트로터를 구입하여 사치생활을 하고 있다. 2009년 중국에서 조니워커 등 고급위스키 200병을 구입하고 프랑스에서 600병을(1병에 30~40만원) 수입해 연회통치 즉 측근들 비위를 맞추는 회식자리에서 그들을 대접하며 권력을 연장해가고 있다.

2011년 12월 17일 김정일은 심근경색으로 사망하였다. 그가 죽은 이유는 술을 너무 많이 마셔서 뇌경색이 재발하였을 것이라고 한다. 김정일 시신 방부처리와 영구보존 관리비만 1년에 20억 원 이상이 든다. 2012년 김일성 100주년 생일잔치에 190억 원, 김정일 동상 제작에 44억 원의 비용이 들었다고 한다.

8. 기독교 박해

1950년 6월 24일 북한은 인민군이 남침 전 전쟁 수행에 지장을 줄 목사들 100여명을 검거 구속하였다. 이 목사들은 46년 3월 무상 몰수 무상 분배의 토지개혁 때 교회 부동산을 몰수하려는 것을 반대한 목사들이다. 기독교 신학교 이성휘 목사, 남문외교회 이학봉 목사, 동평양교회 허천기 목사 그리고 최지화 목사, 우성옥 목사, 유계준 장로, 송정근 목사, 김하원 목사, 홍화순, 장연성, 이성철, 강문구, 김태복 목사 등과 신현교회 이유택 목사, 신암교회 김길수 목사, 김인준 목사, 정일선 목사, 현병찬 목사, 김철훈 목사, 이피득 장로, 윤창덕 목사, 김화식 목사, 배덕영 목사, 신석구 목사, 권위봉 목사, 김인준, 김철수, 김진수, 안석순, 조춘일, 이응교, 김익순, 지형순, 김봉규, 이순도, 백낙선, 오기천, 임기주 목사와 조만식 장로 등 이들은 국군이 북진할 때 1950년 10월 15일 전원 학살당하였다.

목사들의 죄목은 "미 제국주의 앞잡이로서 첩자." 라는 것이었다. 북한 전 지역은 목사가 연행되어 예배를 드릴 수 없어 자동 해산 위기에 처하였다.

1950년 10월 19일 국군1사단이 평양에 입성할 때까지 평양에는 불과 몇 교회가 예배드릴 정도였으나 1950년 12월 국군이 북한에서 후퇴하면서 북한 기독교는 선교 60년 만에 공산주의에 의해 뿌리가 뽑히고 말았다.

1950년 6월 말부터 강제 북송된 목사는,

김예진(53세. 후암교회) 유동희(44세) 유종학(63세) 등 수십 명을 납치하였고,

곽경한(60세), 김방호(56세), 김병구(40세), 김병엽(43세), 김상준(27세), 김수현(56세), 김윤실(34세), 김인선, 김정복(61세), 김종인(51세), 김종함(45세), 김주현(41세), 도복일(37세), 박석현(52세), 박연세(62세), 배영석(46세), 백남용(54세), 손양원(50세), 안덕윤(53세), 원창권(51세), 유윤수(51세), 이용선(45세), 이용인(38세), 이재규(50세), 이종덕(67세), 이종도, 임인재, 임종현(44세), 전병무, 전인선, 정인태(34세), 조홍식(37세), 최갑은(46세), 최명길(44세), 황덕주(47세) 목사 등이 6.25 때 공산주의자들과 인민군에 의해 피살되었다. 장로와 집사들까지는 너무 많아 다 기록할 수 없다.

북한에서는 예수를 믿으면 바로 수용소로 보내진다. 현재는 예수를 믿지 않아도 과거에 믿었던 것이 탄로가 나면 탄광으로 보내 비참하게 일생을 마친다.

그런데 근래에 이르러 어느 선교회에서는 북한의 비밀 선교단체 20여 곳을 조직하였고, 기독교인 30만 명을 확보하였으며, 작은 성경 5만여 부를 보급하였다 하며, 함경북도 한 마을에 80%가 기독교인인 곳도 있다고 한다.

김일성이 어렸을 때 다니고 김일성 어머니가 다녔던 교회가 있는데 김일성 어머니 이름을 따 반석교회(칠곡교회)라고 하였다. 김일성의 외삼촌인 강량욱도 이 반석교회를 다녔다. 강량욱은 목사로서 북조선 민주당 중앙위원과 북한 정부 서기장과 최고인민회의 대의원(국회의원)이었고, 1970년에는 국가 부주석을 하였다. 강량욱은 김일성 개인숭배를 할 수 있도록 논리를 제공 김일성을 하나님으로 숭배하게 만든 자이다. 강량욱은 남한의 기독교 목사와 자주 만난다고 정보원의 감시를 받았으나 김일성이 숙청하기 전 1983년에 죽었다. 그의 아들 강영섭이 기독교연맹 위원장이다. 김정일은 세계 사람들에게 알리려고 강량욱 목

사 아들을 기독교도연맹 위원장이 되게 하였다. 성분이 좋고 김일성에게 충성하여 기독교에 절대 넘어가지 않을 사람 300명을 당에서 뽑아 남한에서 목사가 간다면 이들을 보내 교회가 꽉 차게 한다. 그걸 보고 북한에 갔다 온 목사들은 칠곡교회(반석교회)나 봉수교회에 교인이 많이 있다고 북한을 돕자고 한다.

북한의 기독교단체나 교회 신학교는 대남사업부 3호 청사 통일선전부에서 장악 관리하고 있다.(현재는 대남 간첩파견과 공작 업무를 인민무력부 정찰총국과 225부대에서 담당하고 있다.) 통일선전부가 어떤 곳인가? 남한을 완전히 점령하기 위하여 남한의 좌파들을 선동하는 곳이다. 즉 간첩을 훈련시켜 남파하여 남한의 지식인, 학생, 노동자들에게 반정부 운동을 선동하여 좌파를 길러내 남한을 타도하기 위해 전력을 다하는 곳이다. 통일선전부 6과에서 유령 종교단체와 교회와 교인을 조작하고 있다.

봉수교회는 북한에도 종교의 자유가 있다고 하면서 남쪽에서 헌금하여 건축하였다. 그러나 교인들은 당의 승인 없이는 교회에 출석할 수 없으며, 당의 승인을 받지 않고 출석하거나 성경을 들고 다니는 것만 보이면 바로 간첩으로 몰려 탄광소나 수용소에 가게 된다. 심지어 교회가 어떤 곳인지 호기심에 교회 문 앞에서 안을 들여다 만 봐도 간첩으로 몰려 가족 전체가 수용소로 간다. 현재 간첩으로 몰려 수용소에 수용되어 있는 기독교인은 약 4,000여명으로 보고 있다. 북한에서는 기독교를 대표적인 적으로 보고 있다.

북한 주민들은〔우리는 우리 하나님 반만년 역사 속에서 처음으로 맞이한 조선의 하나님인 경애하신 수령님을 해와 달이 다하도록 우러러 모셔야 한다〕라고 매일 외우고 다닌다. 김일성이 하나님인데 다른 또 하나님을 김정일은 인정하지 않는다. 북한에서는 하나님이라고 이름만 불러도 즉시 체포하여 정치수용소로 보낸다.

2007년 12월 북한에 심장병원을 세우기 위해 남한의 조용기 목사 및 기독교 목사와 신자들이 200억 원을 모금해서 북한에 가서 전달식을 할 때 전 한기총 회장 이용규 목사가 "심장병원을 평양에 건립하게 해 주셔서 하나님께 감사합니다."라고 하면서 "100년 전 장대현교회에서 성령이 임하여 교회가 부흥된 것 같이 지금도 북한에서 교회가 부흥되기를 바란다." 고 축사를 하자, 북한 당국이 바로 마이크를 끄고 고래고래 소리를 지르며 이용규 목사를 연금시키려는 것을 사정하여 무사히 남한에 올 수 있었다.

북한은 북한 체제를 반대하거나 비판하면 재판 없이 수용소에 보내 평생을 수용소에 있게 한다.

- 평남 개천(14호 15,000명)
- 함남 요덕(15호 50,000명)
- 함북 화성(10호 15,000명)
- 평남 북창(18호 19,000명)
- 함북 회령(22호 50,000명)
- 함북 청진(25호 5,000명)

등 6곳에 154,000명(20만 명)을 수용시켜 김일성 왕조 독재체제를 유지하고 있다. 수용소(관리소)는 조선 인민군 경비대 2915부대가 경비하고 있다. 수용소에서는 병으로 죽는 사람보다 굶어 죽는 사람이 많으며 하루에 수십 명씩 죽어가고 있다. 정치범 수용소에 이명보 외 277명이 확인되었다.

북한은 정치범수용소 외에

① 교도소(교화소)

② 강제노동수용소(전국 230여개 소) 1-6개월 선고받은 자 수용소

③ 집결소(3-6개월 선고받은 자)

④ 9.27집결소(가출자 보호소- 약20만 정도 있음.)

⑤ 구류장(유치장) 등이 있다.

⑥ 2006년 북한군 총참모장 김영춘(76세) 아들은 공금 8만 달러를 횡령하여 2007년 4월 김영춘은 해임되었다. 그런데 2009년 2월 인민무력부장(국방부장관)에 임명되어 김정은을 지지하고 있다.

2006년 작전부장 오극렬의 아들은 외화벌이 기관에서 쫓겨났다. 그

러나 3년 후 다시 복직되었고, 오극렬은 김정은을 적극 지지하고 있다.

이들의 가족들은 우유로 목욕을 하고, 돈을 흥청망청 쓰며, 호화주택에서 고급외제 승용차를 타고 다니며, 건강을 위해 잡곡밥을 먹는 사람도 있다 한다. 평양시내에 외제차가 많은 이유 중 하나가 이들이 타고 다니기 때문이다. 군부대의 부패도 많이 있다고 한다. 최근에 차철마, 김인철 딸, 박남기 참모총장 이영호 등 수많은 사람들이 숙청되어 죽거나 수용소에 있다.

북한은 전국이 감옥이다. 북한이 남한을 점령하면 경찰과 국군과 우익 가족들 2,000만 명 정도가 숙청될 것을 보고 있는데 이중 좌파 데모꾼들도 숙청한다. 그것은 이상의 남로당원과 6.25 참전 장군들과 월북자와 일본에서 북송 자들을 숙청한 것이 증거이다. 종북파 데모꾼들은 자기들의 무덤을 파고 있는 것이다. 월남 데모꾼들이 죽임을 당한 것이 그 증거이다.

9. 북한은 남한 점령을 포기하지 않고 있다.

「백전백승 강철의 영장 수령님이 계시는데 우리는 전쟁에서 당연히 이기지 않겠습니까? 미국 놈들이 달려들면 단매에 족쳐 본때를 보이겠습니다, 수령님 명령만 내리십시오. 단숨에 남조선에 나가 미제를 몰아내고 남조선을 해방하여 조국통일을 이룩하고야 말겠습니다!」

「수령님! 지구를 폭파해 버리겠습니다. 수령님이 없는 지구가 무엇에 소용이 있겠습니까?」하고 1991년 12월 24일 김일성 앞에서 김정일이 외치자 김일성은 김정일에게 조선 인민군 최고사령관의 지휘권을 넘겼다. 김일성이 6.25 때 패하여 남한을 점령하지 못한 과업을 아들 김정일이 이루어 달라고 김일성은 군 지휘권을 넘겨 준 것이다. 김정일은 이 과업을 한미연합사가 해체될 해인 2012년(2015년)에 이루어 남한을 완전히 점령하겠다고 다짐하고 있다가 사망하였다. 2012년 김일성 100세 탄생일이며, 강성대국을 외치는 해이다.

김정일은「군대는 혁명(남한 점령)의 주력군이며, 나라의 기둥이다.」라고 하면서 사회를 군사와 전국 요새화, 전민 무장화, 전군 현대화 방침을 외치고 있다.

북한 인민군이 남한을 점령해야겠다는 사상과 목적 달성을 위한 훈련은 상상을 초월할 정도이다.

김정일은 군대만 강하면 세계적인 강성대국이 된다고 외치면서 특히 남한만 점령하면 저절로 남한의 모든 것이 북한 것이 되어 경제대국이 된다고 선전하면서 선군정치 강성대국을 외치고 있다. 북한 주민들과 남한 좌파들은 그날이 오기를 두 손 모아 기다리고 있다.

1994년 북한과 미국은 한반도 비핵화 제네바 합의에 따라 남한의 전술핵무기를 완전히 철수시키고 북한의 핵개발을 포기하는 조건으로 경수로 형 원자로를 지원하기로 합의하고 경수로 원자로 2개와 1년 중유 50만 톤을 지원하기로 하였다. 그런데 북한은 1990년대에 파키스탄에서 우라늄 농축용 원심분리기를 수입해서 1997년 8월부터 착공해 1998년 시험생산을 하여 1998년 UF6(6불화 우라늄) 핵무기용 원료의 직전 단계를 제조함으로 북한은 1994년 제네바협약을 깨버렸다. 그래놓고 북한과 종북좌파들은 "2001년 9.11테러사건 후 미국 부시 대통령이 북한을 악의 축이라고 하면서 압박을 해서 2002년 북한이 핵을 개발하였다"고 거짓말을 하고 있다. 북한과는 어떤 협상도 안 되며, 같은 민족이라고 하지만 적과 적이다.

북한은 남한을 점령하기 위해서 원자력 연구 인력을 3,000명~5,000명을 양성하여 17개 핵폭탄을 만들었고, 핵융합반응도 성공하였고 우라늄 농축 프로그램도 가동 중이라고 주장하고 있으며, 핵탄두도 2014년 개발될 것으로 보고 있다. 2016년 5차 핵실험을 하였고, 2020년까지 100개를 생산하려 하고 있다. 그래서 미국은 북한을 선제공격을 하려하고 있다. 그래서 북한은 국가 예산의 50%를 국방 예산에 쓰고 있고, 컴퓨터 전문 인력 사이버 병 3만여 명을 양성하여 남한 전산망에 사이버 공격을 하여 전산망을 마비시키려하고 있다. 그리고 EMP가 완성되면 서울의 전기를 한순간에 절전되게 할 것이라고 한다. 그 증거가 국군 3군사령부나 농협 전산망 중단사건과 인천공항 공격 사건이다. 이것은 실험용으로 해본 것이다. 앞으로 북한의 사이버공격으로 전국의 군과 일반 전산망이 마비되어 엄청난 대 혼란이 올 가능성이 많다. 2016년 해킹 사건이 2만 건이 된다.(이란에서 미국의 무인정찰기가 추락한 것은 대공포를 쏘아 떨어뜨린 것이 아니라 레이저 공격으로 추락한 것이다. 앞으로 레이저공격 즉 전자전은 핵보다 무서운 무기가 될 것이다.) 또한 천안함을 공격하여 폭파해놓고 남한이 하였다고 뒤집어씌우고, 연평도를 공격하고 남한 국군이 사격훈련을 해서 공격하였다고 어처구니 없는 변명을 하면서 무슨 일만 있으면 서울을 불바다로 만든다고 협박하고 있다. 2012년 4월 15일 행사를 보니 기존무기를 개발한 많은 신형 무기를 선보였다.

2010년 9월 29일 북한 외무성 부장 박길연은 유엔 총회에 참석하여 "핵을 포기하지 않겠다. 오히려 핵을 강화(핵탄두)하겠다."고 선언하였다.

2006년 10월 9일 백두산 동쪽인 함북 길주군 풍계리에 깊이 2km를 파서 1차 핵실험을 하였을 때 백두산 천지에서 고온가스와 열이 분출되었다. 이유는 핵실험을 한 장소는 백두산 천지에서 110km 떨어진 곳이고, 핵실험한 곳 바로 밑으로 백두산 마그마 층이 연결되어 충격을 받았기 때문이다. 2009년 5월 25일 2차 핵실험을 할 때도 이 마그마 층에 충격을 주어 6.2도의 지진을 유발한 것으로 보고 있다(2회 실험비용 약 7,000억). 3차 핵실험인 핵탄두 실험을 2012년에 할 예정인데, 3차 핵실험을 할 경우 이 마그마 층에 충격을 주어 백두산의 화산폭발로 연결될 가능성이 많아 백두산 천지의 물과 화산재로 그 피해는 북한은 말할 것도 없고 남한까지 영향을 줄 것으로 보고 있다. 현재 화산층이 백두산천지 밑 10Km까지 용암작용을 하고 있어 위험한 상태이다. 북한은 백두산의 화산 폭발 가능성에 대해서 남한과 같이 공동연구하자고 제의하였으나 남한이 응하지 않고 있다.

10. 북한의 권력과 남파간첩 대우와 공작

북한은 남파 공작원 가족에게 최대의 대우를 해준다. 고급 아파트, 편한 일자리, 최고의 자녀 교육, 충분한 생활비, 명절 때는 김정일이 많은 선물도 보낸다. 남들이 평생 구경도 못하는 음식을 먹는다. 그리고 남파 공작원들은 남한에서 돈을 물 쓰듯 쓰며 남한 안에 있는 조직원들에게 엄청난 공작비를 주면서 조직 관리를 하게 한다.

1968년 통혁당(통일혁명당) 사건에 관련 책임자 김종태가 남한에서 사형을 당하자 김일성은 김종태에게 영웅 칭호를 부여하였다. 해주사범대학을 김종태 사범대학으로 개명하면서까지 남한 적화공작을 선동, 남한 국민들을 반미 친북 좌파사상을 갖도록 선동하고 있다. 남한에서 북한을 돕는 경제는 대한민국을 타도하기 위해 다시 간첩을 통해 남으로 내려온다. 김영삼 정부가 전향하지 않은 인민군 이인모 등 장기수 63명을 북한으로 보내주자 김정일은 "미 제국주의와 남조선 괴뢰도당을 격멸 소탕하자" 하며 "이인모 같이 살자!' 하면서 한때 북한 전체가 선동장이 되었다. 김영삼 정부는 이인모 등을 북으로 보낼 때 국군포로 10연대장 고근홍 대령 등과 교환을 했어야 했는데 그냥 보내준 것은 큰 잘못이다.

북한에게 인도적 차원이니, 양심에 호소한다느니, 한민족인 우리 민족끼리라든지, 화해라든지, 남북한이 상생하자 따위의 감상적인 기대는 있을 수가 없다. 이러한 내용의 말은 북한과 남한의 좌파들이 북한이 남한을 점령하게 하기 위해서 하는 거짓 선동하는 구호이다. 북한은 오직 남한을 점령하는데 전력을 다 하고 있다. 북한과는 어떠한 협상도 교류도 불가능하다. 남한은 북한 간첩의 천국이다.

11. 황장엽의 눈물

황장엽은 북한 최고인민회의 의장(국회의장)을 11년이나 하였다. 그리고 중앙당 국제비서로서 김일성과 김정일의 국제 문제에 관한 고문이었고 주체사상을 정립한 철학자이기도 하다.

황장엽은 김정일이 전쟁을 일으키려는 것을 보고만 있을 수 없어 전쟁이 나면 남과 북 모두 파멸된다고 판단, 북한의 부귀영화를 모두 버리고 전쟁을 막으려고 1997년 월남하였다. 그는 전쟁만 막으면 북한은 생활이 어려워 자동으로 곧 붕괴될 줄 알았다. 그런데 다 죽어가는 북한을 현대그룹 회장 고 정주영 씨가 북한에 금강산 개발을 하면서 김정일에게 엄청난 돈을 주었고, 김대중과 노무현 전 대통령과 친북 좌파들이 앞을 다투어 충성이나 하듯이 돈과 생필품을 바쳤고, 200만 명에 가까운 남한 사람들이 북한과 북한 금강산을 가면서 도와주어 김정일이 다시 살아났다.

남한의 정치인과 사람들은 김정일을 만나든지, 북한을 갔다 오든지, 금강산이라도 갔다 와야 이름 있는 사람이 되는 줄 알고 있을 정도이며, 박근혜도 김정일을 만날 정도였다. 금강산 관광비 1인당 20만원, 개성 관광 1인당 10만원씩 김정일에게 바쳐 김정일은 살아났다. 남쪽의 엄청난 수의 사람들이 금강산을 구경하면서 김정일을 도왔다. 남한은 김정일에 미쳐 있다. 이것이 햇볕정책의 결과이다. 만일 이렇게까지 하지 않았으면 북한은 붕괴되었을지도 모른다. 햇볕정책이 좌파 대통령 3대가 계속 지속되었으면 오히려 대한민국이 망할 뻔하였다. 앞으로 좌파에서 정권을 잡으면 북한에 또 경제지원을 해서 북한을 살릴 것이다. 이명박 대통령의 대북정책은 성공적이라고 평가해야 할 것이다.

황장엽이 월남하자 인민기자였던 황장엽의 부인 박승옥은 자살하였다. 그리고 큰딸은 남편과 같이 수용소로 갔고, 작은 딸은 남편에게 이혼 당하고 정치범 수용소로 갔다. 아들은 외국으로 추방되었다. 황장엽의 가까운 지인들과 12촌 조카까지 총살을 하여 북한에서의 황장엽에 대하여 모두 지워버리려 하였다. 황장엽은 전쟁을 막으려고 이 모든 고통을 감수하고 월남하였지만, 남한은 햇볕정책과 경제 지원을 해주어 오히려 김정일을 살려주는 것을 보고 그는 "어찌 이럴 수가 있을까" 하며 통곡의 눈물을 흘리다가 그는 김대중한테 천대 받다가 결국 2010년 10월 10일 심장마비로 세상을 떠났다.

12. 북한의 일반 사회상

1) 평양시에서 부모와 같이 살면서 학교를 졸업한 후 지방으로 발령이 나면 그 지방경찰서(보안서)에서 통행증을 끊고 배급표를 발부받아야 평양 부모님을 만날 수 있다. 통행증이 없이는 누구든지 자기가 사는 구역에서 절대 벗어날 수 없어 부모가 사는 곳에 갈 수 없고, 부모를 만나더라도 배급표가 없으면 부모님의 밥을 나누어 먹을 수밖에 없다. 학교 기숙사에서도 배급표가 없으면 식사를 할 수 없다. 그러므로 김정일에게 충성해서 하자가 없어야 통행증과 배급표를 받아 부모도 만나고 밥도 굶지 않는다. 북한에서는 식사하려면 배급표를 꼭 갖고 다녀야 한다. 또한 부모님이 사는 곳을 방문하여 잠을 자게 되면 인민반장에게 보고를 하고 숙박 등록부를 작성해서 안전부의 승인을 받아야 부모님의 집에서 잘 수 있다. 그리고 같은 구역이 아니면 결혼하기가 까다롭고 어렵다.

주체사상에서 자기의 운명은 자기가 주인이라고 가르쳐놓고 수령에게 충성하는 사상과 무장을 하게 해서 자기와는 전혀 관계없이 당의 명령대로 살고 있다. 이것이 어떻게 주체가 되는가? 주체사상은 김일성과 김정일에게 충성하게 하는 종교지침서인 철학사상이다.

2) 결혼은 오직 당에서 허락해야만 하고 당의 허락 없이 외국인과 연애나 결혼을 하면 정치수용소에 끌려간다.

3) 외국에 나갈 때는 가족과 같이 갈 수 없다.

4) 두루마리 화장지나 곽 휴지 일회용 생리대가 없다.

5) 사회주의 제도를 위한 배급문제 등 먹는 문제를 떠나서는 아무 것도 생각할 수 없다. 만일 김정은을 비판한다든지 체제를 비판하면 배급을 주지 않고 수용소로 보낸다. 그래서 죽지 않으려고 복종해야 한다. 배급으로 김일성 · 김정일`김정은은 체제를 이어가고 있다. 북한의 징계는 식량으로 한다. 학생이나 직장인이나 세 번 지각을 하면 하루 분 식량을 주지 않아 굶어야 한다.

6) 북한에서는 노동당 당원이 아니면 아무리 똑똑하고 공부를 잘해도 지도자가 될 수 없다. 심지어 학급 반장도 당원의 자녀라야 한다. 북한에서 당원이 된다는 것은 하늘의 별따기이다.

당원이 되면 당증을 항상 가지고 다녀야 한다. 당증을 가지고 다니지 않든지 분실할 경우 심한 비판을 받고 그 직에서 해임된다. 또한 당증검사 시 당증 속의 김일성 초상화가 훼손되어 있으면 이때도 심한 비판을 당하고 직장에서 해임된다. 그래서 당증을 몇 겹의 비닐로 싸서 해어지지 않도록 한다. 당원은 모든 혜택을 받고 굶어 죽을 염려는 없다.

7) 평양의 아파트는 더운물이 나오지 않는다. 겨울에도 마찬가지이다. 찬물도 하루 세 번 나온다. 목욕은 대중목욕탕에서 한 달에 한 번 한다.

김장철에는 배추를 절일 물이 없어 여러 가구가 한 팀을 만들어 한 집씩 돌아가면서 배추를 절인 물에 다시 절인다. 그리고 배급되는 양념 재료가 적어 속을 넣을 양념이 없는 배추는 백김치를 담아 먹는다. 배추도 가족 수에 따라 배급이 나오는데 항상 그 양이 적어 배추를 훔쳐가기 때문에 배추를 배급받으면 아파트 앞에 두고 도둑맞지 않게 비닐포로 꼭꼭 덮어두고 밤에는 지켜야 한다.

8) 겨울에는 학교 강의실과 공무원 사무실은 석탄가루를 물로 이겨서 연탄을 만들어 난로를 피운다.

9) 전기 사정은 말할 수 없이 나쁘다. 그런데 요즈음 평양 시내에 자가용차가 조금씩 다니고, 도로에는 태양열 가로등이 있고, 전깃불도 있으며, 롤러스케이트를 타는 아이들도 보이고, 영업용 택시가 1,000대 정도 다니고, 휴대폰으로 사진을 찍기도 하고, 외국인도 많이 다녀 평양 시내는 조금 나아진 것 같다.

2012년 강성대국의 해를 맞아 아파트 10만 채 건설에 학생까지 동원하는 형편이다. 물고기를 길러 물고기로 식사대용을 하려고 애를 쓰고 있다.

10) 북한의 교육은 유치원 교사로부터 대학교 교수에 이르기까지 김일성·김정일`김정은 찬양에 교육에 목표를 두어 선생을 배출하여 아이들이 말을 배우면서부터 김일성 수령님이라고 가르치게 한다.

특히 사범대학의 이름을 김형직 사범대학(평양. 김일성 아버지), 김정숙 사범대학(회령. 김일성 어머니), 차광수 사범대학(신의주. 빨치산

차광수), 김형권 사범대학(신포. 김일성 삼촌) 등으로 김일성 가족의 이름을 넣어 학교 이름을 지어 김일성을 숭배하도록 선생들이 수업시간에 철저히 교육시킨다.

11) 훈장이나 메달이 있으면 은퇴 후 연금을 받는다.

12) 심리학이나 교육학이나 모든 학문은 김일성 사상 이론에 맞춰 새로운 이론을 만들어 강의해야 한다. 그렇지 않으면 학생들이 반동적인 부르주아 학문을 가르친다고 비판하여 쥐도 새도 모르게 그 교수는 처단된다.

13) 북한에서는 대지주와 친일파와 월남가족과 기독교인이 있으면 숙청당해 북한에서는 살 수 없다. 월북한 한설야 등이 처단되었고, 84,000여 명의 강제 북송 자들은 말할 것도 없이 처단되었고, 재일교포 북송 자 9만여 명도 마찬가지이다. 월북자들이 대우받을 것 같으나 김일성 주장에 따르지 않으면 쥐도 새도 모르게 처단 된다.

14) 남조선 인민은 모두 거지이며, 특히 다리 밑에서 거적을 깔고 산다고 악선전을 하고 있다.
그런데 개성공단을 가서보니 고깃국에 이밥을 주고, 화장실에 가서 보니 보지도 못한 두루마리 화장지가 있고, 세면대에는 손을 씻는 물비누와 찬물과 더운물이 계속 나오며, 여름에는 에어컨이 설치되어 시원한 바람이 나오고, 겨울에는 석탄을 때지 않아도 따뜻한 바람이 나오는 기계(히터)와 스팀이 들어와 실내가 따뜻하니 지상낙원은 개성공장 화장실이라고 한다.
남한의 껌, 과자, 라면, 초코파이, 브래지어, 속옷, 신발 등 공산품이 태산같이 많고, 물건이 중국산보다 훨씬 좋다는 것이 개성공단 근로자들의 입을 통해 남한은 거지나라가 아니라고 소문이 퍼지고 있으며, 개성 공단에 오는 남한의 자동차를 보고 많이 놀란다. 이것이 북한 김정일은 두려운 것이다. 그래서 개성공단을 계속 지속시킬 것인지, 중단시킬 것인지 결정을 내리기가 어려운 것이 김정은의 고민이다.

현재 북한에서는 물건을 사고 팔 때 돈으로 하는 것보다 개성공단의 근로자들이 안 먹고 시장에 판 초코파이가 부분적으로 화폐역할도 한다.

15) 아이스크림은 일반인이 사먹을 수 없다.(요즘은 특권층은 사먹는다고 한다.)

북한 TV에 나오는 북한 주민들은 특권층 사람만 나온다. 그래서 TV만 보면 북한도 잘 사는 것같이 보이지만 실제는 절대 그렇지 않다.

이상과 같은 생활을 하면서도 "나는 행복합니다. 세상에서 부러운 것이 없어요!" 하며 날마다 외치며 자기 최면에 걸려 살고 있다.

13. 자기비판(생활총화)

북한은 자기비판(생활총화)의 나라이다. 자기비판을 사상단련 용광로라고도 한다. 이 비판회의는 김일성에(김정은) 대해 충성심이 많은 사람으로 변화시키는 회의이다.

비판회의는 주, 월, 분기, 연간총회로 진행된다. 여기서 심한 비판을 받으면 탄광과 수용소로 보내진다. 자기비판과 남의 비판을 해야 한다. 주 비판 시간은 매주 월요일 오후 5시이다. 모이기 전에 당 세포비서에게 비판 내용을 검열 받는다.

즉 유일사상체계 확립의 10대 원칙에 맞춰 비판이 되었는지 검열을 받는다. 그리고 혁명과업 실천을 어떻게 하고 있는지가 중점이다.

14. 북한의 선거

북한의 선거는 상급 당이 준비하여 내려 보내면 대상들이 뽑힌다. 북한의 국회의원선거(인민위원회 대의원)도 마찬가지이다.

동의하고 제창하고 만장일치로 박수를 친다. 이것은 노동당의 임명직이지 선거가 아니다. 후보자 한 명을 선정해 놓고 찬성과 반대투표를 하는데 모두 찬성표를 한다. 반대투표를 하다 발각되면 바로 수용소에 간다.

15. 북한의 직업

북한에서 최고의 인기 직업은 무역업과 외교관이다. 이유는 외교관이나 무역을 하게 되면 북한 사람들이 만지기 어려운 달러를 만지고 그 달러로 아무나 들어갈 수 없는 외화상점에서 물건을 살 수 있기 때문이다.

일반인들은 어부를 최고 직업으로 한다. 그것은 생선이라도 배불리 먹을 수 있기 때문이다.

사회주의는 빈부격차 계급이 없는 평등사회 지상 낙원이라고 외쳐대지만 외교관이 되려면 6년제 외국어 학교를 졸업하고 평양 외국어대학이나 김일성대학 외국어학부를 졸업해야 한다. 그래야 출세한다. 이 학교들은 북한 핵심계층 즉 지도층이나 당 간부의 자녀들만 들어갈 수 있는 특수학교이다. 북한은 빈부격차가 심하고, 계급의 차가 심한 사회이며, 부와 학벌세습 사회이다.

외교관 다음은 요리사이다. 그것은 음식을 배불리 먹을 수 있고 배급된 식량 외에 다른 사람들이 먹지 못하는 고급요리를 가족에게도 먹일 수 있기 때문이다. 고급 간부들의 회의 때 불려간 요리사는 간부들이 먹고 남은 음식을 싸가지고 집에 가지고 갈 수 있기 때문에 식량 배급에 문제가 있어도 굶어죽을 염려가 없다. 특히 김정일 별장 요리사가 되는 것은 하늘의 별따기이다.

개성공단 근로자들은 오후 새참에 라면을 주면 국물만 먹고 라면은 비닐봉지에 넣어 집에 가지고 가 가족들에게 주어 굶어 죽는 것을 면하고 있다. 북한 사람들은 라면을 신비의 음식이라 하며 좋아 한다.

다음은 전기공이다. 전기공은 호텔이나 기관에 가서 전기수리를 해주면 부식을 많이 주어 가족이 굶어 죽는 일이 없기 때문이다.

다음은 수의사이다. 수의사는 짐승을 치료하다 죽으면 먹을 수 있어 남들이 못 먹는 고기를 사시사철 먹을 수 있기 때문이다.

북한의 최고 인기 직업은 먹는 것과 연관되어 있다. 북한 주민들은 먹지 못해서 평균키가 150~160센티미터로 작다. 그러나 특권층 자녀들은 170이 넘고 인물도 잘생겨 금방 특권층 사람이라는 것을 알 수 있다. 북한의 모든 행사는 주로 특권층 사람만 동원되고 tv나 언론에 나오는 사람도 특권층에 한 한다. 고기는 김일성 생일인 태양절, 김정일 생일 (2.16), 공화국 수립의 날(9.9), 당 창건일(10.10) 등에나 먹을 수 있고 그 때는 쌀도 배급된다.

북한에는 장애인이 70만이 넘는다. 그러나 장애인이 없어 보이는데 그것은 시골이나 산골로 보내기 때문이다. 그 이유는, 기아와 빈곤과 질병과 장애자는 자본주의 산물이라고 하며 북한은 지구상에서 단 하나뿐인 지상낙원이어서 장애인이 없다고 외치고 있기 때문이다. 북한의 장애인은 쓸모없는 물건 취급을 받고 아무도 볼 수 없는 곳에서 돌보는 이 없는 가운데 혼자 고생하며 눈물로 세월을 보내다 비참하게 생을 마감한다.

요즘은 평양에 장애자가 사는 곳을 만들고 시설도 잘 해놓은 곳이 있는데 이는 다만 선전용이다.

16. 생필품 부족 현상

가정에서 쓰는 주방용품은 너무 낡아 쓰기가 불편하고, 학교에서는 칠판과 백묵의 질이 좋지 않아 학생들을 가르치는데 어렵고, 학생들도 종이가 부족하여 필기할 공책이 적으며, 볼펜이나 수성 펜 같은 것도 없어 펜으로 잉크나 먹물을 찍어서 필기를 한다.

전력이 부족하여 공장을 가동하지 못할 뿐만 아니라 원자재도 부족하여 자연 생산이 적어 생필품이 귀하다.

개성공단에서 양말, 청바지, 여자 속옷, 운동화, 구두, 비누 등을 수만 개씩 만들고, 의류 공장에서 북한에서는 볼 수 없는 질이 좋은 옷감으로 하루에 옷을 5만 벌씩 만드는 것을 보고 북한 노동자들은 말은 하지 않아도 크게 놀라고 있다.

북한은 껌, 커피, 과자 같은 것이 귀하다. 그래서 개성공단 노동자들은 국산의 라면을 보면 아주 좋아하며, 간식으로 주는 초코파이는 최고의 인기 식품이다.

손수건도 귀하다. 여자들의 생리대를 군복 만드는 천으로 하기 때문에 고생하는데, 개성공단에서 나오는 일회용 생리대는 북한 여성들에게는 꿈같은 물건이다. 개성공단의 여성 노동자들은 북한에서는 왜 이런 물건을 만들지 못하느냐고 마음속으로 이상하게 생각한다.

개성공단의 근로자들은 개성공단은 별천지의 세계요 거기가 지상낙원이라고 생각하지만 말로 표현하지 못한다. 말을 했을 경우 즉시 수용소로 가기 때문이다.

북한에서는 금과 은은 국가 것이기 때문에 개인이 가지고 있지 못한다. 만일 이러한 것을 선물이라도 받게 되면 수매소에 가서 국내 돈과 바꾸어야 한다. 그렇지 않고 가지고 있다 발견되면 반혁명 적대분자가 되어 바로 수용소로 간다.

북한에서는 신발이 밥보다 귀하여 기숙사에서 잠을 잘 때면 도둑맞

지 않게 신발을 주머니에 넣어 머리맡에 두고 자야 한다. 결혼식이나 집 안에서 큰일을 할 때도 신발에 신발주인 이름을 써서 넣어두고 도둑맞 지 않게 행사 주인이 신발 지키는 사람을 두어야 한다.

17. 북한의 식량 위기와 장마당

1) 1990년대부터 북한은 쌀이 부족해 굶어죽는 사람이 많이 발생하고 공장이 돌아가지 않아 생필품이 모자라 아우성이었다. 이때부터 북한 에서는 탈북자가 발생하여 지금까지 만주지역에 30만여 명, 남한에 27,000여명이 있다.

이것도 압록강, 두만강 근방의 100리 안에 있는 사람들이나 기회가 있지, 황해도나 평안남도의 압록강에서 먼 지역 주민들은 불가능하다. 그 이유는 통행증이 없기 때문이다. 통행증이 없으면 산길로 국경까지 가야하는데 300리 정도는 굶으면서 갈 수 있으나 400리가 넘으면 인간 의 한계가 있어 산에서 죽고 만다. 죽는 것보다 김일성·김정일‧ 김정은에게 충성한다고 외치고 배급 쌀을 먹고 구차한 생명을 연장해 야 한다.

김정일은 김일성의 시신을 영구 보존하기 위해 김일성 미라 보존기 념관인 금수산 기념궁전을 8억불을 들여 건립하였다. 이때 북한 주민이 300만 명 정도가 고난의 행군 때 굶어 죽어 사람이 사람고기를 먹었다 고 탈북자 황만유 씨는 그의 저서에서 주장하고 있다.

국가가 국민이 굶어죽게 하는 것은 있을 수 없는 일로 북한은 학살집 단이지 국가가 아니다.

2) 북한은 이상과 같이 공포정치를 하기 때문에 300만 명이 굶어죽고 탈북자가 많이 발생하여도 정권이 무너지지 않고 있다. 현재 전 세계에 서 가장 비참한 나라중 하나가 북한이다. 이렇게 다 죽어가는 북한에 현

대그룹 회장 고 정주영 씨가 500마리의 소를 가져다주고, 금강산을 개발한다고 하면서 막대한 자금을 북한에 주었고, 금강산 관광 자들에게서 받은 관광비에서 1인당 20만원씩 북한에 주었다.

2005년에서 현재까지 북한의 IT요원 교육을 위해 남한 통일부의 사회 문화 교류지원기금에서 4억 3,200만원, 우리민족 서로 돕기 운동본부에서 3억 4,900만원, 하나비즈닷컴에서 8,300만원, 이명박 정부에서 6,300만원, 좌파정부 10년 동안 펜티엄급 PC 3,000대를 지원해 주었다. 그런데 그 결과는 북한의 해킹부대와 3만여 명의 인터넷 전문 인력을 양성하여 사이버공격을 하고 남한 인터넷 좌파를 지원, 남한 인터넷을 좌파가 완전히 장악하여 선거와 여론을 몰아가고 있다. 남한 좌파 인터넷 네티즌은 35,000여명이다. 2009년 9월 육군3군사령부 등 중요 부대 컴퓨터에 침입 해킹하였고, 6.2 지방선거에 북한 요원 30명이 중국에서 선거에 직접 개입하였고, 디도스 공격도 하였으며, 농협 전산망도 공격하여 엄청난 손실을 주었다.

김대중 정부 때 1조 8563억 원, 노무현 정부 때 3조 1,082억 원, 민간단체 909억 원, 좌파정부 10년 동안 밀가루, 쌀, 옥수수 등 생필품만 7,400억 원 이상을 지원해 주었고, 2000년에서 2008년까지 638억을 지방자치 단체가 북한을 지원해 주었고, 이명박 정부도 73억을 지원해 주었다. 이중 제주도가 185억 원으로 제일 많이 지원해 주었다. 남한의 국민 200만 명이 북한을 다녀왔고, 230개 친북단체가 북한의 주민들이 굶어 죽는다고 도와주어 살려주었다. 그런데 결과가 어떤가?

이렇게 막대한 경제 지원을 받았으면 다 죽어가는 북한 주민들의 의·식·주의 기본생활 문제를 해결해 주어 밥을 먹고 굶어죽게는 하지 말아야 하는데, 김정일은 그 돈으로 남한을 점령하기 위해 핵과 미사일을 개발하여 2009년 4월 핵실험을 하였고, 이어서 미사일 발사 시험을 하느라 수조 원을 낭비하여 현재 130만 톤 정도의 식량이 부족하여 북한 주민 650만 명이 먹을 것이 없어 고통 중이라고 한다. 그런데도 풍

계리에 제3차 핵탄두실험을 하기 위하여 많은 돈을 투자하고 있고, 동
창리에서는 대륙간 탄도미사일 발사 기지를 만드는 데에 많은 돈을 투
자하고 있다. 지금은 1994년 경 300만 명이 굶어 죽을 때와 같은 상황이
일어날 것이라고 한다. 그래도 이제는 남한 정부에서나 사회단체나 기
독교에서나 어느 누구도 절대 북한을 도와주어서는 안 된다. 이유는 그
돈이 북한 주민들에게 의 식 주가 해결되는 것이 아니라 남한을 점령하
기 위한 핵과 무기를 생산하기 때문이다. 그러므로 북한을 지원해 주는
것은 북한 주민을 돕는 것이 아니라 김정은 독재자를 돕는 것이 되고,
남한을 점령하기 위해 핵과 미사일 생산 개발에 지원하기 때문이며, 북
한 주민들 특히 수용소에 있는 15만 명과 적대계층 주민들은 김정은이
망하기를 원하기 때문에 이들에 대해 반역행위를 하는 행위로서 온 국
민들이 규탄하여 북한을 돕지 않아야 남한이 북한에 점령되지 않는다.
    북한을 돕자고 하는 자들은 대한민국이 망하고 북한이 남한을 점령
하기를 원하는 좌파들이다.
    2010년 10월 22일 국방부 국정감사에서 '30년간 선박 인양 및 해상
구조 활동을 벌인 인양 전문가'라고 하면서 천안함 사건은 좌초한 것이
라는 좌초설을 주장, 인터넷에 올려 70% 가까이 천안함 폭침이 북한에
의한 것이라는 것을 의심하게 한 장본인인 알파잠수기술공사 대표인
이종인을 증인으로 채택하여 질문을 하였다
    ① 군함이 어뢰에 피격된 사례를 본 적이 있습니까?
        답 : 없습니다.
    ② 폭발로 절단된 배에서 시체를 건져본 경험이 있습니까?
        답: 없습니다.
    ③ 폭발이 없더라도 강판이 두꺼운 배가 꺾어지는 것을 본 경험이 있
        습니까?
        답 : 없습니다.
    ④ 천안함 규모의 배로 폭발실험을 해보셨습니까?

답 : 앞으로 할 예정입니다.

⑤ 어디서 천안함 같은 군함을 구하겠습니까?

　답 : 대답 못함

⑥ 북한의 선박에 대해서 아느냐?

　답 : 대청 부근에서 북한의 선박을 구조해 서해 북방한계선을 넘어
　　　이북에 전달했다.

이와 같은 답변에 장내에서는 어처구니없다는 웃음이 터져 나왔다. 이런 자의 말을 믿고 천안함 폭침이 북한의 소행이 아니라 이명박 대통령의 자작극이라고 믿는 대한민국 국민이 70%였다. 이로 인해 6.2선거에서 야당이 전국을 휩쓸었다. 어찌 이럴 수가 있는가! 이렇게 판단력이 없는 대한민국 국민은 망하지 않을 수 없을 것 같다.

연평도 폭격사건도 남쪽에서 훈련을 하였기 때문이라고 좌파들은 주장하고 있다.

강기갑은 "10.4선언 이행했으면 천안함 비극이 없었을 것이다."라고 하였고, 경향신문 논설위원 이대근은 "천안함 침몰 북한 소행 주장은 보수 세력의 상상임신이다."라고 하였으며, 김용옥은 "정부 조사 결과 0.0001%도 납득할 수 없다."고 하였다.

인천시장 송영길은 "호국훈련에 자극받은 북이 우리 군 포진지 등을 집중 공격하였다."라고 하였다. 이게 말이 되는가? 정동영은 "연평도를 폭격한 북한에 대한 우리의 응사에도 증오가 묻어 있다"고 할 정도이다.

전남지역 농민연맹이 주동이 되어 남한에 남아도는 쌀을 북한으로 보내고 이를 법제화해야 한다고 금식도 하고 연일 데모를 하는데 이는 절대로 안 된다.

3) 1980년대 농작물이나 부업에서 나오는 물건을 서로 매매교환하면

서 장마당이 시작되었다. 장마당을 농민시장이라고도 한다.

1990년부터 장마당에 농산물과 생필품도 거래가 되어 정부에서 금지 품목을 선정하자 암시장이 생겼다. 그러자 정부에서 장마당을 폐쇄하기 위해 단속을 했지만, 굶어 죽게 생긴 북한주민들은 목숨 걸고 장사를 하니 이것만은 김일성 김정일 김정은도 어떻게 해볼 수 없었다.

그래서 농민시장은 종합시장으로 확대하였고, 평양시내 락랑구역에는 통일시장이 있으며, 북한 전역에는 300개정도의 종합시장이 있다. 그러나 시장에는 개방이 되지 않아 물건이 없어 중국산이나 중국에서 산업쓰레기를 버린 것을 쓸 만한 것을 골라 장마당에서 팔고 있다. 북한에서는 남한 물건이 최고 인기 상품이 되었다.

장마당에서 장사한 주민 중에는 돈을 많이 번 주민도 많이 생기게 되었다. 김정일에게는 이것이 위협이 되고 있다. 그래서 2009년 12월 1일 김정일은 화폐개혁을 하였다. 화폐 교환은 인민반장이 가구당 100:1로 교환해주되 1,000원까지만 교환해 주고 이 이상 돈이 있는 사람은 조선은행에 저금하도록 하였으나 이 돈은 주지 않는다. 그래서 이번 화폐개혁은 시장경제 세력을 죽이기 위한 수단이었고, 아예 종합시장 300여개를 폐쇄하고 농민시장만 10일에 한 번씩 장이 열리게 하였다. 그러자 물가가 폭등하고 북한 전 지역에서 폭동이 일어날 조짐이 보이자 장마당을 허락하고 단속을 하지 않고 있다. 북한에는 꽃제비(노숙자)가 많이 생겨 북한 정부에서도 골칫거리이다.

2011년 처음으로 북한 평양에도 마트가 생겼고, 대형 현대식 음식점도 생겼다. 김정은은 합동농장에서 개인의 소유도 조금씩 인정해 주는 것 같다.

4) 1990년 이후 출생아들을 장마당세대라고 한다. 이들의 특징은 체구가 적은 것이다. 이들은 배급을 통해 먹고 자란 것이 아니라 장마당에서 장사하여 먹고 자란 세대로 김정은에게 충성보다 돈을 더 귀하게 여

기는 세대로 김정은에게는 위협적인 존재들이다. 이들은 반항아들로
한국을 좋아하고 한국 노래도 잘 부른다.

북한의 스마트폰과 휴대폰이 앞으로 북한에 어떠한 영향을 줄지 지
켜봐야 할 것 같다.

18. 김일성이 아들 김정일한테 위협을 느낌

1974년 김일성은 김정일에게 권력을 통째로 넘겨주었다. 1982년 김
정일 40세 생일에 김일성의 아버지 이름을 따서 지은 김형직 사범대학
을 김정일은 김정일의 이름으로 바꾸고, 사범대학도 종합대학으로 바
꾸겠다고 김일성에게 승인을 요청하자, 김일성은 깜짝 놀라 노발대발
하며 묵살하였으나 김정일의 세력이 커진 것에 내심 놀랐을 것이다.

1992년 김정일 50세의 생일에 김일성은 아들 김정일에게 시를 써서
올렸다.

「백두산 마루에 정일봉 솟아 있고

광명성 탄생하여 어느 듯 쉰 돌인가

문무 충효 겸비하니 모두 다 우러르네.

만민이 칭송하는 그 마음 한결같아.....」

(이상 김현식 저 나는 21세기 이념의 유목민 참조)

김일성은 북한 전 주민들에게 위의 시를 외우게 했다.

김일성은 권력을 아들에게 넘겨주고 위기감을 느껴 아버지가 아들에
게 아첨하는 시를 썼다고 보아야 한다. 김일성은 굶어죽은 사람이 너무
많아 김영삼 대통령과 정상회담을 하면서 경제 원조를 받으려하자 김
정일이 극구 반대하였다. 이때 김일성과 김정일이 싸우다 김일성이 죽
었다는 설과 김일성이 김정일에게 고함을 치다 뇌의 핏줄이 터져 죽었
다는 설이 있는데, 1994년 김영삼 대통령과 김일성이 만나 남북정상회

담을 하려고 할 때 김일성이 갑자기 죽어 김일성의 죽음에 의문을 가지고 있다. 김정일도 가난에 대해서는 김대중과 정상회담을 하고 경제 도움을 받아 다 죽어가던 북한이 살았고, 김정은도 개성공단을 폐쇄했다가 도저히 할 수 없으니 정상적으로 운영을 합의하였고, 금강산 관광도 서둘고 있다. 개성공단과 금강산 관광과 경제적으로 북한을 도우면 결국 남한이 망하고 말 것이다. 38선에 관광특구를 만든다고 하는데 관광특구를 만들어서 관광수익이 나면 반드시 북한에 얼마를 주어야 한다. 그러면 북한은 영원히 망하지 않고 오히려 남한이 망할 가능성이 많다.

19. 집단체조

김일성의 생일인 태양절과 공화국 창건 기념일, 당 창건 기념일 등에는 10만 명의 학생들이 동원되어 집단체조를 한다. 이것을 아리랑축제라 하는데 핵심은 주체사상 선전이다. 연습을 3개월 동안 하는데 첫째 달은 오전 수업만 하고 오후에는 연습만 한다. 2개월째부터는 수업을 하지 않고 두 달 동안 연습만 한다. 10만 명의 학생들이 하나같이 움직이는데 관람자들은 경탄을 한다.

집단체조 참가자들은 평양의 배경대학생들이 중심이 되어 1시간 반 동안 아리랑 공연을 하는데, 배경대는 가정환경이 흠이 없고 머리가 좋은 학생들로 당에서 선발한다. 한 시간 반 동안 아리랑 공연 때 김일성의 초상화나 김정일 초상화가 조금이라도 틀리면 그 학생은 말할 것도 없고 학부모까지 불려가 조사를 받아야 하고 자기비판을 해야 한다. 또한 공연 참가 학생들은 성분이 좋아야 하고, 김일성과 김정일에 대하여 사상교육을 철저히 받아 충성심이 강해야 아리랑 공연에 참여한다.

김일성과 김정일에게 충성하는 자들만 연습할 때 불평 없이 부름 받은 것에 감격하여 아침부터 저녁까지 연습해도 불평 없이 기계같이 움직인다. 이것을 보면 북한이 얼마나 무서운 나라인 것을 알 수 있다. 남한 사람들은 북한에 대해서 너무도 모른다.

2002년 부산 아시아경기대회 때 270명의 북한 미녀 응원단이 남한에 와서 남한 사람들을 반하게 하였다. 이들이 예천근방의 현수막에 김정일의 이름이 있는데 비를 맞으니까 이것을 보고 엉엉 우는 것을 보고 남쪽의 많은 사람들은 "세상에! 저럴 수가!" 하고 이해하지 못하였다.

미녀응원단 270명은 적지에 가서 장군님의 전사답게 싸우다 돌아와서는 남조선에서 보고 들은 것을 일절 말하지 않는다. 만일 이를 어기면 처벌을 받는다고 서약을 하였고, 처벌은 수용소라는 것을 너무도 잘 알고 있다. 또 가족들은 모두 탄광으로 보내진다는 것도. 그러기 때문에 비에 젖은 김정일 이름이 써진 현수막을 보고 모두 눈물을 흘려야지 안 흘리면 비판을 받고 수용소로 가게 되고 아니면 몇 끼니의 배급 쌀이 중단된다.

이렇게 해도 남쪽에서 보고 들은 것을 말하지 않을 수 없다. 첫째, 남쪽은 거지나라가 아니고 부산은 너무 아름다운 도시이고, 먹을 것과 차가 많은 도시며, 관람자들이 줄을 서서 표를 사는 것, 옷을 잘 입고 자녀들과 같이 자연스럽게 구경하는 것, 기자들이 많이 모이는 것 등을 자기도 모르는 새 말이 나와, 이런 말을 들은 사람은 만일 듣고도 비판하지 않으면 똑같이 처벌을 받기 때문에 비판하여 남한에 한 번 왔다 가면 20여명 정도가 처벌 받는다고 한다.

20. 검열

북한에서는 검열이 심하다. 대학이나 문화기관, 연구소, 공장, 행정기관, 내각 등은 중앙당의 검열을 받는다. 검열기간은 보통 3개월이다. 검열 중에는 자기비판과 남의 비판을 해야 한다. 숙박검열도 하는데 가정

집에 가면 식구들의 주민등록중(공민증)을 보여야 한다. 검열관은 주민
등록증 사진과 얼굴을 대조하고 부부끼리 잠자는 안방까지도 검열을
한다. 도서검열에서는 가정집에 예고 없이 들이닥쳐 반당·반혁명 행
위로 출당이나 해고, 처형된 사람의 책이나 글이 있는지(특히 외국 책
이나 성경이나 황장엽이 쓴 책 등) 김일성·김정일의 사진을 깨끗하
게 하여 벽에 부착하였는지, 책 속의 수령 사진은 낙서하지 않고 깨끗한
지 검열하는데 만일 수령 사진에 조그마한 흠이라도 있으면 노동교화
소로 간다. 성경책이나 외국 서적이 있어도 안 된다.

20호 검열이 있다. 수도 사정이 좋지 않아 물과 비누가 귀한 북한에서
는 목욕과 빨래를 자주 하지 못하여 이가 많이 있다. 위생검열을 20호
검열이라고 한다. 학생들의 머리에 이가 많아 DDT를 뿌려 이를 박멸한
다.

※ ① 북한은 남한을 점령하기 위해 위와 같이 총력을 기울이고 있고
남한 좌파들은 북한이 남한을 점령하는데 협조하기 위해 전력을 기울
이면서 두 손 모아 기다리고 있다. 특히 전교조와 좌파 학자들은 북한에
서 학생들에게 가르치는 왜곡된 6.25 한국전쟁을 똑같이 가르쳐 북한이
남한을 점령하도록 반미 친북 좌파세력을 양성하고 있다. 좌파들은 대
한민국을 타도하고 북한이 남한을 점령하여 5,000만 대한민국 국민을
김정일 노예가 되게 하려고 전력을 다하고 있다. 그래서 이들은 대한민
국에 있어서는 안 될 사람들이다.

② 김정은을 중심한 천여 명의 북한 지도자들과 당 간부들은 북한 주
민 300만을 굶어 죽게 한 살인자들이며, 30만 명이 자기 조국을 떠나 탈
북하여 만주에서 비참하게 살게 한 자들이다. 김정일 별장은 33개이며,
2008년 별장 수리비만 434억을 쓰면서 국민들이 굶어 죽는 데는 관심이
없다. 김정일 이하 북한 지도자들은 이토록 많은 국민들이 굶어 죽어도
해결하지 못 한다면 국민의 지도자가 될 수 없다. 굶어 죽게 한 사건은

국가로서는 도저히 있을 수 없는 일이다. 그런데도 이들은 김일성 · 김정일 · 김정은의 김 씨 왕조에게 충성을 다하고 있다.

그런데 대한민국의 반미 친북 좌파들은 북한 국민이 굶어죽는데 거들떠보지도 않고 북한 주민을 노예로 부리고 김일성 · 김정일 · 김정은의 세습 김 씨 왕조에 충성을 다하게 하는 독재자 김일성과 김정일과 김정은을 지지하고 있다. 어떻게 저런 김정일과 김정은을 지지할 수 있는가? 정상적인 사고를 하는 자들이면 있을 수 없는 일이다. 2012. 4. 11 총선 때 통합진보당 구당권파 중에는 김정일 사망 애도기간이니 술을 자제하라고 하였다는 것이다.

그리고 북한이 남한을 점령하여 대한민국 국민들을 김정일의 노예로 만들려 하는데 협조하고 있는가! 북한이 남한을 점령하면 경찰, 국군, 기독교인 등 약 2,000만 정도를 숙청할 것으로 본다. 필자는 숙청대상 43번이라고 한다.

③ 북한 주민들이 굶어 죽는다고 해서 10년 동안 남한에서는 8조원(4조원) 이상의 경제 지원을 해주었는데, 북한 주민을 살리는데 이 금액을 가지고 전력을 다하는 것이 아니라 남한을 점령하기 위해서 핵폭탄과 미사일을 만들고 이것들을 실험하는데 모두 써버리고 현재 130만 톤의 쌀이 부족하여 650만 명이 먹을 것이 없어 또 황해도에서 문제가 되고 있다 한다. 그러나 남한에서는 다시는 북한을 돕지 말아야 우리가 산다.

아무리 북한을 도와주어도 돌아오는 것은 천안함 피폭사건이요, 연평도 폭격사건이요, 사이버 공격이며 북한이 남한을 점령하는 일이다.

이명박 정부의 대북정책은 잘 한 것으로 평가될 것이다. 그러나 다시 좌파가 정권을 잡아 또 북한을 돕는다면 대한민국은 살아날 길이 없을 것이다.

참고문헌

참 고 문 헌

국방부 전사편찬위원회 「한국전쟁사」 서울: 동아출판사 1968년
페렌바크 「실록 한국전쟁」 안동림 역 서울: 문학사 1965년
중앙일보사 「한국전쟁실록 민족의 증언」 서울: 을유문화사 1976년
국방부 정훈국 전사편찬회 편 「한국전란 2년지: 4284-4285년」
　　　　국방부 정훈국 1953년
육본 정보참모부 「북괴 6.25 남침분석」 서울: 보진제 1970년
합동참모부 「한국전사」 서울: 교학사 1984년
이영신 「광복20년 1-8권」 광복사 1987년
해방20년 편찬회 「해방20년」 세문사 1965년
싸이러 저 「제3제국의 흥망1」 안동림 역, 서울: 양서각 1969년
안동림「강인덕 「비록-제2차 세계대전」 양서각 1970년
로버트 R 시몬스 「한국내전」 기광석 역,
　　　　서울: 도서출판 열사람 1988년
부루스 커밍스 「한국전쟁의 기원」 김자동 역, 서울: 일월서각 1986년
소진철 「한국전쟁의 기원」 원광대학교 출판부 1996년
부루스 커밍스 「한국전쟁의 전개과정」 차성수 · 안동수 역,
　　　　서울: 태암사 1989년
K.굽타 외 「한국전쟁은 어떻게 시작되었나」 전대화 역,
　　　　서울: 신학문학사 1988년
김학준 「한국전쟁」 박영사 1989년
우학선 「대전쟁」 서울: 명지출판사 1987년
신주백 「1930년대 민족해방운동론 연구」 새길 1989년
박성수 「독립운동사 연구」 서울: 창작과 비평사 1980년
안용현 「한국전쟁 비사1-5」 경인문화사 1992년
I.F.스토운 「비사 한국전쟁사」 서울: 신학문사 1988년

「북한 총람」 북한연구소 1983년(1945-1982) 1994년(1983-1993)

장영숙 「고종의 44년의 비원」 넘어북스 2010년

남시욱 「한국 진보세력 연구」 청미디어 2009년

한기홍 「진보의 그늘」 도서출판 시대정신 2012년

김동춘 편 「한국 현대사 연구1」 이성과 현실 1988년

스칼라피노 외 「한국 공산주의 운동사 I II III」 돌베게 1986-1987년

김준엽 「김창순 「한국 공산주의 운동사」 청계연구소

이명영 「재만 한인 공산주의 운동연구」 성균관대 출판부 1975년

하수도 「유물론과 주체사상」 전혜원 역, 시린새벽 1988년

최창집 편 「한국 현대사」 열음사 1985년

박현채 외 「한국 현대사」 열음사 1986년

1.송건호 외, 2.박현채 외 「해방40년의 재인식1,2」 돌베개 1985-1986년

대검찰청 조사국 「좌익사건 실록1-11」 대 검사국 1965년

　　　　「공비연혁」 육군본부 1971년

육군본부 편 「공비 토벌사」 육군본부 1954년

조경순 1949년 재판기록 : 국회도서관

박성환 「파도는 내일도 친다」 동아출판사 1965년

김봉현 · 김민주 「4.3투쟁사」 문우사 1963년

고영민 「해방정국의 증언- 어느 혁명가의 수기」 사계절 1987년

고준석 「민족 통일투쟁과 조선혁명」 힘 1988년

오제도 「추격자의 증언」 희망출판사 1969년

박갑동 「통곡의 언덕에서」 서당 1991년

박명림 「한국전쟁의 발발과 기원 I II」 나남출판사 1996년

육사8기생회 「노병들의 증언」 군인공제회 제1인쇄사업소 1992년

육사5기생회 「육사 5기생회」 대동문화사 1990년

전쟁기념사업회 「한국전쟁사」 행림출판 1992년

육군사관학교 전사학과 「한국전쟁사」 일신사 1987년

유재홍 「격동의 세월」 을유문화사 1994년
한국전략문제연구소 「중공군의 한국전쟁사」 세경사 1991년
백선엽 「군과 나」 대륙연구소 출판사 1989년
주영복 「내가 겪은 조선전쟁」 고려원 1990년
정일권 「정일권 회고록- 6.25비록 전쟁과 휴전」 동아일보사 1986년
육철식 「강동정치학원」 행림출판사 1998년
장준익 「북한 인민군대사」 서문당 1991년
김점곤 「한국전쟁과 노동당 전략」 박영사 1983년
이한림 「세기의 격랑」 팔복원 1994년
송건호 「해방전후사의 인식1」 한길사 1989년
강만길 「해방전후사의 인식2」 한길사 1985년
박현채 「해방전후사의 인식3」 한길사 1987년
최창집 「해방전후사의 인식4」 한길사 1989년
김남식 · 이종석 외 「해방전후사의 인식5」 한길사 1989년
박명림 외 「해방전후사의 인식1」 한길사 1989년
제민일보 4.3취재반 「4.3은 말한다1-5」 전예원 1994년
정영진 「폭풍의 10월」 한길사 1991년
정해구 「10월 인민항쟁 연구」 열음사 1988년
아라리연구원편, 단행본 자료집 「제주 민중항쟁 I II」 소나무 1988년
독립운동사 편찬위원회 「독립운동사1-10」 독립운동사 편찬위원회
       1969-1978년
김석준 「미군정시대의 국가와 행정」 이화여자대학교 출판부 1996년
매듀 B. 리지웨이 「한국전쟁」 김재관 역, 정우사 1984년
짐.하우스만/정일화 「한국 대통령을 움직인 미군대위」 한국문원 1995년
한국 현대사 편찬위원회 「한국 현대사」 신구문화사 1969년
서중석 「한국 현대 민족운동 연구」 역사비평사 1971년
조선일보사 「전환기의 내막」 조선일보사출판국 1982년

W.버쳇「북한 현대사」신학문사 1988년

임영태「북한50년사 1-2」들녘 1999년

Joseph C. Goulden「한국전쟁 비화」김병조 역, 청문각 2002년

이강훈「무장 독립운동사」서문당 1975년

박영석「한민족 독립운동사 연구- 만주지역을 중심으로」
        일조각 1982년

김정명「조선독립운동」동경, 원서방 1967년

서대숙「김일성」청계연구소 1989년

조선노동당직속 당 역사연구소「김일성선집」평양,
        조선로동당출판사 1960년

사회과학원 역사연구소「조선전사」과학백과사전 출판사
        1980-1981년

대한민국 국방부「국방백서」군인공제제1인쇄소 1988년

북한 학술서「현대 조선역사」일송정 1988년

사회과학원 역사연구소「조선통사上下」오월 1988년

허찬호「조선인민의 정의의 조국 해방전사」북한 사회과학원
        역사연구소

허동찬「김일성평전(속)」북한연구소 1988년

임은「김일성 왕조 비사」한국양서 1982년

한설야「영웅 김일성 장군」평양 1946년

Nikita khrushchev /정홍진 역「후루시쵸프 회고록」한림출판사 1971년

김준엽 · 김창순」한국 공산주의 운동사」고려대학교 출판부
        1967-1976년

고봉기 외「고봉기의 유서」도서출판 천마 1989년

김남식「남로당 연구1」돌베게 1984년

김남식「남로당 연구2-3」돌베게 1988년

박갑동「박헌영」인간사 1983년

유완식 · 김태서 「북한 30년사」 현대경제일보사 1975년

히라마 쓰시게오/황인모 역 「중공과 한국전쟁」 병학사 1989년

평송무웅 「중공군과 한국전쟁」 병학사

이명영 「권력의 역사-조선노동당과 근대사」 종로서적 1983년

엽우몽/안몽필 역 「검은눈:중국군 한국전쟁 참전비사」 행림출판사
1991년

임종국 「친일 논설집」 실천문학사 1987년

윤병석 「독립군사」 지식사업사 1990년

박성수 「독립운동사연구」 창작과비평 1980년

김창순 · 박성수 「한국 독립전쟁사」 삼광출판사 1989년

홍학지 · 홍인표 역 「중국이 본 한국전쟁」 고려원 1993년

홍윤기 「일본 문화의 뿌리는 한국 마문화」 한누리 미디어 2012.

정출헌 「김부식과 일련은 왜」 한겨레출판 2012.

이형구 · 이기환 「코리안 루트」 성인당 2010.

이덕일 · 김병기 「고조선은 대륙의 지배자였다」 위즈덤하우스 2006.

박병섭 「포스트 고조선으로」 창과 거울 2008.

이주한 「한국사가 죽어야 나라가 산다」 위즈덤하우스 2013,

안경전 「환단고기」 상생출판 2013.

이일봉 「한단고기」 정신세계사 2011.

이주한 「노론 300년 권력의 비밀」 역사의 아침 2011.

좌좌목춘융 「한국전쟁비사」 병학사 1983년

육군본부 군사연구실;일본 육전사 연구 보급회편 「한국전쟁1-10」
명성출판사 1986년

러시아정부 제공 「한국전 문서요약 1949-1953」 1994년

박일우 「조선 인민군과 중국 인민지원군의 공동작전」 조선노동당
출판사 1951년

와다 하루끼 「한국전쟁과 중국」 백산서당 2001년

와다 하루끼/서동만 역「한국전쟁」창작과 비평사 1999년

김석준「미군정시대의 국가와 행정」이대출판부 1996년

장명순 저「북한 군사연구」서울 도서출판 팔복원 1999년

이장호 저「가상 한국전쟁」서울 두레박 1996년

바네트 저, 홍성표 역「미래전」서울 도서출판 연경문화사 2001년

남주홍 저「한반도의 전쟁과 평화」서울 학문사 1999년

장준익 저「북한 핵 미사일전쟁」서울 서문당 1999년

월간조선 1992년 7월 호 : 조선일보사

7연대장 임부택 연대장과 같이 연구

7연대 1대대 1중대장 이대용 대위 인터뷰.

7연대 대전차중대 송종대 대위(케나다 소재) 인터뷰.

국군1사단장 백선엽 장군 인터뷰.

기갑연대 기마대대장 장철부 동생(김병원 중위)과 같이 연구. .

육군본부 병적과 수시 인터뷰.

25연대장 대대장 대리 라희필 대위와 같이 연구.

김삼룡 사망 후 남로당 책임자 박갑동 인터뷰.

14연대 반란사건 조사계장 빈철현 대위와 같이 연구.

14연대 반란사건 조사과장 김안일 소령 인터뷰.

특별수사본부 오제도 검사와 같이 연구.

고원증 인터뷰(49년 육군 중령 법무감실 기록심사과장,
       법무부장관역임)

익명을 요구한 여러분 인터뷰.

한국기자협회「5.18 특파원리포트」풀빛 1997년

김영택「10일간의 취재수첩」사계절 1988년

신동아「1985년 10월호」

윤재걸「비극의 10일간」글방문고 1988년

최재천「끝나지 않은 5.18」뉴스 티아뉴스 1999년